COMMENTAIRE

DE LA

LOI DU 27 JUILLET 1880 PORTANT RÉVISION DE LA LOI DU 21 AVRIL 1810

CONCERNANT

LES MINES

SUIVI D'UNE

Étude sur les Chemins de Fer d'embranchement des Mines

EN FRANCE ET EN BELGIQUE

PAR

ÉMILE DELECROIX,

DOCTEUR EN DROIT,
AVOCAT DU BARREAU DE LILLE.

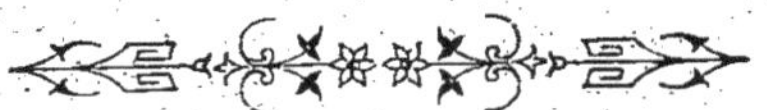

PARIS	BRUXELLES
Librairie A. MARESCQ aîné	Librairie européenne C. MUQUARDT
CHEVALIER-MARESCQ, Successeur,	MERZBACH et FALK, Successeurs,
20, rue Soufflot.	45, rue de la Régence.

1882

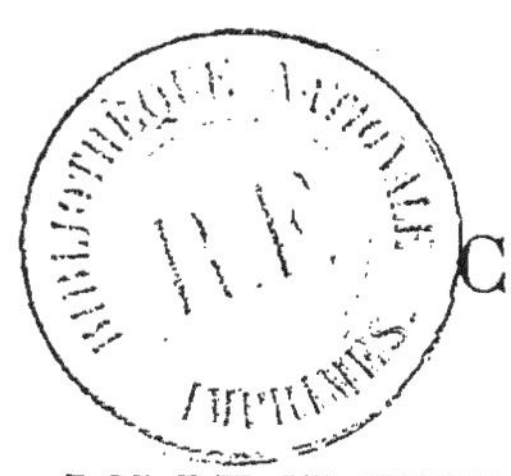

COMMENTAIRE

DE LA

LOI DU 27 JUILLET 1880 PORTANT RÉVISION DE LA LOI DU 21 AVRIL 1810

CONCERNANT

LES MINES

SUIVI D'UNE

ÉTUDE SUR LES CHEMINS DE FER D'EMBRANCHEMENT DES MINES

EN FRANCE ET EN BELGIQUE.

COMMENTAIRE

DE LA

LOI DU 27 JUILLET 1880 PORTANT RÉVISION DE LA LOI DU 24 AVRIL 1810

CONCERNANT

LES MINES

SUIVI D'UNE

Etude sur les Chemins de Fer d'embranchement des Mines

EN FRANCE ET EN BELGIQUE

PAR

ÉMILE DELECROIX,

DOCTEUR EN DROIT,
AVOCAT DU BARREAU DE LILLE.

PARIS
LIBRAIRIE A. MARESCQ, AÎNÉ
CHEVALIER-MARESCQ, Successeur,
20, rue Soufflot.

BRUXELLES
LIBRAIRIE EUROPÉENNE C. MUQUARDT
MERZBACH et FALK, Successeurs,
45, rue de la Régence.

1882

COMMENTAIRE

DE LA

LOI DU 27 JUILLET 1880 PORTANT RÉVISION DE LA LOI DU 21 AVRIL 1810

CONCERNANT

LES MINES

CHAPITRE I

Historique des projets de révision de la loi du 21 avril 1810 sur les Mines.

Peu de dispositions législatives ont eu des destinées comparables à celles de la loi du 21 avril 1810 qui régit en France la matière des mines. Sortie de discussions mémorables au sein du Conseil d'État, elle eut ce mérite singulier de poser un principe nouveau, de le mettre en lumière et d'en déduire avec une logique profonde toutes les conséquences nécessaires.

Elle formula un corps de doctrine complet dans son ensemble, et dont on ne sait ce qu'il faut le plus admirer, ou la science profonde qui l'a dicté, ou les résultats merveilleux auxquels il a conduit.

Si nous reportant en arrière, nous jetons un coup d'œil rapide sur les législations en vigueur à cette époque chez tous les peuples de l'Europe, nous n'y voyons prévaloir que deux systèmes opposés : ou la mine est abandonnée au propriétaire de la surface et elle subit alors un morcellement et des divisions aussi variables que le sol lui-même, sans aucun rapport avec l'allure et la situation du gîte minéral; ou bien, au contraire, la mine appartient au Souverain qui n'en concède la jouissance que pour un laps de temps déterminé et moyennant des redevances considérables : ce sont les pays où est en vigueur le droit régalien.

La loi du 21 avril 1810 abandonnant l'une et l'autre de ces doctrines, fonde un système inconnu jusqu'alors : Au gouvernement seul appartiendra désormais le droit de concéder les mines et de créer, par l'acte même de concession, une propriété nouvelle, distincte et complètement indépendante des propriétés de la surface. Le concessionnaire, qui en est investi, devient dès lors incommutable propriétaire de la mine, avec faculté de la transmettre à ses héritiers ou ayant cause dans les termes du droit commun. Les divisions de la surface n'ont plus d'influence sur la propriété de la mine qui, dans tout le périmètre concédé, s'étend sous les fonds des particuliers et forme ainsi un vaste champ d'exploitation.

Cette loi du 21 avril 1810 fut le résultat de quatre années de recherches et de travaux assidus ; sept rédactions différentes avaient été successivement étudiées avant d'aboutir à ce système complet et définitif qui devait tenir compte dans une si sage mesure de l'utilité générale et des intérêts privés. Soixante-dix années nous séparent de l'époque où elle fut promulguée, et cette loi forme encore aujourd'hui la seule base de notre législation en matière de mines. Elle n'a pas jeté de moins profondes racines à l'étranger ; la Belgique en a conservé le texte même et un grand nombre des États de l'Europe nous en ont emprunté l'esprit et les principales dispositions.

A la loi organique du 21 avril 1810, sont venues successivement s'ajouter trois lois des 27 avril 1838 sur l'assèchement des mines inondées, 17 juin 1840 relative aux mines de sel gemme et aux sources d'eau salée et enfin du 9 mai 1866 sur l'exploitation des minerais de fer par le propriétaire du sol. Chacune de ces lois a un objet spécial et aucune d'elles n'a porté atteinte aux principes fondamentaux de la législation de 1810.

Cependant, des besoins inconnus ont surgi et durant un si long laps de temps des situations nouvelles se sont créées, réclamant des dispositions spéciales du législateur. Le développement des propriétés bâties dans le voisinage des exploitations de mines, les moyens de publicité devenus plus rapides, une simplification des formalités à observer pour arriver à la concession, le besoin de plus en plus pressant de voies de communication perfectionnées, la nécessité de protéger d'une façon plus efficace certains objets d'utilité publique, enfin quelques controverses graves auxquelles le texte même de la loi avait donné lieu, et qu'il importait de faire cesser ; tels sont les points sur lesquels la législation de 1810 appelait des perfectionnements, afin d'être mieux en rapport avec les progrès et les besoins de l'industrie moderne.

La loi nouvelle du 27 juillet 1880, dont nous allons nous occuper d'une façon spéciale, est donc venue sur certains points combler quelques lacunes, mais elle a eu surtout pour but de tenir compte des situations nouvelles que n'avait pu prévoir le législateur de 1810.

C'est en 1847, que nous trouvons la première trace des projets de réforme de la législation qui nous occupe.

Dès cette époque un travail complet avait été élaboré au ministère des travaux publics ; la rédaction en fut soumise à l'approbation d'une Commission spéciale composée d'ingénieurs, mais celle-ci lui opposa un contre-projet. A son tour le Conseil général des mines formula un troisième plan de réforme, qui n'acceptait qu'avec réserves les propositions de la Commission spéciale. La Révolution de 1848 empêcha ces travaux de venir en discussion devant le pouvoir législatif.

Pendant cette année 1848, une autre Commission administrative présidée par M. J. Reynaud, représentant du peuple, élabora un autre projet complet de réforme rédigé en 134 articles et qui avait pour but de porter les plus graves atteintes à la loi de 1810.

Les concessions de mines à accorder seraient à l'avenir mises en adjudication publique, de manière à procurer au Trésor un profit que l'on croyait considérable.

L'État pourrait, du reste, exploiter lui-même les mines qui seraient découvertes et par ce moyen arriver, croyait-on, « à procurer des produits minéraux à bon marché à de grandes entreprises d'intérêt général, à remédier aux inconvénients résultant du défaut de concurrence entre les concessions déjà instituées, à développer des moyens de travail dans les localités dépourvues de ressources agricoles et de toute industrie... »

Si la mine était concédée, le concessionnaire pouvait être astreint à ne jamais vendre les produits de son exploitation au-dessus d'un prix déterminé par l'administration elle-même.

Ce projet fut communiqué au Conseil général des mines et cette Assemblée, après l'avoir considérablement modifié, le transmit à son tour au Conseil d'État. La section de législation en admit certaines dispositions, mais l'Assemblée générale l'ayant repoussé, il n'en fut plus question depuis lors.

En 1860, au sein du Corps législatif, M. E. Dalloz réclama de nouveau la révision de la loi de 1810. Dans la séance du 14 juillet notamment, il demanda la réduction des délais nécessaires pour arriver à la concession et proposa d'abroger le décret de 1852 qui prohibait la réunion en une seule main de plusieurs concessions ; il exprimait le désir de voir modifier les articles 11, 43, 44 dans un sens favorable aux exploitants ; il demandait en outre que, pour favoriser le recrutement du personnel de l'exploitation des mines, on fît aux mineurs des avantages considérables en les exemptant notamment de la cote mobilière et de la conscription ; que des subventions fussent accordées aux caisses de secours des ouvriers mineurs ; qu'enfin l'on publiât tous les trois ans des rapports sur la situation de l'industrie des mines, afin que le gouvernement fût ainsi en état de se rendre un compte exact des progrès et des besoins des exploitations minérales.

Les réclamations de M. E. Dalloz restèrent alors sans écho.

En 1861, nous voyons surgir un nouveau projet de réforme dû à l'initiative du Ministre des Travaux publics. Mais, comme ce projet n'avait d'autre but que d'abréger les lenteurs éprouvées par les demandes en concession, la section des travaux publics au Conseil d'État fut d'avis qu'il n'y avait pas lieu de statuer législativement sur ce point, et qu'une modification dans les usages de l'administration suffirait pour donner une juste satisfaction à l'opinion publique. En même temps, elle émettait le vœu de voir modifier la législation relative aux usines métallurgiques, en supprimant la servitude grave à laquelle les propriétaires de minières étaient restés soumis et qui les obligeait à livrer leurs produits aux usines du voisinage.

La loi du 9 mai 1866 fit droit, plus tard, aux réclamations du Conseil d'État, en rétablissant les principes de la liberté du commerce et de l'industrie dans les rapports des maîtres de forges avec les exploitants des mines de fer. Elle abrogea, en effet, les articles 73 à 78 de la loi du 21 avril 1810 qui avaient pour objet de soumettre à l'obtention d'une permission spéciale l'établissement des fourneaux, forges et usines destinés à traiter le fer, et raya de la loi les art. 59 à 67, 79 et 80 ainsi que le premier paragraphe de l'article 70 qui, même en cas de concession, obligeaient le concessionnaire à fournir aux usines métallurgiques la quantité de minerais de fer nécessaire à leur exploitation.

Mais c'est véritablement dans la grande enquête parlementaire ordonnée en 1873 par l'Assemblée nationale, à l'effet d'étudier l'état de l'industrie houillère en France, que nous allons trouver le véritable point de départ de la loi qui nous occupe. Cette enquête avait pour but de rechercher les réformes à opérer et les mesures à prendre pour mettre cette industrie en état de pourvoir aux justes besoins des consommateurs.

Une question spéciale à la législation des mines fut posée aux exploitants par la Commission ; elle était ainsi libellée :

« Avez-vous des observations à faire sur la législation qui régit les mines ? quels seraient les changements utiles à apporter aux lois sur la matière ? »

Des réponses et des propositions diverses furent adressées à la Commission, soit par des hommes spéciaux, soit par des comités locaux. Parmi ces derniers, le Comité central des houillères françaises présenta à la Commission des demandes de réformes qui méritent d'être signalées.

L'article 11 de la loi de 1810, qui prohibe l'établissement des puits, galeries ou sondages à moins de 100 mètres des clôtures murées et des habitations, était l'objet des plus vives critiques de la part du Comité central, il faisait remarquer que déjà cet article avait été modifié en Belgique, par la loi du 8 juillet 1865, dans un sens favorable aux exploitants ; il y avait lieu, selon lui, de s'engager au plus tôt dans cette voie.

Il était en outre à désirer que l'on accordât quelques immunités aux ouvriers mineurs, tels, par exemple, que des congés temporaires du service militaire, avec obligation de s'adonner pendant ce temps aux travaux souterrains des mines.

Enfin, il serait équitable de laisser aux exploitants les plus grandes facilités pour l'établissement de leurs voies de communication : routes, canaux ou chemins de fer.

Le Comité des houillères du Nord et du Pas-de-Calais insista, de son côté, sur la nécessité de quelques réformes destinées à mettre en harmonie les dispositions de la loi de 1810 avec les nécessités nouvelles de l'industrie des mines.

Il demandait aussi la révision de l'article 11 ; il était, selon lui, suffisant de réduire à 40 mètres la distance à laquelle le concessionnaire ne pourrait, sans le consentement du propriétaire, établir des machines ou appareils extérieurs d'exploitation, et quant aux magasins et dépôts des produits de la mine, une distance de 10 mètres des habitations lui paraissait suffisante.

Le Comité demandait en outre la simplification des formalités nécessaires pour parvenir à la concession, il invoquait, à titre d'exemple, le développement des houillères dans le bassin de la Rühr où l'on voit des mines en complète exploitation, moins de trois ans après le sondage primitif qui les a découvertes.

La réunion des concessions et la redevance proportionnelle sur les mines étaient ensuite étudiées par le Comité qui, sur ce dernier point, demandait qu'un impôt de 5 % sur le revenu distribué fût appelé à remplacer la redevance proportionnelle, impôt gênant et d'une perception difficile. Enfin, le Comité réclamait l'extension des articles 43 et 44, de manière à faciliter l'établissement de voies nouvelles de communication.

La sous-commission qui, dans l'enquête parlementaire, avait mission d'examiner et de rechercher d'une façon spéciale les réformes à introduire dans la législation des mines, chargea M. de Marcère de la rédaction de son rapport. Ce document se borna à analyser les modifications à opérer dans les articles 7, 11, 31 et 44 de la loi de 1810, en respectant les principes généraux de la loi, les griefs les plus importants, produits dans l'enquête, étaient seuls rappelés.

Le Ministre des travaux publics communiqua le travail de la sous-commission au Conseil général des mines qui fut d'avis qu'il y avait lieu au contraire de procéder à une réforme totale de la loi de 1810.

En conséquence, à la date du 10 février 1875, le Ministre des travaux publics nomma une commission spéciale composée de membres du Conseil général des mines et de professeurs à l'École nationale des mines. M. l'ingénieur en chef Dupont rédigea alors un projet d'ensemble, résultat des travaux de la commission spéciale. Sur 79 articles subsistant encore de la loi du 21 avril 1810, ce projet modifiait d'une façon profonde 11 articles, apportait une légère correction à 6 autres articles et en laissait subsister 62 dans leur texte primitif.

Pendant que ce travail de révision se poursuivait dans une sous-commission instituée par la commission spéciale, dont nous venons de parler, puis au sein de la direction générale des mines, récemment instituée au ministère des travaux publics, de nouveaux projets, dûs à l'initiative parlementaire, faisaient faire un pas en avant à cette question depuis si longtemps pendante.

Le 5 février 1877, M. Brossart, député de la Loire, déposait sur le bureau de la Chambre, un projet de loi portant modification des articles 7, 8, 11, 31, 35, 43, 44, 68, 69 et 70 de la loi de 1810. Ce projet, très-savamment étudié, était précédé d'un résumé de tous les travaux qui s'étaient succédés dans le but d'arriver à la révision de la loi du 21 avril 1810.

Le même jour, M. Bousquet, député du Gard, déposait aussi un autre projet de loi en quatre articles, mais qui concernait seulement la législation des mines de fer.

De son côté, le gouvernement, par l'organe de M. Paris, ministre des travaux publics et de M. Caillaux, ministre des finances, présentait au Sénat un troisième projet de loi dans la séance du 17 novembre 1877. C'était une révision d'ensemble, des 96 articles de la loi de 1810, ce projet en conservait seulement 49, tandis que 47 articles étaient au contraire éliminés ou fondus dans l'économie de la loi nouvelle. Cependant les principes fondamentaux de la loi organique de 1810 étaient respectés.

Le Conseil d'État avait été saisi de ce projet et, après de longues délibérations, tant au sein de la section des travaux publics qu'en assemblée générale, il formula son avis à la date du 2 mai 1878.

Il émettait cette opinion « que l'avantage de présenter sous une forme plus correcte les dispositions fondamentales d'une législation pratiquée depuis près de 70 ans, et qui n'étaient l'objet d'aucune contestation, ne pouvait entrer en balance avec l'inconvénient de les soumettre à la discussion et de fournir ainsi l'occasion de soulever des difficultés nouvelles. En conséquence, il lui paraissait préférable de ne modifier que les articles à l'occasion desquels des réformes d'une véritable importance avaient été réclamées à juste titre, que, en restreignant ainsi le projet, on pourrait obtenir, dans un délai beaucoup plus court, la réalisation des réformes qui sont de nature à donner satisfaction à l'industrie des mines et à l'intérêt public, sans compromettre les droits des propriétaires de la surface.[1] »

En conséquence, une rédaction définitive du projet de loi relatif à la révision de la loi du 21 avril 1810 sur les mines, fut présentée au Sénat par M. de Freycinet, ministre des travaux publics, dans la séance du 21 mai 1878 et immédiatement renvoyée à la Commission chargée d'examiner le projet de loi sur les mines du 17 novembre 1877.

Il ne s'agissait plus que d'une révision partielle et relative seulement à quelques articles; les dispositions du projet de M. de Freycinet passèrent dans la loi du 27 juillet 1880, sauf quelques modifications peu importantes. Telles sont les origines de la loi dont nous allons aborder l'étude.

(1) *Annales des mines,* 3e livraison de 1878.

CHAPITRE II

Commentaire des dispositions de la loi nouvelle.

----

§ I. « ANCIEN ART. 11. »

« Nulle permission de recherches, ni concession de mines ne pourra , sans le consentement formel du propriétaire de la surface , donner le droit de faire des sondes et d'ouvrir des puits ou galeries, ni celui d'établir des machines ou magasins dans les enclos murés, cours ou jardins, ni dans les terrains attenant aux habitations ou clôtures murées , dans la distance de cent mètres desdites clôtures ou des habitations. »

« NOUVEL ART. 11. »

« Nulle permission de recherches, ni concession de mines ne pourra, sans le consentement du propriétaire de la surface, donner le droit de faire des sondages , d'ouvrir des puits ou galeries , ni d'établir des machines , ateliers ou magasins dans les enclos murés, cours et jardins.

« Les puits et galeries ne peuvent être ouverts dans un rayon de 50 mètres des habitations et des terrains compris dans les clôtures murées y attenantes , sans le consentement des propriétaires de ces habitations. »

La recherche et l'exploitation des mines ont été à bon droit considérées par le législateur de 1810 comme méritant au plus haut degré les faveurs et les immunités les plus grandes. C'est ainsi qu'aux termes de l'article 10 de cette loi l'explorateur peut, avec l'autorisation du gouvernement et sous la condition d'une préalable indemnité, rechercher les mines et enfoncer des sondes et tarières, même dans un terrain dont il n'est pas propriétaire ; ainsi encore aux termes des articles 43 et 44 il peut, à la surface du sol, occuper les terrains qui lui sont nécessaires pour l'établissement de ses travaux dans toute l'étendue de sa concession.

D'aussi grands avantages devaient avoir de justes restrictions, aussi la loi a pensé que les travaux extérieurs des mines étant tout particulièrement gênants, elle devait éloigner ces ouvrages et écarter les entreprises de « recherches des maisons et des enclos où le propriétaire doit trouver une liberté entière et le respect pour l'asile de ses jouissances domestiques. »

Ainsi s'exprimait Regnault de Saint-Jean d'Angely dans son exposé des motifs de la loi, pour justifier la disposition contenue dans l'art. 11 qui établssait une zone de protection de 100 mètres, destinée à protéger contre le voisinage des travaux des mines les terrains attenant aux habitations.

C'est à l'aide de cette prohibition, que le législateur, après avoir fait de la mine une propriété souterraine, distincte et indépendante des propriétés de la surface, réglait avec équité les rapports qui devaient être établis entre ces deux propriétés destinées à co-exister l'une près de l'autre.

C'était chose difficile, en effet, que de concilier leurs intérêts souvent opposés par la force même des choses. On ne pouvait laisser le concessionnaire de la mine dans la dépendance absolue du propriétaire de la surface, mais en même temps il convenait de maintenir vis-à-vis des exploitants le respect dû au grand principe de la propriété.

Si donc un accord intervient entre l'exploitant et le propriétaire de la surface, tout est possible ; à défaut de contrat, l'article 11

établit ainsi leur situation respective et formule les deux règles suivantes :

Dans les enclos murés , cours et jardins et *a fortiori* dans les
habitations , le concessionnaire ne pourra pénétrer sans le consentement formel du propriétaire de la surface, pour y enfoncer des
sondes , y ouvrir des puits ou galeries ou y établir des machines ou
magasins.

Les clôtures murées et habitations seront de plus préservées de
tous ces travaux dans le rayon de 100 mètres qui les entoure.

Ainsi disposait l'ancien article 11.

Remarquons tout d'abord qu'il ne s'agit dans cet article que des
travaux extérieurs que la loi détermine , c'est-à-dire : Les sondages,
les puits, les galeries , l'établissement de machines et de magasins ;
c'est ce qui résulte surabondamment du mot *ouverture* dont se sert
l'article 11 , et des termes de l'article 15 qui énumère au contraire
les précautions et formalités à observer, dans le cas où les travaux
souterrains d'exploitation sont conduits jusque sous des maisons ou
lieux d'habitation.

Ce point a d'ailleurs été formellement reconnu au Conseil d'État
dans la séance du 13 février 1810.[1]

L'ancienne rédaction de l'article 11 établissait, ainsi que nous
l'avons vu , deux catégories de propriétés protégées ; d'abord les
enclos murés, cours ou jardins quelle que soit leur étendue, puis en
second lieu un rayon de 100 mètres autour des habitations et
clôtures murées.

Recherchons les modifications que le texte nouveau du 27 juillet
1880 a apportées dans la loi.

1° La substitution des mots : enclos murés , cours *et* jardins à
l'ancienne rédaction de l'article 11 qui disait : enclos murés , cours
ou jardins , fait cesser tout d'abord une grave controverse.

Les concessionnaires de mines et la Cour de Liège avec eux

<hr>

[1] Locré XXV, 7 ; voyez encore : Liège, 2 mars 1854. Pas. 1856, 2, 151.

avaient soutenu que les mots cours ou jardins, ne pouvaient se séparer de ceux qui les précédaient : enclos murés. Selon eux les mots cours ou jardins ne désignaient que des espèces, et par conséquent les cours ou jardins non enclos de murs n'étaient pas protégés par la loi.[1]

La nouvelle rédaction : *enclos murés, cours et jardins*, étant nettement énonciative de trois catégories différentes, fait cesser tous les doutes.

2° L'ancien article 11 protégeait encore contre l'établissement de sondages, l'ouverture des puits ou galeries et l'établissement de machines ou magasins : les terrains attenant aux habitations ou clôtures murées dans une étendue de 100 mètres desdites habitations ou clôtures. C'était là une disposition d'une rigueur extrême, la loi que nous étudions est venue apporter à cette règle une modification importante.

« Les puits et galeries ne peuvent être ouverts », dit la nouvelle rédaction de la loi ; la prohibition ne s'étend donc plus dans cette seconde hypothèse aux sondages, à l'établissement de machines, ateliers ou magasins.

C'était en effet pousser trop loin les prohibitions de la loi spéciale que de défendre aux exploitants de mines ce qui était cependant permis d'une façon générale. Un concessionnaire, en effet, ne pouvait, avant la loi nouvelle, établir un magasin dans la zone de servitude, tandis que tout autre que lui, jouissait à cet égard de la liberté la plus absolue ; il lui était interdit, dans le même espace, de déposer la houille extraite de sa mine, sans le consentement des propriétaires d'habitations voisines, jusqu'à la distance de 100 mètres et d'établir dans la même zone ses machines et ses appareils d'aérage, tandis qu'au milieu même de nos villes les dépôts de combustible s'établissent librement et que l'on y voit fonctionner les appareils à vapeur les plus puissants, sous la seule restriction de règles et de

(1) Voir en ce sens un arrêt de la Cour de Liège du 16 janvier 1851 rendu sur les conclusions conformes de M. le procureur-général Raikem. Pas. 1851, 2, 104.

precautions imposées par les lois spéciales. La prohibition subsiste désormais seulement lorsque l'exploitant veut faire pratiquer des sondages, ouvrir des puits ou galeries ou établir des machines, ateliers ou magasins *dans les enclos murés, cours et jardins*, mais dans le *rayon qui entoure les habitations et les clôtures murées qui y sont attenantes* ; l'ouverture de puits et galeries est seule prohibée.

Ainsi cessera une inégalité choquante et la prohibition de la loi se trouvera ramenée dans des limites justes et modérées.

3° Même restreinte en ces termes et n'écartant plus des habitations que l'ouverture des puits ou galeries, la zone de protection , si on lui eut laissé son étendue de 100 mètres, eut été encore exagérée, aussi le nouvel article 11 la réduit équitablement à 50 mètres.

L'ancienne règle , en effet , aboutissait à des conséquences véritablement iniques. Les exploitations minières se fondaient le plus souvent dans des pays agricoles peu couverts encore d'habitations. Mais bientôt l'entreprise même ne tardait pas à amener autour de la mine des industries nouvelles et un développement considérable de la propriété bâtie ; puis lorsque le concessionnaire, cause de cette nouvelle prospérité, voulait établir un siége nouveau d'exploitation , il lui devenait presque impossible de trouver une étendue de terrain suffisamment éloignée des habitations , pour y installer une fosse et ses accessoires indispensables ; il était obligé alors de payer à chers deniers le droit de s'établir dans l'endroit le plus profitable pour son exploitation. Dans certains pays de mines on vit même la spéculation s'en mêler et des constructions s'élever uniquement dans le but d'entraver les entreprises du concessionnaire, obligé alors de payer les indemnités les plus excessives. La prospérité que le concessionnaire fait naître se retournait ainsi contre lui.

La loi nouvelle réduit la zone de protection à 50 mètres et fait ainsi profiter l'industrie minérale d'une diminution progressive des servitudes de voisinage.

Déjà du reste, la plupart des nations étrangères qui nous ont

emprunté l'esprit et les principes de notre législation des mines ,
ont modifié sur le point qui nous occupe la loi de 1810 dans un
sens favorable au développement de l'industrie.

En Belgique , la loi du 8 juin 1865 a apporté un tempérament à
l'art. 11 et la zone de servitude ne protège plus désormais les terrains
entourant l'habitation, qu'autant que ces terrains appartiennent au
propriétaire de l'habitation elle-même ; nous reviendrons du reste
plus loin sur cette disposition.

En Autriche , la loi du 25 mai 1854 a fixé la zone de protection
à 37 mètres 92 centimètres (20 klafter), en la laissant subsister seulement autour des bâtiments et cours fermées. Les simples enclos
murés, les jardins clos et les cimetières ne sont protégés que pour
l'étendue même de leur périmètre.

En Prusse , la matière est régie par la loi du 24 juin 1865. Aux
termes de l'article 4 de cette loi , la recherche des mines est interdite dans les endroits publics , les rues , les chemins de fer, ainsi
que dans les enclos , sous les bâtiments ou dans un rayon qui les
entoure à la distance de 200 pieds , ou enfin dans les jardins ou
cours clôturées.

Les chaudières à vapeur et les machines motrices servant à
l'exploitation des mines ne sont soumises qu'aux prescriptions des
lois spéciales sur les établissements industriels (art. 59).

En ce qui concerne les travaux d'exploitation proprement dits ,
la cession des terrains nécessaires au concessionnaire pour le service
de son entreprise ne peut être refusée que pour des raisons majeures
d'intérêt public, avec cette restriction cependant, que le propriétaire
du sol ne peut jamais être tenu de céder, contre sa volonté, le terrain
sur lequel sont érigés des bâtiments d'habitation, d'exploitation
agricole ou industrielle , ni les enclos y attenant (art. 135 et 136).

En Espagne , aux termes de la loi du 6 juillet 1859 , on ne peut
faire de recherches ou travaux de mine à une distance moindre de
40 mètres d'un bâtiment, chemin de fer, route, canal, source ,
abreuvoir ou autre propriété d'utilité publique (art. 12).

Enfin la loi italienne du 20 novembre 1859 établit dans les mêmes circonstances une zone de protection de 100 mètres autour des habitations ou des lieux clos de murs y attenant et de 40 mètres seulement autour des autres lieux enclos de murailles.

La législation française ne devait pas montrer plus de rigueur envers les exploitants des mines et il était équitable de réduire à 50 mètres l'étendue de la zone de protection.

5° L'ancienne rédaction de l'article 11 écartait les travaux des mines des habitations *ou clôtures murées*. Ces dernières étaient donc protégées dans un rayon de 100 mètres alors même qu'elles étaient établies en pleine campagne et sans être la dépendance d'une maison habitée.[1]

La nouvelle disposition légale ne protège plus que les « habitations et les terrains compris dans les clôtures murées y attenantes. »

La loi de 1810 traitait donc également toutes les clôtures murées, la nouvelle rédaction ne les protège plus au contraire que lorsqu'elles sont attenantes aux habitations et en dépendant ainsi d'une façon certaine. Le mot habitation marque donc bien qu'il ne s'agit plus d'une construction quelconque, mais bien de ce que le rapporteur de la loi de 1810 déterminait si bien par ces mots : « l'asile des jouissances domestiques. »

6° La nouvelle rédaction fait enfin cesser une controverse célèbre. La loi ancienne exigeait *le consentement du propriétaire de la surface* pour permettre l'ouverture des puits ou galeries dans les enclos murés, cours ou jardins, et pour établir ces mêmes travaux dans les terrains attenant aux habitations dans la zone de 100 mètres qui les protégeait. Or ces mots : consentement du propriétaire de la surface, s'appliquant aux deux membres de la phrase, on s'était demandé quel était le propriétaire de la surface dont le consente-

___

[1] *Sic* : Cassation, 10 février 1854. — Liège, 17 juin 1863, Pas. 1863, 2, 369. — V. encore : Peyret-Lallier, n° 171. — Dupont, t. I, p. 312. — Dalloz, n° 161. — Bury, n° 627.

ment devait être obtenu ; était-ce celui de l'habitation ou celui des terrains compris dans la zone de protection ? La question revenait à ceci : le propriétaire de l'habitation devait-il être en même temps propriétaire du rayon protégé, qui entoure la maison ou la clôture murée, pour pouvoir écarter de ce rayon toute ouverture de galerie ou de puits d'extraction.

En Belgique, l'article 11 de la loi du 21 avril 1810 a été modifié par une loi du 8 juillet 1865 et depuis lors le rayon de 100 mètres, qui règne autour des habitations, n'est plus protégé qu'autant que les terrains qui y sont compris appartiennent au propriétaire de l'habitation elle-même.

Cette loi confirmait du reste un arrêté royal du 14 mars 1826 qui décidait la question dans le même sens, par interprétation de la loi de 1810, pour tout le royaume des Pays-Bas.

En France, la question fut longtemps l'objet de graves débats ; les auteurs étaient divisés , la Cour de cassation se prononçait en faveur du propriétaire des habitations , sans exiger qu'ils fût en même temps propriétaire du rayon protégé , les Cours d'appel s'étaient prononcées en sens contraire.[1]

Il serait superflu d'examiner aujourd'hui les raisons qui militaient en faveur de l'une ou l'autre opinion. Le texte du nouvel article 11 ne peut plus prêter désormais à aucune ambiguité : Les puits et

---

[1] En faveur du propriétaire de l'habitation : Proudhon, n° 759. — Dupont, t. I, p. 119. — Cotelle, t. II, n° 103. — Delebecque, t. II, p. 117. — Cass., 24 avril 1823, Sirey, 1823, 1, 390 ; — id. 23 janvier 1827 ; — id. 1er août 1843, S. V. 1843, 1, 795 ; — id. 28 juillet 1852. S. V. 1852, 1, 700 ; — id. 19 mai 1856, S V. 1856, 1, 497 ; — id. 21 mai 1859, S. V. 1859, 1, 724 ; — Dijon, 20 août 1858; — Nancy, 27 juin 1868, S. V. 1869, 2, 7. — En sens contraire : Peyret-Lallier, n° 166. — Richard, n° 121. — Dalloz, rep. V° Mines, n° 158. — Dufour, n° 95. — Rey, t. II, p. 359. — Jousselin, *Traité des servitudes d'utilité publique*, t. II, p. 13. — Ed. Dalloz, t. I, p. 336 et Tribun. de Saint-Étienne, 14 août 1829. — Id., 31 avril 1832. — Dijon, 24 janvier 1834. — Douai, 5 décembre 1838 (arrêt cassé). — Lyon, 7 décembre 1849 (arrêt cassé.) — Dijon, 3 mai 1850. — Id. 13 juillet 1853 (arrêt cassé), S. V., 1853, 2, 458.

galeries ne peuvent être ouverts dans un rayon de 50 mètres des habitations. Tel est le principe nouveau , peu importe à qui appartiennent les terrains environnant l'habitation , puisque c'est elle seule que la loi protège.

La distance qui sépare les travaux de mines des maisons habitées est la seule base comme la seule mesure de l'interdiction légale.

7° Enfin une dernière question se posait : quelles étaient les habitations appelées à jouir de la protection de la loi? étaient-ce seulement celles existantes lors de la concession de la mine ou fallait-il au contraire protéger au même titre contre les travaux des exploitants , les constructions postérieures à l'acte même de concession?

La raison de douter c'est que les auteurs de ces constructions ne pouvaient ignorer qu'ils s'établissaient dans le périmètre d'une mine concédée et que les terrains situés dans le voisinage pourraient tôt ou tard devenir indispensables et être occupés pour les travaux de l'exploitation ; que par conséquent ils avaient bâti à leurs risques et périls.[1]

Cette distinction a été nettement repoussée dans les travaux préparatoires de la nouvelle loi.

M. Paris, notamment, rapporteur de la loi devant le Sénat, déclara , dans la séance du 4 février 1879, que la commission s'était ralliée à la doctrine de l'arrêt de cassation du 31 mai 1859.[2] Or cet arrêt considère la protection de la loi comme s'étendant à toutes les habitations, à quelque époque que leur construction puisse remonter. « C'est qu'en effet, disait-il, le propriétaire de la surface, nonobstant la concession de la mine, conserve tous les droits et les avantages qui sont assurés à son domaine et on ne peut songer à

---

(1) *Sic* : Dupont, t. I, p. 314. — Rey, t. II, p. 392.

(2) S. V. 1859, 1, 724.

établir dans tout le périmètre d'une concession un véritable désert, pour employer l'expression pittoresque de M. Dupin. »

La jurisprudence de la Cour de cassation se trouve donc aujourd'hui pleinement confirmée.[1]

§ II. « ANCIEN ART. 23. »

« Les affiches auront lieu pendant quatre mois, dans le chef-lieu du département, dans celui de l'arrondissement où la mine est située, dans le lieu du domicile du demandeur, et dans toutes les communes dans le territoire desquelles la concession peut s'étendre; elles seront insérées dans les journaux de département. »

« NOUVEL ART. 23. »

« L'affichage aura lieu, pendant deux mois, aux chefs-lieux du département et de l'arrondissement où la mine est située, dans la commune où le demandeur est domicilié et dans toutes les communes sur le territoire desquelles la concession peut s'étendre ; les affiches seront insérées deux fois, à un mois d'intervalle, dans les journaux du département et dans le *Journal officiel.* »

La publicité donnée à la demande en concession est une formalité essentielle ; son but est de permettre aux demandes en concurrence et aux oppositions de se produire. Par elle sont avertis tous ceux qu sont en droit, soit de combattre la demande, soit de faire valoir des droits de préférence. L'inventeur ainsi prévenu pourra présenter une demande concurrente et le propriétaire de la surface réclamer les redevances qui lui sont dues.

Deux innovations sont apportées dans la loi par le nouvel article 23 :

---

(1) *Sic* : Liège, 16 janvier 1851, Pas., 1852, 2, 104. — Bury, n° 647.

1° Le délai de quatre mois pendant lequel les affiches doivent rester exposées est réduit à deux mois.

Les communications plus rapides et plus faciles aujourd'hui ont permis de réduire, dans une juste mesure, cette formalité, dont les longueurs étaient devenues une entrave au développement de l'industrie des mines.

2° L'ancien texte n'exigeait rigoureusement qu'une seule insertion dans les journaux du département où la mine est située.

Les auteurs recommandaient, il est vrai, de la renouveler une fois par mois, mais cette formalité n'était pas rigoureuse. La nouvelle disposition est plus explicite, elle exige deux publications à un mois d'intervalle, non-seulement dans les journaux du département, mais encore dans le *Journal officiel.*

Ces moyens de publicité plus rapides et plus efficaces à la fois, pour arriver à la concession, étaient réclamés depuis longtemps déjà. On invoquait notamment l'exemple de la loi prussienne du 24 juin 1865, qui avait apporté à cet égard à la loi de 1810 des innovations heureuses.

Aux termes de cette législation, celui qui découvre, soit dans son propre fonds ou dans sa mine, soit par des travaux de recherche entrepris conformément aux dispositions de la loi, une substance minérale dans son gisement naturel, acquiert comme inventeur la préférence sur toutes demandes postérieures à l'époque de sa découverte. La concession doit, il est vrai, être demandée immédiatement, c'est-à-dire dans le délai d'une semaine, à partir du jour de la découverte, mais les formalités à observer se poursuivent ensuite avec une rapidité telle, que le demandeur est assuré d'obtenir sa concession en moins d'une année. Les oppositions de la part des tiers, et les instances judiciaires qui en peuvent être la suite, sont limitées dans des délais impartis à peine de nullité et de forclusion.

Il y avait lieu dans le même esprit de progrès, d'abréger autant que possible des délais qui pouvaient être un obstacle au développement de l'industrie des mines en France et d'accélérer ainsi les décisions des diverses autorités auxquelles sont subordonnées les demandes en concession.

Tout spécialement la durée des affiches pendant quatre mois était une formalité qui pouvait avoir eu sa raison d'être en 1810 ; mais aujourd'hui il n'est plus à craindre que les affiches restant apposées pendant deux mois, jointes aux annonces des organes de publicité du département et aux insertions dans le *Journal officiel*, la demande en concession échappe à la connaissance des tiers intéressés à la combattre ou à faire valoir une opposition.

§ III. — « ANCIEN ART. 26. »

« Les demandes en concurrence et les oppositions qui y seront formées seront admises devant le Préfet jusqu'au dernier jour du quatrième mois, à compter de la date de l'affiche : elles seront notifiées par actes extrajudiciaires à la Préfecture du département, où elles seront enregistrées sur le registre indiqué à l'article 22. Les oppositions seront notifiées aux parties intéressées ; et le registre sera ouvert à tous ceux qui en demanderont la communication. »

« NOUVEL ART. 26. »

« Les oppositions et demandes en concurrence seront admises devant le Préfet jusqu'au dernier jour du second mois à compter de la date de l'affiche. Elles seront notifiées par actes extrajudiciaires, à la Préfecture du département, où elles seront enregistrées sur le registre indiqué à l'article 22. Elles seront également notifiées aux parties intéressées et le registre sera ouvert à tous ceux qui en demanderont communication. »

La réduction de quatre mois à deux mois de la durée des affiches prescrites par l'article 23, entraînait une modification analogue dans l'article 26 pour mettre ces deux dispositions en parfaite harmonie l'une avec l'autre.

§ IV. « ANCIEN ART. 42. »

« Le droit attribué par l'article 6 de la présente loi aux propriétaires de la surface sera réglé à une somme déterminée par l'acte de concession. »

« NOUVEL ART. 42. »

« Le droit accordé par l'article 6 de la présente loi au propriétaire de la surface sera réglé sous la forme fixée par l'acte de concession. »

Aux termes de l'article 552 du code civil « la propriété du sol emporte la propriété du dessus et du dessous. » Mais le droit du propriétaire du sol sur la mine non concédée, est un titre absolument stérile entre ses mains puisqu'il ne lui confère ni le droit de l'exploiter ni celui d'en disposer ; l'acte de concession donne seul à celui qui en est investi la faculté de mettre la mine en exploitation et de tirer avantage de ses produits. Cet acte, qui détache ainsi la mine de la superficie pour en constituer une propriété distincte, doit, pour rester équitable, régler et liquider les droits du propriétaire foncier et lui accorder une indemnité destinée à lui tenir le lieu et place de la propriété dont il est ainsi dépouillé au profit du concessionnaire.

Ici, cependant se présente une difficulté sérieuse.

Tandis, en effet, que l'article 6 de la loi de 1810 pose en principe que les droits du propriétaire de la surface seront établis sur *le produit* des mines concédées, ce qui semble énoncer que ce droit sera liquidé à un tantième du produit ou de l'extraction de la mine ; l'article 42 de la même loi dit, au contraire, que cette redevance consistera en une *somme déterminée par l'acte de concession.*

Quelle est celle de ces deux dispositions qui nous donne la véritable pensée de la loi ?

De très-bons auteurs ont soutenu que le législateur n'avait eu en vue qu'une redevance fixe et invariable qui serait déterminée dans l'acte même de concession.

A l'appui de cette doctrine, on a fait observer que l'indemnité due au propriétaire de la surface ne pouvait être que bien peu élevée, car, entre ses mains, la mine était une propriété presque fictive, puisqu'il ne pouvait en tirer aucun produit ; du reste, la redevance devait nécessairement être minime, car sans cela elle eût compromis entre les mains des exploitants le succès de leur entreprise.

Ce système semblait avoir pour lui l'opinion des auteurs mêmes de la loi du 21 avril 1810. Dans la troisième rédaction en effet, on supprima l'article 40, d'après lequel la redevance foncière ne devait être payée qu'au propriétaire sous le terrain duquel se trouvait une exploitation productive et pendant la durée seule de cette exploitation.

Plus tard, lorsque dans la discussion au sein du Conseil d'État on voulut fixer la nature de la redevance due au propriétaire du sol, on fut d'accord pour la considérer comme un paiement en argent dont le capital serait susceptible d'être remboursé.

Cette opinion émise par les conseillers d'État Treilhard et Defermon et approuvée par l'Empereur, semblait bien évidemment incompatible avec toute idée d'une redevance proportionnelle au produit de l'extraction.

Enfin, Stanislas de Girardin dans son rapport au Corps législatif, s'exprimait en ces termes : « Ces droits du propriétaire de la surface, maintenus et reconnus par l'article 6, ne pourront être réglés sans beaucoup de précautions ; ils ont paru offrir d'abord à votre commission des difficultés dans l'exécution, elle a remarqué qu'il y aurait des embarras toujours renaissants pour constater sous quelle propriété se fait l'exploitation ; que même il est souvent impossible de déterminer dans une exploitation en grand ce qui provient des points divers de la concession. Mais l'article 42 du projet qui explique l'article 6 , porte que le droit attribué aux propriétaires de la surface sera réglé à une somme déterminée par l'acte de concession , et le titre même sur lequel elle sera fondée préviendra toute contestation ultérieure. »

De tout ce qui précède on a conclu que la rédaction de l'article 6 était vicieuse , et que seul l'article 42 renfermait la véritable pensée du législateur. En fait , le mode de redevance adopté le plus souvent par les actes de concession est en harmonie avec cette doctrine, et du reste conforme à un avis du Conseil général des mines du 27 juillet 1840. La redevance consiste dans l'attribution aux propriétaires de la surface d'une indemnité peu élevée , qui est annuellement payée à raison de tant par hectare ; le propriétaire du sol la perçoit, qu'il y ait ou non exploitation sous son fonds. Les redevances les plus usuelles varient de 5 ou 10 centimes à 50 centimes , elles se sont élevées quelquefois jusqu'à 1 fr. et 5 fr. par hectare.

On a opposé à ce système les termes formels de l'article 6, lequel dispose que l'acte de concession déterminera les droits du propriétaire du sol sur le produit des mines concédées. Si donc, a-t-on dit , ce texte a été conservé, c'est que le législateur a entendu laisser au gouvernement la plus grande latitude pour régler les droits du propriétaire de la surface, en lui attribuant , s'il le juge équitable , une portion des produits mêmes de la mine.[1]

Dans certaines régions de la France , en effet., et notamment dans le bassin de la Loire, l'usage a prévalu de réserver au propriétaire du sol un tantième de l'extraction de la mine et dès lors la redevance proportionnelle devient pour ces propriétaires un droit sur lequel ils peuvent légitimement compter et qui constitue une augmentation sérieuse de la valeur de leurs immeubles. Le gouvernement en tient compte dans les actes de concession en respectant les droits acquis.

Mais voyons comment, en fait, cet usage s'est établi.

____

[1] *Sic* : Dupont, t. I, p. 250.— Bury, n° 429. — Proudhon, *De la propriété*, 778.

J'ai montré ailleurs comment, sous l'ancienne monarchie, les actes du pouvoir royal avaient réglé en France l'exploitation des mines de houille.[1]

Par son édit de 1601, Henri IV, sans renoncer en principe au droit régalien, abandonne par exception spéciale le dixième qu'il percevait « sur les mines de soufre, salpêtre, fer, ocre, pétrole, *charbon de terre*, ardoise, etc. ; en faveur, ajoute l'édit, de notre noblesse, et pour gratifier nos bons sujets *propriétaires* des lieux. »

Les mines de houille et de fer sont donc laissées à la disposition des propriétaires du sol, qui reçoivent le droit de les exploiter sans être soumis à aucune redevance vis-à-vis du pouvoir royal.

Louis XIV abandonne, il est vrai, pour quelque temps ce système et dépouille les propriétaires de la surface par l'arrêt du Conseil du 16 juillet 1689, qui accorde au duc de Montausier, puis à la duchesse d'Uzès, sa fille : « le don et permission de faire ouvrir et fouiller toutes les mines de charbon de terre qu'ils pourront découvrir dans toute l'étendue du royaume. » Mais ce privilège est bientôt abrogé, et par l'édit du 13 mai 1698, Louis XIV permet de nouveau à tous les propriétaires de terres, où il y a des mines de charbon ouvertes et non ouvertes, en quelque endroit et lieux du royaume qu'elles soient situées, de les ouvrir et exploiter à leur profit.

Deux arrêts du Conseil de 1744 et 1783 suppriment, il est vrai, la faculté accordée aux propriétaires du sol d'exploiter les mines de houille situées sous leurs-fonds, et une permission royale devient nécessaire pour toute entreprise nouvelle de cette nature. Mais, dans beaucoup de provinces, les propriétaires du sol privés de leurs droits, organisent contre ces arrêts une résistance énergique et les parlements, leur donnant l'appui de leur autorité, refusent de les enregistrer. Sur beaucoup de points du royaume, où il existe des mines de houille, nous voyons les propriétaires restés

---

(1) *Législation des Sociétés houillères en France et en Belgique*, Paris et Bruxelles. 1878.

maîtres de les exploiter et le roi ne parvient pas à y faire prévaloir l'autorité de ses édits et de ses règlements.

Dans le bassin de la Loire notamment, les propriétaires conservèrent longtemps encore le droit d'exploiter librement les mines de houille que recélaient leurs fonds, et lorsqu'ils ne voulaient ou ne pouvaient les exploiter eux-mêmes, ils les affermaient à des gens de métier, moyennant une redevance appelée *cens*, qui variait suivant la profondeur et l'épaisseur des couches exploitées.

C'est seulement en 1824 que le régime de la loi de 1810 fut appliqué dans le département de la Loire. A cette époque vingt-deux concessions houillères y ont été accordées. Les cahiers des charges qui furent rédigés tinrent compte dans une juste mesure des droits si anciens des propriétaires du sol, en leur attribuant des redevances proportionnelles qui variaient du quart au quatre-vingtième du produit brut, suivant l'épaisseur des couches et la profondeur du gisement houiller.

Les concessions accordées successivement dans le bassin de la Loire, conservèrent l'usage des redevances proportionnelles.

C'est ainsi, par exemple, que la concession du Plat-de-Gier (Loire), accordée en 1850, reproduit dans les mêmes termes le taux des redevances attribuées par les actes de concession de 1824 aux propriétaires du sol, pour l'exploitation des couches jusqu'à 350 mètres de la surface ; les redevances diminuent ensuite sensiblement, à mesure que les couches s'enfoncent plus profondément dans le sol, elles ne s'élèvent plus qu'à $1/200^e$, $1/300^e$, $1/400^e$ et $1/800^e$ pour les veines situées à des profondeurs plus grandes.

L'étude des concessions des mines de houille de l'Aveyron et de l'Isère nous offrirait d'autres exemples de redevances proportionnelles fondées sur dés raisons analogues.

De ce qui précède, il résulte que le gouvernement, dans les divers actes des concessions instituées jusqu'à ce jour, ne s'est pas attaché spécialement à l'un ou à l'autre des articles 6 et 42 de la loi de 1810, comme renfermant la pensée exclusive du législateur. Il s'est considéré comme fondé en droit, malgré le texte assurément mal rédigé sur ce point et les opinions divergeantes des jurisconsultes, de régler la redevance due au propriétaire du sol, tantôt en une somme fixe, tantôt en une part proportionnelle du produit de l'extraction.

La loi nouvelle substitue à l'ancienne rédaction de l'article 42 la disposition suivante : « Le droit accordé par l'article 6 de la présente loi au propriétaire de la surface sera réglé sous la forme fixée par l'acte de concession. »

Cette disposition a pour but de consacrer d'une façon juridique le droit du gouvernement de choisir à son gré l'un ou l'autre mode de redevance, dont la concession déterminera la forme. Ainsi ces actes continueront à respecter les usages en vigueur dans chaque contrée et les précédents établis ; le gouvernement aura ainsi toute liberté pour imposer le mode d'indemnité qui s'appliquera le mieux aux circonstances et aux habitudes locales.

Un membre de la commission chargée par le Sénat d'élaborer le projet de la loi nouvelle, l'honorable M. Martinot avait proposé d'introduire dans notre législation le principe consacré en Belgique par la loi du 2 mai 1837.

Cette loi édictée dans un esprit favorable aux réclamations des propriétaires du sol, a réglé sur des bases nouvelles la redevance due par les concessionnaires des mines. Bien que ses dispositions n'aient pas trouvé place dans la loi nouvelle, il peut être utile cependant de les examiner rapidement et de nous demander si la règle que cette loi a posée est juste dans son principe et équitable dans ses conséquences.

L'article 9 de la loi belge du 2 mai 1837 est ainsi conçu : « L'indemnité réservée aux propriétaires de la surface, par les articles 6 et 42 de la loi du 21 avril 1810, sera déterminée au moyen d'une redevance fixe et d'une redevance proportionnelle au produit de la mine.

« La redevance fixe sera déterminée par l'acte de concession.

« Elle ne sera pas moindre de vingt-cinq centimes par hectare de superficie.

« La redevance proportionnelle sera fixée de un à trois pour cent du produit net de la mine, tel que ce produit est arbitré annuellement par le comité d'évaluation, soit sur les renseignements qui sont fournis par les exploitants et les ingénieurs des mines, soit par forme d'imposition ou d'abonnement. Cette indemnité est également répartie entre les propriétaires de la surface, en raison de la contenance en superficie des terrains appartenant à chacun d'eux, telle que cette contenance est indiquée dans le plan de concession.

« Le recours des propriétaires de la surface contre l'évaluation du produit net, telle qu'elle a été déterminée par le comité d'évaluation, sera exercé, instruit et jugé conformément aux dispositions existantes pour l'assiette de la redevance proportionnelle due à l'État.

« Celui qui se trouve aux droits du propriétaire de la surface, quant à la mine, jouira de l'indemnité réservée à celui-ci par le présent article. »

Art. 10. « Dans le cas où la redevance proportionnelle établie sur les mines au profit de l'État serait supprimée ou modifiée dans son assiette, la redevance proportionnelle accordée au propriétaire de la surface, en exécution de la présente loi, pourra être modifiée ou remplacée en vertu de dispositions d'une loi nouvelle. »

Les droits du propriétaire du sol sont, on le voit, considérablement étendus, puisque cette loi lui accorde en toute hypothèse une redevance proportionnelle basée sur le produit net de la mine.

Examinons rapidement si ce système est fondé en droit et en équité.

Nous avons vu que le propriétaire du sol est, en principe, propriétaire du dessus et du dessous, mais la loi même qui a fondé et déterminé son droit y a apporté une restriction, en ce qui concerne la mine que peut recéler son fonds. (Art. 552 Code civil).

Cette mine, en effet, il ne peut l'exploiter qu'en obtenant un acte de concession qui la lui attribue comme une propriété nouvelle, distincte et indépendante de la première. Lors donc qu'il n'a pas obtenu ce décret de concession, et faisant abstraction de certains cas spéciaux que nous avons analysés ci-dessus, on ne peut en principe et dans la règle le considérer comme subissant une expropriation. Quelle juste raison trouverait-on dès lors pour lui accorder en toute hypothèse une part de bénéfice, dans une entreprise qui n'a rien reçu de lui et à laquelle il n'a conféré aucun avantage?

Ce n'est pas tout : si la loi belge a voulu consacrer le droit du propriétaire du sol sur la mine concédée, le mode d'évaluation de la redevance ne paraît pas en harmonie avec le principe posé. Que la loi reconnaisse au propriétaire le droit de percevoir un tantième sur le produit de la mine extraite sous son fonds, c'est un système qui peut se justifier dans certaines hypothèses, nous l'avons vu, et qui, en tous les cas, invoque, en théorie pure, les droits préexistants du propriétaire du sol et sa dépossession au profit du concessionnaire ; mais faire un total des matières extraites dans toutes les parties de la concession, faire une somme du produit net de l'exploitation et en attribuer un tantième à tous les propriétaires du sol dans les limites de la concession, le leur distribuer en proportion de l'étendue de leurs terrains, de manière que tel dont le sol ne renferme aucune substance minérale touche cependant une part des produits extraits dans le sol de tel autre sous lequel une exploitation utile a eu lieu, c'est consacrer d'une façon étrange le droit du propriétaire sur les mines qui s'étendent sous son fonds.

Enfin, prendre la même base pour la redevance due à l'État et pour la redevance accordée au propriétaire du sol, n'est-ce pas mettre sur le même pied deux droits d'une nature toute différente et dont les principes sont évidemment contraires ?

L'État, en effet, juge les choses de plus haut ; et dans la perception de l'impôt il pourra se montrer facile et généreux, ne cherchant pas à peser sur l'exploitation, afin de laisser se développer une entreprise si utile à l'intérêt général. Le particulier, au contraire, n'a à tenir compte que de son intérêt présent et immédiat; il semble donc difficile de faire reposer sur une même base l'évaluation de deux redevances si différentes dans leur principe comme dans leurs caractères.

La pratique de l'administration française confirmée par le texte de la nouvelle loi semble préférable, et s'il y a lieu parfois d'établir une redevance proportionnelle dans certaines hypothèses dont nous avons fourni des exemples, la raison de droit autant que la saine logique veulent que cette redevance soit corrélative de la quantité de produits extraits sous le sol de celui à qui elle est attribuée.

§ V. « ANCIEN ART. 43. »

« Les propriétaires de mines sont tenus de payer les indemnités dues au propriétaire de la surface sur le terrain duquel ils établiront leurs travaux.

« Si les travaux entrepris par les explorateurs ou les propriétaires de mines ne sont que passagers, et si le sol où ils ont été faits peut être remis en culture au bout d'un an comme il l'était auparavant, l'indemnité sera réglée au double de ce qu'aurait produit net le terrain endommagé. »

« ANCIEN ART. 44. »

« Lorsque l'occupation des terrains pour la recherche ou les travaux des mines prive les propriétaires du sol de la jouissance du revenu au-delà du temps d'une année, ou lorsque, après les travaux, les terrains ne sont plus propres à la culture, on peut exiger des propriétaires des mines l'acquisition des terrains à l'usage de l'exploitation. Si le propriétaire de la surface le requiert, les pièces de terre trop endommagées ou dégradées sur une trop grande partie de leur surface devront être achetées en totalité par le propriétaire de la mine.

« L'évaluation du prix sera faite, quant au mode, suivant les règles établies par la loi du 16 septembre 1807 sur le dessèchement des marais, etc., titre XI ; mais le terrain à acquérir sera toujours estimé au double de la valeur qu'il avait avant l'exploitation de la mine. »

« NOUVEL ART. 43. »

« Le concessionnaire peut être autorisé, par arrêté préfectoral pris après que les propriétaires auront été mis à même de présenter leurs observations, à occuper, dans le périmètre de sa concession, les terrains nécessaires à l'exploitation de sa mine, à la préparation mécanique des minerais et au lavage des combustibles, à l'établissement des routes ou à celui des chemins de fer ne modifiant pas le relief du sol.

« Si les travaux entrepris par le concessionnaire ou par un explorateur, muni du permis de recherches mentionné à l'article 10, ne sont que passagers, et si le sol où ils ont eu lieu peut être mis en culture, au bout d'un an, comme il l'était auparavant, l'indemnité sera réglée à une somme double du produit net du terrain endommagé.

« Lorsque l'occupation ainsi faite prive le propriétaire de la jouissance du sol pendant plus d'une année, ou lorsque, après l'exécution des travaux, les terrains occupés ne sont plus propres à la culture, les propriétaires peuvent exiger du concessionnaire ou de l'explorateur l'acquisition du sol.

« La pièce de terre trop endommagée ou dégradée sur une trop grande partie de sa surface doit être achetée en totalité, si le propriétaire l'exige.

« Le terrain à acquérir ainsi sera toujours estimé au double de la valeur qu'il avait avant l'occupation.

« Les contestations relatives aux indemnités réclamées par les propriétaires du sol aux concesssionnaires de mines, en vertu du présent article, seront soumises aux tribunaux civils.

« Les dispositions des paragraphes 2 et 3, relatives au mode de calcul de l'indemnité due au cas d'occupation ou d'acquisition des terrains, ne sont pas applicables aux autres dommages causés à la propriété par les travaux de recherche ou d'exploitation : la réparation de ces dommages reste soumise au droit commun. »

« NOUVEL ART. 44. »

« Un décret rendu en Conseil d'État peut déclarer d'utilité publique les canaux et les chemins de fer, modifiant le relief du sol, à exécuter dans l'intérieur du périmètre, ainsi que les canaux, les chemins de fer, les routes nécessaires à la mine et les travaux de secours, tels que puits ou galeries destinés à faciliter l'aérage et l'écoulement des eaux, à exécuter en dehors du périmètre. Les voies de communication créées en dehors du périmètre pourront être affectées à l'usage du public, dans les conditions établies par le cahier des charges.

« Dans le cas prévu par le présent article, les dispositions de la loi du 3 mai 1841, relatives à la dépossession des terrains et au réglement des indemnités, seront appliquées. »

La mine attribuée au concessionnaire eût été, entre ses mains, une propriété sans valeur, si la loi, par une sage prévoyance, n'avait en même temps grevé d'une servitude d'occupation les propriétés superficielles au-dessous des quelles s'étend le gîte minéral. Comment vaincre, en effet, la résistance des propriétaires du sol dont aucun, dans toute l'étendue de la concession, n'eût peut-être consenti à céder son droit au concessionnaire. Sans moyen légal de prendre possession du sol nécessaire pour creuser le puits qui lui permit d'atteintre la mine, le concessionnaire se serait ainsi trouvé investi d'une propriété qu'il n'avait aucun moyen certain de pouvoir exploiter.

Ce n'est pas tout, l'intérêt général exigeait que l'exploitation des mines reçût la plus grande extension possible ; il ne suffisait donc pas de permettre au concessionnaire d'arriver jusqu'à la mine, il fallait encore lui donner le moyen d'établir ses machines, ses puits d'aérage et tous ses travaux d'exploitation à l'endroit marqué par la nature du gîte à exploiter, enfin, d'ouvrir même des voies d'accès entre les puits d'extraction et les chemins déjà existants, pour faire arriver jusqu'à la mine les approvisionnements nécessaires et en écouler les produits.

Les propriétaires du sol, dans l'étendue de la concession, devaient donc être soumis à une servitude légale permettant d'occuper leurs fonds, lorsque l'intérêt de l'exploitation l'exigeait. Les règles et l'étendue de cette servitude ont été fixées par les articles 43 et 44 de la loi du 21 avril 1810.

Il importe de se faire, tout d'abord, une idée exacte de la véritable nature du droit d'occupation et de le distinguer d'autres servitudes établies par la loi avec lesquelles il peut présenter certaines analogies. Ainsi individualisé, pour ainsi dire, ce droit nous sera mieux connu et nous pourrons plus facilement en étudier les règles.

La mine, a-t-on dit, est une propriété enclavée, n'ayant aucune issue sur la voie publique et se trouvant, par conséquent, dans la situation prévue par l'art. 682 du Code civil. Or, ce texte dispose que le propriétaire, dont les fonds sont enclavés, peut réclamer un passage sur les terres de ses voisins pour l'exploitation de son héritage, moyennant une indemnité proportionnée au dommage qu'il peut occasionner.

Le droit d'occupation prévu et réglé par les art. 43 et 44 de la loi de 1810 en faveur de l'exploitation des mines, n'est donc, a-t-on dit, qu'une hypothèse spéciale de la règle posée dans l'art. 682. Les mêmes principes doivent, en conséquence, régir ces deux dispositions.

C'est là une grave erreur. La servitude de passage pour cause d'enclave prévue par l'article 682, est fondée sur les concessions réciproques que se doivent entre eux les propriétaires voisins, et en pareille hypothèse une indemnité proportionnée au dommage causé peut seule être exigée à titre de réparation. Le propriétaire de la surface au contraire, vis-à-vis du concessionnaire de la mine, subit une charge bien autrement onéreuse ; pour lui la servitude est purement passive et ne sera jamais active, aussi la loi de 1810, à titre de compensation lui accorde une indemnité équivalente au double du préjudice souffert. C'est ce qu'expliquait nettement Stanislas de Girardin dans son rapport au Corps Législatif : « La loi imprimant aux mines le caractère de la propriété foncière, il semble, au premier aperçu, qu'on aurait pu leur appliquer l'art. 682 du Code civil. Les mines, en effet, sont doublement enclavées : le corps de la mine est dans le sein de la terre ; on ne peut y arriver que par des puits. Et ces puits eux mêmes, dont l'emplacement est toujours indiqué d'une manière absolue par le gisement et l'allure de la mine, sont ordinairement dans l'intérieur des terres. Cependant, votre commission a pensé, comme le Conseil d'État, qu'on ne pouvait se borner à une simple indemnité proportionnée au dommage. Le passage pour la culture des terres étant une servitude réciproque, l'équité n'exigeait que la simple indemnité du dommage. Mais, dans l'exploitation des mines, il n'y a pas de réciprocité entre le propriétaire de la surface et le propriétaire de la mine.(1) »

L'art. 682 est donc ici sans application.

On a encore confondu quelquefois le droit d'occupation exercé par les concessionnaires de mines en vertu des articles 43 et 44 de la loi de 1810, avec la servitude d'utilité publique créée par l'article 650 du Code civil. Dans la pratique, on les réunit souvent sous le même nom : « l'occupation temporaire » et la confusion des mots a produit une confusion dans les idées.

L'art. 650 du Code civil énumère, parmi les servitudes établies pour cause d'utilité publique, celles qui ont pour objet « la construction ou réparation des chemins et autres ouvrages publics ou communaux. » Cette servitude, très-ancienne et dont un arrêt

(1) Locré, t. XXX, 23.

du Conseil du 7 septembre 1755 posait déjà les règles, donne aux entrepreneurs de travaux publics, autorisés par le préfet, le droit d'occuper temporairement les terrains qui leur sont nécessaires et même de faire des fouilles et des extractions de matériaux pour la confection des ouvrages publics.

Le décret du 8 février 1868 en a réglé l'excercice en ces termes :

« Art. I. — Lorsqu'il y a lieu d'occuper temporairement un terrain, soit pour y extraire des terres ou des matériaux, soit pour tout autre objet relatif à l'exécution des travaux publics, cette occupation est autorisée par un arrêté du préfet indiquant le nom de la commune où le terrain est situé, les numéros que les parcelles, dont il se compose, portent sur le plan cadastral et le nom du propriétaire.

« Art. II. — Le préfet envoie ampliation de son arrêté à l'ingénieur en chef et au maire de la commune. L'ingénieur en chef en remet une copie certifiée à l'entrepreneur ; le maire notifie l'arrêté au propriétaire du terrain ou à son représentant. »

Ces règles sont sans application dans l'exercice du droit d'occupation accordé aux concessionnaires de mines. Les entrepreneurs de travaux publics, en effet, puisent le principe de leur droit dans l'art. 650 que nous avons cité ; or, cet article, essentiellement limitatif, ne vise que les travaux publics ou communaux et n'a point d'application aux travaux des mines qui sont des entreprises purement privées ; de plus, en cas d'exécution de travaux publics, l'indemnité d'occupation est simplement équivalente au préjudice souffert, tandis que les concessionnaires de mines ont à payer, en cas de prise de possession d'un terrain, les indemnités prévues et réglées par les articles 43 et 44 de la loi de 1810.

De ce qui précède, il résulte que le concessionnaire trouve dans son titre même un privilège spécial que la loi ne soumet à aucune condition préalable et qui lui confère le droit, dans toute l'étendue de sa concession, d'occuper les terrains sur lesquels il établit ses travaux.

Passons maintenant en revue les modifications apportées par la nouvelle loi à la rédaction de 1810 :

I. — L'ancien article 43 n'établissait que d'une façon implicite le droit d'occupation : « Les propriétaires de mines, disait-il, seront tenus de payer les indemnités dues aux propriétaires de la surface sur le terrain duquel ils établiront leurs travaux. » Si les discussions préparatoires de la loi de 1810 n'avaient mis en lumière et bien précisé le principe du droit d'occupation, ce texte pris isolément serait resté une véritable énigme. Le nouvel article 43 formule désormais la règle avec clarté et attribue au concessionnaire, dans des termes précis, le droit d'occuper pour les travaux de son exploitation les terrains qui lui sont nécessaires : « Le concessionnaire peut être autorisé à occuper, dans le périmètre de sa concession, les terrains nécessaires à l'exploitation de sa mine, à la préparation des minerais, à l'établissement des routes, etc. »

II. — Les articles 43 et 44 de la loi de 1810 qui posaient le principe du droit d'occupation, ne prescrivaient aucune formalité à observer pour l'exercice de ce droit si important pour le concessionnaire, mais constituant en même temps une charge bien lourde pour les propriétaires du sol. S'agissait-il, en effet, d'un ouvrage à entreprendre, le creusement d'un puits d'extraction, par exemple, l'établissement d'une machine ou d'un magasin ? une convention intervenue entre les parties applanissait toute difficulté ; mais en cas de désaccord et d'opposition des propriétaires du sol, l'exploitant puisait-il dans la loi elle-même un droit suffisant pour se mettre, de sa propre autorité, en possession des terrains qui lui étaient nécessaires ; ou devait-il au contraire s'adresser au tribunal ou à une autorité quelconque avant de pouvoir user de son droit d'occupation ?

Les meilleurs esprits étaient divisés sur cette question.

On avait proposé la procédure suivante : Après avoir tenté un arrangement amiable, l'exploitant ne pouvait que recourir aux tribunaux en vertu de cette règle que personne ne peut se faire justice à soi-même. A cet effet, le concessionnaire devait, disait-on, faire sommation au propriétaire de consentir à l'exécution de tels et tels travaux sur des fonds déterminés, avec offre de payer les indemnités .réglées par la loi ; sur le refus du propriétaire, l'exploitant déférait la question aux tribunaux qui devaient alors ordonner les travaux.[1]

Contrairement à cette doctrine, un arrêté du ministre des Travaux publics, en date du 7 octobre 1837, était d'avis « que le concessionnaire devait s'adresser au Conseil de Préfecture pour être mis en possession du terrain nécessaire pour un travail d'art, passager ou permanent. »

On avait proposé encore un autre système et soutenu qu'une permission du Préfet était indispensable pour autoriser le concessionnaire à se mettre en possession des terrains qui lui étaient nécessaires pour les travaux de son exploitation.

Enfin de nombreux auteurs enseignaient que le droit d'occupation n'était soumis à aucune autorisation ou formalité préalable.[2]

En Belgique, la question a été résolue par une loi spéciale du 8 juillet 1865 dont l'article 2 est ainsi conçu :

« La disposition suivante est ajoutée à l'article 43 de la même loi (celle du 21 avril 1810).

« Les travaux mentionnés dans ces deux paragraphes ne pourront être entrepris qu'avec le consentement du propriétaire ou avec l'autorisation du gouvernement donnée après avoir consulté le Conseil des mines, le propriétaire entendu. »

La difficulté était donc résolue dans le sens de l'autorisation du gouvernement ; il importait de la trancher aussi en France par une solution conforme aux règles générales de notre droit.

(1) Delbecq, N° 730.
(2) Dalloz, N° 346 ; Richard. N° 244 ; Bury, N°s 580-584.

C'est ce qu'a fait la loi nouvelle en exigeant, à titre de formalité protectrice, un arrêté préfectoral qui ne sera pris lui-même qu'après que les propriétaires auront été mis à même de présenter leurs observations.

Ainsi seront sagement complétées les dispositions de la loi de 1810, et l'autorisation préfectorale préviendra les conflits entre les exploitants et les propriétaires du sol, tout en donnant à ces derniers une garantie nouvelle.

Un membre de la commission sénatoriale chargée d'examiner le projet de loi, M. de Ventavon, s'est élevé avec énergie contre ce pouvoir donné au Préfet d'autoriser les exploitants de mines à établir leurs travaux et à élever même des constructions permanentes sur les terrains dont ils ne sont pas propriétaires dans l'étendue du périmètre de leur concession. Il y avait là selon lui un droit exhorbitant : « C'était, disait-il, l'expropriation opérée par la volonté toute puissante du Préfet, contrairement à cette règle magistrale de la loi de 1841, que l'expropriation ne s'opère que par autorité de justice. »

La Commission ne s'est pas rendue à ces raisons. L'expropriation, en effet, consiste en essence dans la perte de la propriété, or, le droit d'occupation permet bien à l'exploitant de prendre possession d'un terrain, de bouleverser la configuration du sol, mais en droit comme en fait, il ne dépossède que de la jouissance et non de la propriété. L'occupation cessera un jour avec la cause qui l'a fait naître et la possession retournera alors au propriétaire du sol.

Alors même que les travaux doivent se prolonger pendant un laps de temps indéterminé, l'arrêté d'occupation ne contient aucune translation de propriété au profit de l'exploitant, et pendant tout le temps que durera la prise de possession, le propriétaire percevra une indemnité égale au double produit net du terrain occupé.

Le concessionnaire n'a aucun moyen légal de rembourser le capital de cette rente et c'est au propriétaire seul qu'il appartient d'exiger de l'exploitant l'acquisition du terrain grevé d'occupation.

L'indemnité au double du produit net du terrain pendant le temps de l'occupation et au double de sa valeur lorsque le propriétaire en exige l'acquisition, sera un frein contre les entreprises péu sérieuses du concessionnaire de la mine et une protection efficace des droits du propriétaire du sol.

La servitude d'occupation, maintenue dans la loi nouvelle, y subit un tempérament tout entier en faveur du propriétaire du sol. Sa mise en cause, en effet, pour lui permettre de fournir les motifs de son opposition, jointe à l'intervention de l'autorité administrative, constituent en sa faveur des garanties considérables.

III. — Quelle est l'étendue de la servitude d'occupation ? L'ancien article 43 était muet sur ce point; la loi en accordait simplement l'exercice pour les *travaux* des exploitants et n'ajoutait rien à ce mot pour en préciser et en limiter le sens. Et cependant n'est-il pas de l'essence de toute servitude de recevoir des bornes et des limites bien déterminées ?

La loi nouvelle fait cesser cette difficulté par une énumération des travaux pour lesquels le concessionnaire peut invoquer le droit d'occupation ; nous y voyons figurer non-seulement l'exploitation de la mine elle-même, c'est-à-dire le creusement des puits nécessaires pour pénétrer jusqu'au gîte minéral, mais encore la préparation mécanique des minerais, le lavage des combustibles, l'établissement des routes et des chemins de fer ne modifiant pas le relief du sol.

Ainsi succombe le système, dont nous avons parlé plus haut, et qui soutenait que le concessionnaire ne pouvait invoquer le droit d'occupation qu'en raison de ce que la mine étant un fonds véritablement enclavé, il fallait bien parvenir jusqu'à elle, mais que, dès l'instant où l'enclave avait cessé, le droit d'occupation était par cela même épuisé. L'énumération large et complète de la loi nouvelle, donne au droit d'occupation son véritable caractère et fait cesser à cet égard toute difficulté.

IV. — L'acien article 44 portait une disposition ainsi conçue :
« Lorsque l'occupation des terrains pour la *recherche* ou les
travaux des mines , prive les propriétaires, etc., » la loi nouvelle
substitue à ces expressions des termes plus précis : « si les travaux
entrepris par le concessionnaire ou par un explorateur *muni du
permis de recherches mentionne à l'article* 10 . etc. »

La première disposition pouvait s'entendre des travaux de
recherches entrepris par un concessionnaire dans le but de se rendre
compte de l'étendue ou de la direction des gîtes minéraux de sa
concession ; la seconde exprime nettement que les règles de l'indemnité, que nous allons étudier, s'appliquent aussi bien au concessionnaire qu'à celui qui , muni du permis mentionné dans l'article 10 ,
recherche une mine dans le but d'en obtenir ensuite la concession.

V. — Aborbons maintenant les règles de l'indemnité due pour
occupation de terrains et parcourons les différentes hypothèses
prévues par la loi.

Les travaux ne sont que passagers et le sol pourra être remis en
culture au bout d'une année, comme il l'était auparavant : l'indemnité
est fixée dans ce cas à une somme double du produit net du terrain
endommagé. Un changement grammatical sur ce point dans la
nouvelle loi ne modifie en rien son esprit.

Si les travaux doivent durer plus d'une année ou si le sol ne peut
plus être remis en culture comme il l'était auparavant , les propriétaires peuvent exiger du concessionnaire ou de l'explorateur l'acquisition du sol.

La pièce de terre trop endommagée ou dégradée sur une trop
grande partie de la surface doit être achetée en totalité , si le propriétaire l'exige.

Sur tous ces points , le texte de la loi de 1810 ne subit que des
modifications de détail et de rédaction. Rien n'est changé notamment
dans la nouvelle loi, en ce qui concerne l'option appartenant au

propriétaire qui peut toujours, à son choix, ou se contenter chaque année de la double valeur du produit net du sol occupé, dans l'espoir d'en récupérer un jour la pleine possession, ou exiger immédiatement l'acquisition de son héritage, dès qu'il est certain que les travaux doivent durer plus d'une année ou que le sol ne peut plus être mis en culture comme il l'était auparavant.

VI. — « Le terrain à acquérir ainsi sera toujours estimé au double de la valeur qu'il avait avant *l'occupation*. »

D'après la loi de 1810, au contraire, le terrain était estimé au double de la valeur qu'il avait avant *l'exploitation*.

Cette disposition prêtait aux interprétations les plus diverses ; fallait-il estimer la valeur du terrain avant l'exploitation de la mine et la porter au double, écartant ainsi la plus-value qui avait pu résulter pour les fonds environnants de l'exploitation même de la mine ? Et pour cela devait-on rechercher la valeur du terrain à l'époque de la concession de la mine ou seulement au moment où l'établissement d'un siège nouveau d'exploitation était venu dans la région changer les conditions de la valeur des terrains ? Les expressions de la loi faisaient naître, on le voit, de graves difficultés.

La nouvelle base d'évaluation nous ramène au droit commun et il suffira désormais, en cas d'occupation, de rechercher simplement la valeur des propriétés de même nature, au moment de la transmission de la jouissance des fonds occupés pour le service de l'exploitation.

Au sein de la commission sénatoriale, M. de Ventavon avait encore critiqué la règle de l'indemnité au double de la valeur du terrain et cherché à faire prévaloir le principe d'une indemnité simplement équivalente à tout le préjudice que l'occupation faisait éprouver au propriétaire du sol.

Le rapport de M. Paris déduit ainsi les raisons qui ont fait écarter cette proposition ; on a voulu, dit-il, « conserver intactes les bases de la législation de 1810 ; relativement au propriétaire de la surface, l'indemnité au double offre le plus souvent l'avantage d'un règlement facile reposant à forfait sur une base uniforme. C'est une indemnité rendue large à dessein, qui garantit le propriétaire forcé de subire une occupation, contre des demandes que la recherche ou l'exploitation des mines ne rendrait pas véritablement nécessaires. »

Il est permis de douter du bien fondé de cette argumentation. L'indemnité au double de la valeur est en effet une réminiscence du droit romain, qui, dans certains cas, accordait au propriétaire subissant un dommage une indemnité double, triple ou quadruple du préjudice par lui souffert. Rien aujourd'hui dans nos lois ne correspond plus à ces idées et quelque interprétation que donnent les experts au principe de l'indemnité au double, ils se trouvent fatalement en face des plus graves difficultés.

Le plus souvent, en effet, la valeur d'une parcelle de terre prise au milieu d'un domaine ou d'une exploitation, alors même que cette valeur serait ensuite portée au double, ne compensera pas entre les mains du propriétaire le préjudice par lui souffert. Dans d'autres cas, au contraire, la valeur d'une propriété estimée suivant des bases équitables, viendra représenter par une somme d'argent l'équivalent absolu des avantages du bien lui-même ; quelle bonne raison peut-on alors invoquer, pour porter au double cette valeur et grever ainsi d'une lourde charge une entreprise si utile à l'intérêt général ? Que si enfin, à la valeur de la parcelle de terre, on ajoute une somme équivalente de la dépréciation subie par le reste du domaine et de tous les inconvénients qui résultent du morcellement de l'héritage, et si cette somme totale est portée elle-même au double, n'est-ce pas aboutir alors à des conséquences désastreuses et frapper la mine d'indemnités véritablement exagérées ?

A-t-on pensé éviter les difficultés qu'entraînerait le règlement de l'indemnité ? Mais la valeur du terrain occupé sera au contraire débattue avec d'autant plus d'acharnement par l'une et l'autre des parties que cette valeur devra ensuite être portée au double.

Les observations qui précèdent ont un intérêt pratique ; elles serviront de guide aux experts qui devront apporter une grande modération dans les évaluations qu'ils seront appelés à fournir en pareille matière.

VII. — La nouvelle rédaction cesse de reproduire cette disposition de la loi de 1840 : « L'évaluation du prix sera faite quant au mode , suivant les règles établies par la loi du 16 septembre 1807 sur le dessèchement des marais , etc., titre XI.) »

Depuis longtemps , les auteurs étaient d'accord pour proclamer que cette disposition de la loi de 1840 était inapplicable ; c'était en effet le *mode* d'évaluation de la loi de 1807 qui aurait dû être suivi, cependant, cette loi ayant pour objet les travaux entrepris dans l'intérêt de l'État ou des villes , le préfet et le maire devaient intervenir dans la nomination des experts ; bien plus, le contrôleur et le directeur des contributions donnaient leur avis. Or, ces prescriptions étaient incompatibles avec l'article 87 de la loi de 1840 qui dispose que toutes les expertises en matière de mines auront lieu suivant les règles posées dans les articles 303 à 323 du code de procédure civile ; le renvoi à la législation de 1807 était donc sans objet, et il y avait lieu de faire disparaître de la loi cette disposition, considérée à bon droit comme une erreur législative.[1]

VIII. — « Les contestations relatives aux indemnités réclamées par les propriétaires du sol aux concessionnaires de mines , en vertu du présent article , seront soumises aux tribunaux civils. »

La loi nouvelle confirme ainsi ce principe de droit, qu'en dehors d'une restriction formelle du législateur et d'une exception nettement écrite dans la loi , la règle ordinaire est en faveur de la juridiction civile. Cependant, comme la loi de 1810 dans son article 46 attribue au Conseil de préfecture, compétence pour régler toutes les questions d'indemnités à payer par les propriétaires des mines à raison de recherches ou travaux antérieurs à l'acte de concession, et

_____

(1) Bury, n° 532 ; — Delebecque, n° 727 ; — Dupont, .t Ier, 285 ; — Peyret-Lallier, n° 448 ; — Dalloz, t. Ier, p. 407.

que d'autre part la loi nouvelle décide que l'occupation des terrains n'aura plus lieu qu'en vertu d'un arrêté préfectoral, le législateur a voulu prévenir toute difficulté en écartant par une disposition expresse la compétence de l'autorité administrative pour toutes les matières qui sont l'objet du présent article.

IX. — « Les dispositions des paragraphes 2 et 3, relatives au mode de calcul de l'indemnité due au cas d'occupation ou d'acquisition des terrains, ne sont pas applicables aux autres dommages causés à la propriété par les travaux de recherche ou d'exploitation: la réparation de ces dommages reste soumise au droit commun. » Cette disposition de la loi nouvelle pose un principe fondamental en matière d'indemnité. Dans la pensée du législateur, le droit d'occupation accordé au concessionnaire trouve sa compensation dans cet avantage fait au propriétaire du sol, qui reçoit le double du produit net de son fonds ou le double de sa valeur en cas d'acquisition ; mais, sauf cette hypothèse spéciale, tous autres dommages causés à la surface par les travaux d'exploitation de la mine rentrent dans le droit commun et ne donnent plus lieu qu'à une indemnité simplement proportionnée au préjudice souffert.

Si donc les travaux souterrains causent, par exemple, des fissures ou des affaissements du sol, si des sources sont taries, l'indemnité que peut réclamer dans ce cas le propriétaire du terrain endommagé consiste simplement en une somme d'argent représentant le dommage éprouvé, conformément au droit commun.

X. — Enfin, une disposition de la plus haute importance a pris place dans le nouvel article 44. Depuis la publication de la loi de 1810, en effet, l'exploitation des mines a pris un développement qui a dépassé les prévisions les plus larges des auteurs de la loi, et en même temps, apparaissait la nécessité de moyens d'action indispensables pour mettre en œuvre de si vastes entreprises.

De toutes parts s'est fait sentir la nécessité de relier les puits d'extraction, non plus seulement par de simples voies de terre et jusqu'à une route voisine , mais bien plutôt de conduire directement et par voie de fer les produits de la mine des puits d'extraction aux grandes routes ferrées qui sillonnent aujourd'hui le territoire. Par ce moyen seul , les exploitants des mines peuvent obtenir des transports plus rapides et moins coûteux à la fois et être ainsi en mesure de lutter contre la concurrence étrangère.

Le droit d'occupation, dont l'article 43 posait le principe, pouvait-il autoriser par voie de conséquence juridique l'établissement de pareils travaux ?

D'autres hypothèses se présentaient ; il arrivait souvent, en effet, que l'exploitant n'avait pas dans les limites mêmes de sa concession, un chemin de fer auquel il pouvait facilement se raccorder ; obligé alors de sortir du périmètre de sa concession et privé du droit d'occupation , il était à la merci des propriétaires des fonds à travers lesquels la nécessité d'une bonne exploitation le forçait de conduire ses produits, et il subissait souvent les conditions les plus onéreuses.

Et cependant, la rapidité et l'économie des transports étaient devenues des conditions de l'existence même de ces exploitations, en leur accordant le moyen de rivaliser avec les entreprises dont la situation était plus favorisée.

La loi nouvelle a pris en considération sérieuse ces intérêts si graves et a posé le principe d'une distinction des plus équitable.

Le droit d'occupation subordonné , comme nous l'avons vu plus haut , à un arrêté préfectoral et à une mise en demeure des propriétaires de fournir leurs observations, suffira pour permettre aux exploitants, dans le périmètre de leur concession , de prendre possession des terrains nécessaires à l'établissement des routes ou des chemins de fer ne modifiant pas le relief du sol (art. 43 § 1).

Au contraire , un décret rendu en Conseil d'État , pourra seul déclarer d'utilité publique les canaux et les chemins de fer modifiant le relief du sol à exécuter dans l'intérieur du périmètre ; la même autorisation sera requise pour le creusement des canaux, l'établissement des chemins de fer et des routes nécessaires à la mine, à exécuter en dehors du périmètre concédé. Dans ces différentes hypothèses, les dispositions de la loi du 3 mai 1841, relatives à la dépossession des terrains et au règlement des indemnités, recevront leur application. Les voies de communication créées en dehors du périmètre pourront être affectées à l'usage du public, dans les conditions établies par le cahier des charges. (Art. 44.)

XI. — En outre des voies de communication, la possibilité d'établir certains ouvrages hors du périmètre de la concession était aussi impérieusement réclamée. Si, en effet, les travaux de secours, puits ou galeries, destinés à faciliter l'aérage ou l'écoulement des eaux devaient être établis dans les limites de la concession, le texte de 1810 était suffisant pour régler les difficultés qui pouvaient se présenter. Mais lorsque la situation ou l'allure du gîte minéral exigeait l'établissement de pareils travaux en dehors du périmètre de la concession, l'exploitant de la mine était alors à la merci des propriétaires du sol et obligé de traiter souvent aux plus dures conditions, sous peine de laisser improductives des richesses précieuses au grand détriment de l'intérêt général.

Le silence du législateur de 1810 sur ce point était d'autant plus inexplicable, que l'article 25 de la loi antérieure du 28 juillet 1791 permettait l'établissement de travaux de secours hors du périmètre de la concession, en vertu d'un arrêté du directoire du département.

La nouvelle disposition légale vient combler cette lacune et autoriser l'exécution de ces travaux. Un décret rendu en Conseil d'État les déclarera d'utilité publique et quant à la dépossession des terrains et au règlement des indemnités, on se conformera aux dispositions édictées par la loi du 3 mai 1841 sur l'expropriation pour cause d'utilité publique.

Ainsi le concessionnaire aura un moyen légal d'entreprendre les travaux qui lui sont indispensables, tandis que l'obligation d'obtenir un décret d'utilité publique et de se conformer à toutes les formalités prescrites par la loi du 3 mai 1844, sera un frein aux demandes peu sérieuses des exploitants et une garantie pour les propriétaires.

Objectera-t-on que la déclaration d'utilité publique s'appliquera à un travail d'intérêt privé? Cette critique de la loi nouvelle serait injuste ; l'exploitation des mines a pris dans l'organisation actuelle de notre société une telle importance que l'on doit la considérer comme ayant droit à la protection la plus large et la plus efficace du législateur ; les dispositions nouvelles ne font que lui accorder les moyens de se développer et des facilités qui sont absolument indispensables à son existence même.

Dira-t-on que l'on sera amené à accorder les mêmes avantages à d'autres industries? Assurément non, l'objection serait sans portée; ces industries en effet ne sont pas dans la nécessité d'occuper certains fonds déterminés pour l'exécution de leurs travaux, elles peuvent s'établir près des voies de communication déjà existantes, si leur avantage le requiert, leur emplacement n'est pas marqué comme pour l'industrie des mines sur un point indiqué par la nature même du gîte à exploiter et d'une façon absolument indépendante de la volonté de l'exploitant.

§ VI. « ANCIEN ART. 50. »

« Si l'exploitation compromet la sûreté publique, la conservation des puits, la solidité des travaux, la sûreté des ouvriers mineurs ou des habitations de la surface, il y sera pourvu par le Préfet, ainsi qu'il est pratiqué en matière de grande voirie et selon les lois. »

« NOUVEL ART. 50. »

« Si les travaux de recherche ou d'exploitation d'une mine sont de nature à compromettre la sécurité publique, la conservation de la mine, la sûreté des ouvriers mineurs, la conservation des voies de communication, celle des eaux minérales, la solidité des habitations, l'usage des sources qui alimentent des villes, villages, hameaux et établissements publics, il y sera pourvu par le Préfet. »

Les articles 47, 48, 49 et 50 qui font l'objet du titre V de la loi du 21 avril 1810, sont placés sous cette rubrique : « De l'exercice de la surveillance sur les mines par l'administration. » Ils organisent en effet le principe et les règles du droit de l'État de surveiller l'exploitation des mines.

Dans l'intérêt de la conservation des personnes et des choses, l'administration a une double mission : elle éclaire tout d'abord l'exploitant par les conseils que sont appelés à lui donner les ingénieurs des mines. Ceux-ci, en effet, ont reçu de l'art. 48 la mission spéciale « d'observer la manière dont l'exploitation sera faite pour éclairer les propriétaires sur ses inconvénients ou son amélioration. » Ce droit de conseil attribué à l'administration entraîne pour les concessionnaires l'obligation de subir la visite de leurs travaux par les ingénieurs des mines, afin que ceux-ci soient en état de vérifiter la direction qui leur est donnée et les améliorations dont ils sont susceptibles.

En outre de cette mission de conseil, l'administration a reçu de la loi un droit de commandement dans le but de pourvoir aux dangers résultant de l'exploitation, tant à l'égard des travaux de la mine elle-même et de ceux qui y sont employés, que de la conservation des propriétés de la surface et de la sécurité publique.

La loi énumère spécialement parmi les objets qui rentrent dans le cercle de cette mission administrative : une surveillance générale de police pour la conservation des édifices et la sûreté du sol (art. 47), les vices, abus ou dangers des modes d'exploitation (art. 48), la restriction ou la suspension complète des travaux, de manière à inquiéter les besoins légitimes des consommateurs (art. 49), enfin tout fait d'exploitation qui compromet la sûreté publique, la conservation des puits, la solidité des travaux, la sûreté des ouvriers mineurs ou des habitations de la surface (art. 50).

Divers décrets et ordonnances ont développé ces dispositions et en ont réglé l'exercice.

Le décret du 3 janvier 1813 notamment, avait édicté les mesures à prendre en cas d'accident, trois hypothèses déterminées étaient prévues :

1° Un accident est survenu, des dispositions ont pour objet d'empêcher qu'il ne s'aggrave et d'en arrêter les conséquences désastreuses ;

2° L'accident menace seulement, des mesures sont alors édictées pour chercher à le prévenir ;

3° Enfin, aucun accident n'est imminent, mais des règles générales de précautions sont ordonnées pour prévenir tout danger.

L'ordonnance du 26 mars 1843 n'établit plus que deux distinctions pour l'exercice de la surveillance administrative dans les hypothèses prévues par la loi. En cas de péril imminent, l'ingénieur agit par voie de réquisition ; pour tous autres dangers, il propose au Préfet les mesures et les dispositions à prendre ; le concessionnaire entendu, le Préfet prend un arrêté prescrivant les travaux nécessaires, en cas de refus du concessionnaire d'y obtempérer, il y est pourvu d'office par les ingénieurs.

Ces dispositions réglementaires pouvaient bien appliquer les préceptes formulés dans la loi, mais elles étaient impuissantes à poser des règles de protection pour des objets non compris dans l'énumération du législateur, lorsqu'il traçait les limites de la surveillanee administrative.

L'expérience a fait découvrir quelques lacunes dans la rédaction de l'ancien article 50, et la loi nouvelle a eu pour mission de les faire disparaître.

Les travaux d'exploitation proprement dits étaient seuls soumis à la surveillance de l'administration, tandis que les travaux de recherche échappaient à tout contrôle ; la loi de 1880 répare cette omission du législateur de 1810 , et désormais les travaux de recherche et d'exploitation seront mis sur la même ligne, pour tout ce qui sera de nature à compromettre la sécurité publique.

Le législateur fait en outre rentrer dans le cercle de la surveillance administrative et de la protection de la loi : la conservation des voies de communication , celle des eaux minérales , la solidité des habitations, enfin l'usage des sources qui alimentent des villes, villages, hameaux et établissements publics.

Cette dernière disposition mérite d'attirer notre attention. Depuis longtemps , la conservation des sources nécessaires à l'alimentation des villes et des villages était l'objet des préoccupations du gouvernement ; les travaux d'exploitation constituaient en effet pour ces sources un danger permanent et cependant leur utilité exigeait une protection efficace.

L'administration avait cherché à tourner cette difficulté , en insérant dans les cahiers des charges une clause obligeant les concessionnaires à conduire leurs travaux de manière à laisser intactes les sources communales. Mais la section des travaux publics du Conseil d'État avait exprimé cet avis que l'administration ne pouvait puiser dans l'article 50 le droit de régler les relations des concessionnaires avec les propriétaires de sources , alors même qu'elles servaient à l'alimentation d'une ville ou d'un village. Il n'y avait pas lieu, selon son opinion, de distinguer les sources affectées à une destination publique de celles dont l'usage était purement privé ; si donc un concessionnaire tarissait par ses travaux une source appartenant à une commune , il n'y avait là qu'un débat purement privé dont la connaissance appartenait à l'autorité judiciaire. La section des travaux publics se refusait en conséquence à insérer dans les cahiers des charges toute clause de cette nature.

La jurisprudence de la Cour de cassation venait aggraver cette difficulté. La Cour suprême décidait, en effet, que le concessionnaire était bien responsable du tarissement d'une source située dans un terrain sous lequel il avait établi ses travaux, mais qu'aucune action ne pouvait être dirigée contre lui, dès que la source tarie s'étendait sous des propriétés voisines.[1]

La nécessité d'une réforme légale se faisait donc vivement sentir; aussi désormais les droits de surveillance de l'administration seront étendus dans une mesure raisonnable, de manière à sauvegarder ces intérêts d'un ordre supérieur.

Enfin, le dernier paragraphe de l'ancien article 50 était ainsi conçu : Si l'exploitation compromet la sécurité publique, il y sera pourvu par le Préfet, ainsi qu'il est pratiqué en matière de grande voirie et selon les lois.

Cette disposition visait la loi du 29 floréal an X, relative à la grande voirie et l'instruction du 13 frimaire an XI. Aux termes de ces dispositions, les sous-préfets ordonnaient par provision les mesures à prendre, le Conseil de préfecture statuait définitivement et les arrêtés ainsi pris étaient exécutés administrativement, sans visa ni mandement des tribunaux, nonobstant tout recours.

L'instruction du 13 frimaire an XI autorisait il est vrai le pourvoi devant le Conseil d'État, mais seulement après que l'arrêté du Conseil de préfecture avait été mis à exécution.

Cette procédure était incompatible avec la rapidité des mesures exigées en cas d'accident ; aussi les décrets et ordonnances qui, ainsi que nous l'avons vu plus haut, ont réglementé l'application de l'article 50, avaient-ils organisé déjà une manière de procéder plus prompte et plus efficace à la fois.

Ces dispositions de l'ancien article 50 sont désormais abrogées d'une façon formelle, et aux termes de la loi nouvelle dans tous les cas visés par l'article 50, « il sera pourvu par le Préfet. » Le droit de surveillance de l'administration est donc dégagé des formes qu'édictait l'ancien article 50 ; à l'avenir il s'exercera ainsi plus librement, répressif vis-à-vis des travaux existants, lorsque les ingénieurs du gouvernement y auront reconnu des

[1] Cass., 12 août 1872. S. V. 1872. 1. 353. — Nîmes, 14 janv. 1873. S. V. 1874. 2. 129. — Liége, 14 avril 1844. *Belg. jud.* t. III, p. 393.

des vices ou des dangers de nature à compromettre la sûreté publique, préventif, lorsqu'il s'agira de travaux à ouvrir ou à abandouner ; le Préfet aura donc désormais toute liberté pour enjoindre au concessionnaire de prendre les mesures de précaution qui seront jugées nécessaires par les ingénieurs du gouvernement.

§ VII. « ANCIEN ART. 70. »

« En cas de concession , le concessionnaire sera tenu toujours : 1° de fournir aux usines , qui s'approvisionnaient de minerai sur les lieux compris en la concession, la quantité nécessaire à leur exploitation, au prix qui sera porté au cahier des charges ou qui sera fixé par l'Administration ; 2° d'indemniser les propriétaires au profit desquels l'exploitatation avait lieu dans la proportion du revenu qu'ils en tiraient. »

« NOUVEL ART. 70. »

« Lorsque le Ministre des Travaux publics, après la concession d'une mine de fer, interdit aux propriétaires de minières de continuer une exploitation qui ne pourrait se prolonger sans rendre ensuite impossible l'exploitation avec puits et galeries régulières, le concessionnaire de la mine est tenu d'indemniser les propriétaires des minières dans la proportion du revenu net qu'ils en tiraient.

« Un décret rendu en Conseil d'État peut, alors même que les minières sont exploitables à ciel ouvert, ou n'ont pas encore été exploitées, autoriser la réunion des minières à une mine , sur la demande du concessionnaire.

« Dans ce cas , le concessionnaire de la mine doit indemniser le propriétaire de la minière, par une redevance équivalente au revenu net que ce propriétaire aurait pu tirer de l'exploitation et qui sera fixée par les tribunaux civils. »

De même que les mines de houille eurent en France sous l'ancienne monarchie une législation toute spéciale, dont nous avons donné ailleurs les principaux traits[1], de même à cette époque l'exploitation des minerais de fer fut en raison de son importance au point de vue de l'intérêt général, soumise à des dispositions spéciales et à des règles exceptionnelles.

Par l'art. 1er de l'édit de février 1626 Louis XIII enjoignait en ces termes aux propriétaires de terrains renfermant des minerais de fer de les exploiter : « Ces mines, disait-il , seront ouvertes et mises en état de servir, et les propriétaires ou fermiers des terres où elles se trouveront, seront tenus de les ouvrir, ou permettre d'en être faite l'ouverture après la première réquisition. »

L'arrêt du Conseil du 20 juin 1631, précisait encore le privilège accordé aux maîtres de forges, en leur permettant « de tirer mines et castines en tous lieux et endroits où ils se trouveraient pour leur commodité, en dédommageant les propriétaires du dessus de leurs terres seulement, suivant l'estimation qui en serait faite. »

Par son ordonnance de 1680 , Louis XIV confirme l'autorisation accordée aux maîtres de forge d'exploiter les minerais de fer qui se trouvent dans le voisinage de leur usine, à charge d'indemnité envers les propriétaires : « Ceux qui ont des mines de fer dans leurs fonds, dit l'ordonnance, seront tenus à la première sommation qui leur sera faite par les propriétaires des fourneaux voisins, d'y établir des fourneaux pour convertir la matière en fer ; sinon permettons au propriétaire du plus prochain fourneau et à son refus aux autres propriétaires des fourneaux de proche en proche, et à ceux qui les font valoir, d'y tirer la mine de fer, en payant aux propriétaires du fonds, pour tout dédommagement, un sol pour chacun tonneau de cinq cents livres pesants. » (art. 9.)

L'arrêt du 7 avril 1786, élève à deux sols six deniers le montant de cette indemnité.

La loi du 28 juillet 1791 réglait ainsi l'exploitation des mines de fer.

(1) *Législation des sociétés de mines en France et en Belgique*, Paris et Bruxelles 1878.

Le propriétaire du sol conservait le droit d'exploiter jusqu'à cent pieds de profondeur, mais à la condition de livrer ses minerais aux usines du voisinage ou de permettre aux maîtres de forges d'exploiter eux-mêmes. (Tit. II, art. 1, 9 et 10.)

Dans ces deux hypotyèses, le prix du minerai était déterminé par experts. Une indemnité était en outre accordée dans le second cas au propriétaire pour les dommages causés à la surface. (Tit. II, art. 11, 12, 13, 14, 15 et 16.)

La loi du 21 avril 1810 posa le principe de la distinction suivante : Sont considérées comme mines, celles connues pour renfermer du fer en filons ou en couches (art. 2), tandis que les minerais de fer dits d'alluvion constituent de simples minières. (Art. 3.)

Les mines ne peuvent être exploitées qu'en vertu d'une concession. (Art. 5.) Les minières au contraire sont exploitées moyennant une simple permission par le propriétaire du sol. (Art. 57.)

C'était là une division qui eût été des plus simple, si deux autres articles de la loi de 1810 n'étaient venus formuler une distinction reposant sur d'autres bases.

Les minerais de fer dits d'alluvion qui, aux termes de ces dispositions, étaient non concessibles et laissés à la disposition du propriétaire du sol, deviennent concessibles dès qu'il est nécessaire, pour les exploiter, de pousser des travaux réguliers par des galeries souterraines. (Art. 68.) Au contraire les minerais de fer en filons ou en couches, qui étaient rangés dans la classe des mines, et par conséquant toujours concessibles, sont assimilés aux minerais d'alluvion, et l'art. 69 dispose qu'il ne pourra en être accordé une concession que dans les cas suivants : 1° Si l'exploitation à ciel ouvert cesse d'être possible et si l'établissement de puits, galeries et travaux d'art devient nécessaire ; 2° Si l'exploitation, quoi que possible encore, doit durer peu d'années, et rendre ensuite impossible l'exploitation avec puits et galeries.

De l'ensemble de ces dispositions, il résulte que, abstraction faite de leur nature géologique, les minerais de fer exploitables à ciel ouvert ne sont pas concessibles, et restent à la disposition du propriétaire du sol ; mais dès que des travaux réguliers et importants deviennent nécessaires, il faut alors, par des ouvrages d'art bien conduits, sauvegarder les exploitations futures ; une concession régulièrement instituée peut seule réaliser ce but, et le gouvernement rentre dans son droit d'accorder la mine à celui qui présente les garanties les plus sérieuses d'une bonne exploitation.

Mais la règle fondamentale posée déjà sous l'ancienne monarchie est conservée dans la loi de 1810 : le propriétaire des fonds récélant des minerais de fer, est tenu d'exploiter d'une manière suffisante pour fournir aux maîtres de forges établis dans le voisinage, la quantité de minerai qui leur est nécessaire, si non ceux-ci seront substitués au droit d'exploiter du propriétaire. (59.)

En cas de concession, cette obligation subsiste pour le concessionnaire qui est toujours tenu de fournir aux maîtres de forges la quantité de minerai qui leur est nécessaire pour les besoins de leur entreprise, et d'indemniser en outre les propriétaires, au profit desquels l'exploitation avait lieu, dans la proportion du revenu qu'ils en tiraient. (70.)

Le système de la tutelle administrative a été abrogé en cette matière, et la loi qui obligeait ainsi les propriétaires du sol et les concessionnaires à exploiter les minerais de fer, pour l'approvisionnement des usines du voisinage, a fait place au régime de la liberté commerciale. La loi du 9 mai 1866 a supprimé la permission spéciale à laquelle étaient soumises les usines métallurgiques, en les laissant seulement assujetties à l'autorisation prescrite pour les établissements dangeureux, incommodes ou insalubres ; en même temps, cette loi affranchissait les minières de fer de la servitude d'exploitation dont elles étaient grevées.

L'obligation imposée au concessionnaire, en cas de concession, de fournir à certaines usines la quantité de minerai nécessaire à leur exploitation, était en même temps abrogée par la loi de 1866.

Ainsi finissait un régime de tutelle, qui avait pu avoir ses avantages lorsqu'il faillait protéger l'industrie naissante de la métallurgie, mais qui devait cesser lorsque, cette industrie étan devenue prospère et florissante, le régime de la liberté des conventions reprenait son empire dans les relations des propriétaires de ces usines avec les maîtres du sol renfermant des minerais de fer.

La loi de 1866 substituait à l'art. 57 de la loi du 21 avril 1810 la disposition suivante : « Si l'exploitation des minières doit avoir lieu à ciel ouvert le propriétaire est tenu, avant de commencer à exploiter, d'en faire la déclaration au Préfet. Le Préfet donne acte de cette déclaration et l'exploitation a lieu sans autre formalité. Cette disposition s'applique aux minerais de fer en couches et filons, dans le cas ou conformément à l'article 69, ils ne sont pas concessibles. Si l'exploitation doit être souterraine, elle ne peut avoir lieu qu'avec une permission du Préfet. La permission détermine les conditions spéciales auxquelles l'exploitant est tenu en ce cas de se conformer. »

Les dispositions légales que nous venons d'exposer et qui régissaient en France l'exploitation des mines de fer, avaient été l'objet de vives critiques ; leur application présentait, en effet, les plus graves difficultés.

La nécessité surtout de fixer la limite des minerais concessibles et des minerais non concessibles, était l'origine de nombreux conflits entre les concessionnaires et les propriétaires de la surface, et l'on recherchait depuis longtemps le moyen d'obvier aux embarras que faisait naître la coexistence sur un même gîte d'une minière et d'une mine concédée.

La loi de 1866 rendue applicable à l'Algérie par le décret des 23 juin et 25 juillet 1866, y avait fait naître des difficultés graves que le rapport de M. Brossart expose en ces termes : « Les montagnes du littoral renferment dans leur sein d'importants gisements de minerai de fer, dont quelques uns ont été exploités par les indigènes ; ces exploitations ont eu lieu sur une petite échelle, seulement sur les minerais les plus fusibles, et aujourd'hui elles sont abandonnées. Fréquemment les gîtes sont situés dans les terrains appartenant aux tribus (arch), et, sous l'empire de la législation actuelle, il est arrivé qu'il a été impossible de traiter avec les indigènes pour l'extraction de la partie réservée par l'art. 68 au propriétaire de la surface ; de là résulte la situation suivante : En Algérie, le concessionnaire, avant de se livrer aux travaux d'exploitation proprement dits, étant généralement dans l'obligation de dépenser des sommes importantes pour établir des voies de communication, (Mokta-el-Hadid, Soumah, etc.) ne peut entreprendre ces travaux, non-seulement accessoires, mais indispensables, s'il n'est pas assuré d'extraire des quantités considérables de minerai ; l'application de la législation actuelle dans notre colonie peut donc avoir pour résultat de stériliser une partie des richesses minérales, car la propriété indigène n'est pas constituée dans bien des tribus, et alors, il est excessivement difficile, sinon impossible, de traiter avec tous ceux qui ont des droits sur la surface et qui sont propriétaires de la minière.

« En résumé, continue le rapporteur, il résulte de l'expérience de la loi de 1866, faite jusqu'à ce moment, que la nécessité économique et sociale exige que, dans certains cas, les minières disparaissent pour faire place aux mines, et que les minerais de fer, situés dans le voisinage de la surface, deviennent concessibles comme tous les autres minerais. L'art. 70 nouveau énumère dans quelles circonstances l'exploitation des minières pourra être interdite. D'abord, un décret rendu en Conseil d'État, sur la demande du concessionnaire, ordonnera l'incorporation de la minière à la mine même, lorsque celle-là n'aurait pas encore été exploitée, ou bien lorsqu'elle serait encore expoitable à ciel ouvert ; en second lieu, le Ministre des Travaux publics, aura la faculté d'arrêter l'exploitation d'une minière lorsque, la mine étant concédée, les travaux devront rendre ensuite impossible l'exploitation du gisement d'une manière régulière.

« Comme par le fait de la concession des minerais superficiels ou autrement dit par le fait de la transformation de la minière en mine, on prive le propriétaire de la surface d'un droit qui lui appartient depuis longtemps, ainsi que nous nous sommes efforcés de le démontrer, il est équitable de l'indemniser dans la proportion du revenu qu'il tirait ou qu'il aurait pu tirer de son exploitation ; les tribunaux ordinaires détermineront le montant de cette indemnité.

« Pour l'Algérie, le projet présente l'avantage particulier de laisser au gouvernement la faculté de concéder les gisements, sans se préoccuper des difficultés pendantes sur la propriété de la surface ; l'indemnité à laquelle le propriétaire aurait droit sera versée, s'il y a lieu, à la caisse des dépôts et consignations, l'exploitant aura la liberté d'entreprendre ses travaux, et lorsque les tribunaux auront vérifié les titres de propriété, les propriétaires légitimes percevront l'indemnité stipulée par l'acte de concession. »

Ainsi l'art. 70 de la loi de 1810, dont le premier paragraphe était déjà abrogé par la loi de 1866, se trouve dans sa seconde partie remplacé par une dispension nouvelle. Le gouvernement est désormais investi du droit de réunir les deux catégories légales d'exploitations en rattachant la minière à la mine elle-même. Le concessionnaire est alors naturellement tenu de servir au propriétaire de la minière un rédevance équivalente au produit net que celui-ci aurait pu en tirer, le règlement de cette indemnité sera de la compétence des tribunaux civils.

§ VIII. « Ancien art. 81. »

« L'exploitation des carrières à ciel ouvert a lieu sans permission, sous la simple surveillance de la police, et avec l'observation des lois ou règlements généraux ou locaux. »

« Nouvel art. 81. »

« L'exploitation des carrières à ciel ouvert a lieu en vertu d'une simple déclaration faite au Maire de la commune et transmise au Préfet. Elle est soumise à la surveillance de l'Administration et à l'observation des lois et règlements.

« Les règlements généraux seront remplacés, dans les départements où ils sont en vigueur, par des règlements locaux rendus sous forme des décrets en Conseil d'État. »

Après avoir posé les règles de droit relatives aux mines et aux minières, la loi de 1810 consacre à l'exploitation des carrières les art. 81 et 82. Aux termes de ces dispositions le propriétaire du sol a la libre jouissance des carrières qui s'étendent sous son fonds ; cependant la loi formule ici encore une distinction importante : lorsque les carrières sont exploitées *à ciel ouvert*, les travaux sont seulement soumis à une surveillance de police avec l'observation des règlements généraux ou locaux ; lorsque l'exploitation a lieu par *galeries souterraines*, elle est de plus l'objet d'une surveillance spéciale de l'Administration des mines.

Revenons aux carrières exploitées à ciel ouvert. La nouvelle rédaction de l'art. 81 vient apporter les modifications suivantes à la loi de 1810.

I. — L'exploitation des carrières à ciel ouvert est désormais soumise à une déclaration qui doit être faite entre les mains du Maire de la commune et transmise au Préfet.

Déjà les règlements généraux, dont nous allons parler bientôt, et qui ont été publiés dans la plupart de nos départements, imposaient cette obligation dans leur art. 2, ainsi conçu : « Tout propriétaire ou entrepreneur qui veut continuer l'exploitation d'une carrière, soit à ciel ouvert, soit par galeries souterraines, en ouvrir une nouvelle, ou ajouter un étage à une carrière souterraine est tenu d'en faire la déclaration au Maire de la commune où la carrière est située. »

Cette disposition passe dans la loi et sera désormais obligatoire même dans les départements où des règlements sur les carrières n'ont pas encore été publiés.

II. — Sous l'empire de l'ancien article 81 de la loi de 1810, l'exploitation des carrières à ciel ouvert était soumise à une simple surveillance de police. C'était par conséquent à l'autorité locale qu'il appartenait de prescrire les mesures à prendre, soit pour prévenir les accidents, soit pour en conjurer les conséquences désastreuses. Les carrières à ciel ouvert, paraissant présenter dans leur exploitation moins de dangers que celles exploitées par galeries souterraines, on avait pensé que l'expérience du magistrat chargé de la police locale serait suffisante pour parer aux difficultés qui pouvaient se présenter. Cependant on a reconnu que les hautes capacités des ingénieurs des mines les mettaient mieux à même de surveiller utilement l'exploitation des carrières à ciel ouvert. Il était plus logique de ne pas faire à cet égard une distinction souvent délicate, les carrières à ciel ouvert aussi bien que les carrières exploitées par galeries souterraines pouvaient être mises avec avantage sur la même ligne, pour tout ce qui était relatif à la mission de surveillance de l'Administration.

III. — L'exploitation des carrières à ciel ouvert est en outre soumise à l'observation des *règlements* et la nouvelle disposition ajoute : « Les règlements généraux seront remplacés dans les départements où ils sont en vigueur, par des règlements locaux rendus sous forme des décrets en Conseil d'État. »

Cette disposition nécessite un court commentaire. Au moment où parut la loi du 21 avril 1810, d'anciennes ordonnances et arrêts du Conseil réglaient en France l'exploitation des carrières. Nous citerons par ordre de date :

L'ordonnance du mois d'août 1669, donnée à Saint-Germain-en-Laye et portant réglementation des carrières situées sous les forêts et rivières navigables ;

L'arrêt du Conseil d'État du Roi du 23 décembre 1690, « faisant défenses d'ouvrir des carrières dans l'étendue et aux reins des forêts, sans la permission de sa Majesté et l'attache du grand-maître des eaux et forêts. »

Un autre arrêt du Conseil d'État du Roi, du 14 mars 1741

portant nouveau règlement pour l'ouverture des carrières voisines des grands chemins.

Enfin, un arrêt du même Conseil du 5 avril 1772, portant règlement pour l'ouverture des carrières situées le long des grandes routes.

La disposition la plus importante de ces actes était la défense d'ouvrir aucune carrière, de quelque espèce qu'elle fût, « sur les bords et côtés des routes et grands chemins, sinon à *trente toises de distance* du bord ou extrémité de la largeur qu'auront les dits chemins. »

La loi du 21 avril 1810, a expressément confirmé l'application de ces règlements et des dispositions si importantes qu'ils contenaient.

Cependant, usant de la faculté qui lui était conférée par l'art. 81, le gouvernement a publié un grand nombre de règlements généraux ou locaux sur l'exploitation des carrières. Des règlements de cette nature existent actuellement dans cinquante-cinq départements. Chacun de ces règlements est applicable à toutes les carrières du département, ils ont été publiés sous la forme d'ordonnances, de décrets et quelquefois d'arrêtés ministériels.

En outre, dans un grand nombre de départements, il existe des règlements particuliers et spéciaux ou des arrêtés qui ont pour objet de réglementer tantôt une carrière isolément, tantôt un groupe de carrières. Ce sont-là des exceptions faites au règlement général du département, exceptions que prévoit et autorise le règlement général lui-même.

Ces nouvelles dispositions administratives sont, mieux que les anciens arrêts du Conseil du Roi, en harmonie avec les progrès de la science de l'exploitation des carrières. Les règles en sont plus favorables aux exploitants, tout en tenant compte dans une large mesure des précautions exigées par la sécurité publique.

En ce qui concerne notamment la distance à observer pour les extractions, l'art. 10 des règlements généraux publiés pour un grand nombre de départements dispose en ces termes :

« L'exploitation de la masse ne peut être poursuivie que jusqu'à la distance horizontale de dix mètres des chemins à voiture et constructions, augmentée d'un mètre par chaque mètre d'épaisseur des terres de recouvrement.

« La distance prescrite par le paragraphe précédent peut être augmentée ou diminuée par le Préfet du département sur le rapport de l'ingénieur des mines, selon la nature des terres de recouvrement ou toute autre circonstance particulière.[1] »

On le voit par ce seul article que nous citons à titre d'exemple, les règlements généraux publiés jusqu'à ce jour, contiennent des règles mieux en harmonie avec les progrès de la science et le développement de notre organisation administrative.

Au lieu de la distance de trente toises prescrite indistinctement pour tout le royaume, nous avons pour chaque département un règlement spécial, qui tient compte de la nature des carrières qui y sont exploitées ; la distance de 10 mètres que nous y trouvons posée en principe est plus modérée, et sera équitable dans la plupart des cas. Cependant, si par suite de circonstances spéciales, il apparaissait que cette distance est encore exagérée, ou au contraire qu'elle est insuffisante, le préfet est armé d'un droit de délégation en vertu duquel il peut prendra un arrêté spécial pour tel groupe de carrières ou pour telle exploitation individuelle.

Ainsi, on en est arrivé à des prescriptions qui au lieu d'une règle exagérée dans sa sévérité, imposent des prohibitions en parfaite harmonie avec la nature essentiellement variable de ces entreprises. Actuellement, vingt-sept départements sont encore sans règlements généraux sur les carrières, et par conséquent les anciens arrêts du Conseil du Roi, dont nous avons parlé plus haut, y sont encore en vigueur.

_____

(1) Voyez par exemple le décret du 2 août 1854 portant réglement pour les carrières du département de la Côte-d'Or.

Or, ces anciennes dispositions, nous l'avons vu, imposent à l'exploitation des carrières une gêne inutile, en écartant notamment leurs travaux jusqu'à la distance de trente toises du bord extérieur des routes. C'est dans ces circonstances que la disposition suivante a été ajoutée à l'art. 81 : « Les règlements généraux seront remplacés dans les départements où ils sont encore en vigueur par des règlements locaux rendus sous forme des décrets en Conseil d'État. »

L'engagement pris par le Ministre des Travaux publics, lors de la discussion de la loi dont nous nous occupons, de publier dans un délai prochain des règlements sous forme de décrets en Conseil d'État, destinés à remplacer les anciens arrêts du Conseil, dans les départements où ils sont restés en vigueur, se trouve ainsi confirmé législativement.

On avait soulevé à cet égard une difficulté : Les anciens arrêts du Conseil du Roi, disait-on, avaient force de loi et n'étaient dès lors susceptibles d'être abrogés, par des décrets rendus en Conseil d'État, qu'autant que la loi autorisait cette abrogation. A cet effet, la rédaction nouvelle valide en tant que de besoin les anciens règlements et en autorise expressèment la publication de nouveaux.

Ainsi, seront édictés, pour les départements qui n'en possèdent pas encore, des règlements concernant les carrières basés sur l'observation spéciale de ces exploitations et sur des études préparatoires en rapport avec l'importance de leur objet, et par là, des règles uniformes au point de vue de l'exploitation des carrières, seront établies pour des départements qui se trouvent aujourd'hui dans des situations si différentes.

§ IX. « ANCIEN ART. 82. »

« Quand l'exploitation a lieu par galeries souterraines, elle est soumise à la surveillance de l'Administration comme il est dit au titre V. »

« NOUVEL ART. 82. »

« Quand l'exploitation a lieu par galeries souterraines, elle est soumise à la surveillance de l'Administration des mines, dans les conditions prévues par les art. 47, 48 et 50.

« Dans l'intérieur de Paris, l'exploitation des carrières souterraines de toute nature est interdite.

« Sont abrogées les dispositions ayant force de loi des deux décrets des 22 mars et 4 juillet 1813 et du décret portant règlement général, du 22 mars 1813 relatifs à l'exploitation des carrières dans les départements de la Seine et de Seine-et-Oise. »

Dans les départements de la Seine et de Seine-et-Oise, les règlements généraux intervenus depuis la loi de 1810, en matière de carrières, sont au nombre de quatre :

Le décret du 22 mars 1813, contenant règlement général sur l'exploitation des carrières, glaisières, sablonnières, marnières et crayères dans les départements de la Seine et de Seine-et-Oise.[1]

Le décret du 22 mars 1813, contenant règlement spécial sur l'exploitation des carrières de pierre à plâtre, dans les mêmes départements.[2]

Le décret du 4 juillet 1813, relatif aux carrière de pierre à bâtir dans les départements de la Seine et de Seine-et-Oise.[3]

Enfin, l'ordonnance du 21 octobre 1814, concernant les exploitations de crayères et marnières dans les mêmes départements.[4]

Le second décret du 22 mars 1813, contenant règlement spécial sur l'exploitation des carrières de pierre à plâtre, portait que ses dispositions pourraient être rendues applicables dans toutes les localités ou le nombre et l'importance des carrières en rendraient l'exécution nécessaire, et ce, en vertu d'une décision du Ministre de l'Intérieur. Le titre II imposait des règles même d'exploitation ; lorsqu'elle avait lieu à ciel ouvert, notamment, les terres devaient être coupées en retraite par banquettes (art. 4), et l'ouverture d'un fossé

<hr>

(1) (2) *Journal des mines,* t. XXXIII, N° 197.

(3) Ravinet, t. II, p. 210.

(4) *Journal des mines,* t. XXXVI, N° 246.

d'un à deux mètres de profondeur et d'autant de largeur au-dessus de l'exploitation était prescrite (art. 5), etc.

Le règlement du 4 juillet 1813 était général en ce sens qu'il s'appliquait aux carrières de pierre à bâtir exploitées à ciel ouvert ou souterrainement dans les mêmes départements ; tandis que le premier de ces règlements contenait au contraire une lacune, puisqu'il ne s'appliquait qu'aux carrières exploitées à ciel ouvert.

Ces deux règlements éloignaient toute exploitation jusqu'à la distance de 10 mètres des édifices et *constructions quelconques;* et une décision du Ministre de l'Intérieur en date du 6 juin 1834[1], interprêtant ces mots dans le sens le plus rigoureux pour les exploitants, décidait qu'un simple mur devait être mis sur le même pied qu'un édifice ou une habitation ; bien plus, aux termes de ce document, il suffisait que le propriétaire du terrain limitrophe de la carrière vienne à construire, pour que la prohibition d'exploiter à la distance de dix mètres reçut aussitôt son application.

C'est sur la demande du Conseil d'État qu'une modification destinée à abroger les dispositions des deux décrets du 22 mars et du décret du 4 juillet 1813, a été apportée à l'art. 82.

Ces dispositions réglementaires étaient en effet l'objet de vives critiques : elles dérogaient sur certains points à la loi du 21 avril 1810, de plus, ayant été les premières édictées sur la matière, nombre de leurs dispositions étaient surannées ou peu en harmonie avec les règles nouvelles consacrées sur la matière par l'Aministration.

Cependant, leur abrogation n'est pas complète, et la situation exceptionnelle de la ville de Paris, commandait de laisser intactes les règles de ces décrets relatives à l'interdiction d'exploiter sous le sol de Paris.

Le surplus des dispositions de 1813, qui ont force de loi, est abrogé de façon à permettre le remaniement de ces dispositions d'une application difficile et à les remplacer par des décrets analogues à ceux qui ont été rendus pour la plupart des départements.

(1) *Annales des Mines*, 3ᵉ série, t. VI, p. 557.

LÉGISLATION

DES

CHEMINS DE FER D'EMBRANCHEMENT

DES MINES.

EN FRANCE ET EN BELGIQUE.

CHAPITRE I.

Chemin de fer traversant une concession de mines.

Les dispositions si importantes contenues dans les art. 43 et 44 de la nouvelle loi sur les mines, nous amènent à étudier plus attentivement les points de contact de la législation qui régit les voies ferrées avec les lois relatives à l'exploitation des mines.

Dans l'état actuel de notre organisation économique, les deux grandes industries des mines et des chemins de fer se trouveront toujours en présence. L'exploitation d'une mine, en effet, avec les capitaux considérables qu'elle réclame, soumise comme elle l'est à l'obligation de fournir aux besoins légitimes des consommateurs et de chercher tous les moyens qui puissent lui permettre de lutter avec avantage contre la concurrence étrangère, tout nécessite dans une entreprise de cette nature, des moyens de communication rapides et peu coûteux. L'étude de l'organisation des transports est devenue une question complémentaire de l'exploitation elle-même, et partout se fait sentir la nécessité d'établir des voies de fer, soit pour mettre en communication les puits d'extraction les uns avec les autres, soit pour les raccorder ensuite aux grandes artères par lesquelles les produits de la mine se distribueront vers les centres importants de consommation. Mettons en effet en parellèle deux exploitations de mines qui au point de vue purement géologique peuvent se trouver dans des conditions analogues, supposez l'une pourvue de moyens de communication rapides, elle est raccordée par un embranchement à un chemin de fer important, ou une des grandes voies ferrées passe au centre même de son exploitation ; comparez maintenant sa situation avec celle d'une entreprise de même nature qui est obligée de conduire les produits de sa mine, par un long trajet, sur des routes de terre toujours coûteuses, quelquefois impraticables. Ses produits n'arriveront sur les lieux de consommation que grevés des charges les plus lourdes, son infériorité dès lors sera telle que l'exploitation rivale pourra livrer ses houilles, par exemple, à un taux tellement inférieur que toute concurrence devenant impossible, l'une des deux exploitations devra nécessairement succomber dans cette lutte inégale.

Des hypothèses différentes vont dans cette étude attirer notre attention. Supposons tout d'abord que les voies ferrées traversant une concession ont été établies et sont exploitées par d'autres que par les propriétaires de la mine ; quelle sera la base des rapports et la situation respective des deux concessionnaires de la mine et de la voie ferrée?

La société minière n'a pas près de ses exploitations un chemin de fer qui lui enmène ses produits ; elle est obligée de les conduire à grands frais par chevaux et chariots jusqu'à la gare la plus rapprochée, le prix des matières extraites de la mine se trouve ainsi grevé de frais considérables, les concessionnaires chercheront le moyen de se raccorder par un embranchement à la ligne de chemin de fer la plus voisine.

Dans cette hypothèse nous aurons encore à examiner deux situations différentes : la première comprendra l'étude de ces embranchements, leurs conditions d'établissement et leur situation légale avant la loi du 27 juillet 1880, la seconde abordera le commentaire des dispositions légales de cette loi qui sont relatives aux chemins de fer créés pour le service et l'exploitation des mines.

Enfin, nous étudierons encore d'une manière spéciale les actes législatifs qui régissent en Belgique ces différentes situations, et nous verrons que dans ce pays ces questions importantes ont été depuis longtemps fixées par la loi du 2 mai 1837, dont nous analyserons en détail les dispositions qui concernent les chemins de fer d'embranchement des mines.

Revenons à la première hypothèse que nous nous sommes proposé d'examiner : Un chemin de fer traverse une concession de mines et un conflit s'élève entre les deux compagnies concessionnaires, l'une de la mine, l'autre de la voie ferrée.

Remarquons tout d'abord, qu'une difficulté ne peut s'élever que dans le cas d'une mine régulièrement concédée, car lorsqu'une expropriation a lieu pour l'établissement d'une voie ferrée, l'indemnité qui est attribuée au propriétaire du sol ne comprend pas la valeur des minéraux qui peuvent exister sous son fonds, tant que ce propriétaire n'a pas été investi, par un acte régulier, de la concession de ces mines.

Si, en effet, l'art. 552 du C. Civ. attribue au maître du sol la propriété du dessous comme celle du dessus, une exception formelle est inscrite dans cet article même et développée ensuite dans la loi spéciale de 1810 : Une mine ne peut être exploitée qu'en vertu d'une concession accordée par le gouvernement après des formalités spéciales, le propriétaire du sol n'a pas en cette seule qualité le droit de l'exploiter, et tant qu'une concession n'a été régulièrement instituée en sa faveur, il ne peut en tirer un profit quelconque ou un avantage personnel. De là ressort cette règle, qu'en cas d'expropriation, la mine qui n'a pas été concédée au propriétaire du sol, ne saurait être pour lui la cause ou le motif d'une indemnité quelconque.

Supposons maintenant une concession régulièrement instituée, en écartant tout d'abord une hypothèse qui ne présente pas de difficulté sérieuse.

Une compagnie concessionnaire d'un chemin de fer, a rempli les formalités de l'expropriation vis-à-vis des propriétaires de la surface et elle traverse un sol qui a été l'objet d'une concession minière ; or en creusant ses déblais, elle rencontre une veine de houille, par exemple, et cela dans les limites de la concession. La compagnie qui poursuit l'établissement du chemin de fer pourra-t-elle profiter des houilles ainsi extraitées dans ses travaux et se les approprier ?

Evidemment elle ne le peut, car bien que non encore exploitées, les veines de houille, dont il s'agit, constituent cependant la propriété du concessionnaire de la mine. [1]

Il y aurait encore atteinte portée aux droits du concessionnaire, si comme on l'alléguait devant la Cour de Paris, une Compagnie de chemin de fer avait poussé ses déblais dans ladite mine et enlevé des matières bitumineuses, objet de la concession, pour établir son chemin ; ces faits constituaient évidemment une usurpation de la propriété du concessionnaire de la mine. Les tribunaux civils étaient en outre compétents pour en connaître. Le demandeur, en effet, disait la Cour de Paris, « en précisant la nature des faits d'extraction et des faits d'usurpation signalés dans les actes introductifs de l'instance, a nettement articulé que la Compagnie de chemin de fer avait poussé ses déblais dans la mine et enlevé des matières bitumineuses pour établir son chemin, et qu'elle avait posé ses rails sur des roches asphaltiques, qui sont la propriété des concessionnaires de Pyrimont-Seyssel ; que ces faits, s'ils étaient prouvés, constitueraient, non un simple dommage, mais une atteinte directe à la propriété et une éviction partielle du tréfonds antérieurement concédé à la compagnie de Pyrimont-Seyssel ; que le litige renfermé

____

(1) Brux., 24 déc. 1857. Belg. Jud. 1858, p. 162.

dans les limites de l'éviction et de l'indemnité y afférente est du ressort du tribunal civil, et que c'est dans ces termes qu'il a été retenu par le jugement; que s'agissant uniquement d'une question de compétence, la Cour n'a pas à rechercher si le fait de l'éviction est constant, ni, dans le cas de l'affirmative, si la portion du tréfonds définitivement occupée par le chemin de fer, est comprise dans les expropriations diligentées par la Compagnie du chemin de fer et dont elle excipe, ou bien si, comme le prétend le demandeur, elle a été formellement exceptée par la réserve des terrains asphaltiques, insérée dans les actes mêmes d'expropriation ; que ces questions doivent être réservées au juge du fond.[1] »

Ce sont là, du reste, des hypothèses qui se présenteront rarement dans la pratique ; le véritable intérêt de la question se pose lorsque un chemin de fer traversant une concession de mine, les travaux de cette entreprise doivent cesser non-seulement sous le sol de la voie, mais même dans une certaine étendue à droite et à gauche du chemin de fer.

Les excavations et les galeries conduites sous le sol de la voie ferrée et même dans son voisinage sont, en effet, souvent incompatibles avec la solidité indispensable aux travaux de cette nature ; et des affaissements sont en pareilles circonstances d'autant plus à redouter, que la moindre désorganisation produite dans le sous-sol de la voie ferrée, peut entraîner des conséquences désastreuses et devenir la cause des plus graves accidents.

Nous avons vu plus haut que le titre V de la loi de 1810 arme l'Administration d'un droit général de surveillance sur les mines, non-seulement dans l'intérêt de l'exploitation elle-même, de ses travaux et des ouvriers qui y sont employés, mais aussi en vue de la conservation des propriétés de la surface et de la sécurité publique. Le Préfet, aux termes de l'art. 50 de cette loi, est investi de la mission de pourvoir à ces intérêts. L'ancien art. 50 de la loi de 1810 n'énumerait pas d'une façon spéciale les voies de communication

(1) Cour de Paris, 24 juillet 1857. Dall. 58, 2, 214.

parmi les objets rentrant dans le cercle de la surveillance administrative. La loi nouvelle du 27 juillet 1880 a ajouté à l'ancienne
énumération une disposition spéciale à cet objet, mais qui ne pouvait être utile que pour les voies de communication ordinaires ; car
en ce qui concernait les voies ferrées, elles étaient au premier chef
protégées par ces mots de la loi de 1810 : Si l'exploitation compromet
la sûreté publique.

Le Préfet est donc investi du droit d'interdire l'exploitation d'une
mine, lorsque cette exploitation voisine d'une voie ferrée est de
nature à compromettre la sécurité publique, et c'est ici que la
question que nous nous sommes proposé d'examiner prend son
intérêt et toute sa gravité.

Parcourons tout d'abord les textes à la lumière desquels nous
devrons résoudre cette importante difficulté.

L'art. 3 de la loi organique sur la police des chemins de fer du 15
juillet 1845 est ainsi conçu :

« Sont applicables aux propriétés riveraines des chemins de fer
les servitudes imposées par les lois et règlements sur la grande voirie
et qui concernent.... Le mode d'exploitation des mines, minières,
tourbières, carrières et sablières dans la zone déterminée à cet
effet. »

Le législateur de 1845 a donc confirmé par une disposition spéciale, ce qui n'était qu'en germe et en principe dans la loi de 1810, et
marqué nettement qu'une servitude d'utilité publique était imposée
aux propriétés voisines des chemins de fer, qui sont et demeurent
soumises, par suite de l'établissement d'une voie ferrée, à toutes
règles et prescriptions imposées par les lois spéciales.

D'un autre côté, le cahier des charges des concessions de chemins
de fer contient cette importante disposition :

« Art. 24. — Si la ligne du chemin de fer traverse un sol déjà
concédé pour l'exploitation d'une mine, l'Administration déterminera
les mesures à prendre pour que l'établissement du chemin de fer ne

nuise pas à l'exploitation de la mine, et réciproquement pour que, le cas échéant, l'exploitation de la mine ne compromette pas l'existence du chemin de fer.

« Les travaux de consolidation à faire dans l'intérieur de la mine, à raison de la traversée du chemin de fer, et tous les dommages résultant de cette traversée, pour les concessionnaires de la mine, seront à la charge de la compagnie.

« Art. 25. — Si le chemin de fer doit s'étendre sur des terrains renfermant des carrières, ou les traverser souterrainement, il ne pourra être livré à la circulation avant que les excavations qui pourraient en compromettre la solidité n'aient été remblayées ou consolidées.

« L'Administration déterminera la nature et l'étendue des travaux qu'il conviendra d'entreprendre à cet effet, et qui seront d'ailleurs exécutés par les soins et aux frais de la Compagnie.[1] »

En même temps, le modèle des clauses à insérer dans les cahiers des charges des concessions de mines porte la disposition suivante, pour le cas où les travaux sont situés dans le voisinage d'un cours d'eau, d'une route ou d'un chemin de fer.

Art. H². « Dans le cas où les travaux projetés par le concessionnaire devraient s'étendre sous......... ou à une distance de ses bords moindre de....... mètres, ces travaux ne pourront être exécutés qu'en vertu d'une autorisation du Préfet, donnée sur le rapport des ingénieurs des mines, après que les propriétaires et les ingénieurs d...... auront été entendus, et que le concessionnaire aura donné caution de payer l'indemnité exigée par l'art. 15 de la loi du 21 avril 1810.

« Les contestations relatives soit à la caution, soit à l'indemnité, seront portées devant les tribunaux et cours, conformément au dit article.

« S'il est reconnu que l'autorisation peut être accordée, l'arrêté du

[1] *Code des chemins de fer*, par Lamé-Fleury, p. 110.

Préfet prescrira toutes les mesures de conservation et de sûreté qui seront jugées nécessaires. »

Ces principes formulés, la question que nous nous proposons de résoudre peut se poser dans trois hypothèses distinctes :

La mine située sous le sol même de la voie doit-elle être soumise à l'expropriation ?

La mine s'étend à droite et à gauche de la voie, formant une zone dans laquelle l'exploitation a été interdite par acte de l'Administration, y a-t-il lieu à indemnité dans ce cas ?

Enfin les propriétaires des terrains sous lesquels l'exploitation a ainsi cessé et qui se trouvent privés de leurs redevances, ont-ils droit à la réparation de ce dommage ?

1° Examinons la première question qui est relative au sous-sol de la voie.

Ainsi que nous l'avons montré tout à l'heure, le propriétaire du terrain, n'ayant pas le droit d'exploiter la mine située sous son fonds, ne peut réclamer du concessionnaire de la voie ferrée une indemnité quelconque pour privation de jouissance, ce premier point ne saurait être contesté.

Mais la question est plus délicate en ce qui touche le concessionnaire de la mine, deux propriétés distinctes se trouvant alors superposées l'une à l'autre; j'estime cependant que l'État ou la Compagnie concessionnaire d'un chemin de fer peut poursuivre simplement l'expropriation de la superficie sous laquelle la mine est située, et le concessionnaire, dans cette hypothèse, me semble devoir rester encore étranger au règlement de l'indemnité.

L'expropriation poursuivie est, en effet, dans ce cas, restreinte à la superficie et ne s'étend pas à la mine, dont le concessionnaire de la voie ferrée ne peut tirer aucun profit ; j'estime que, par contre, la société minière peut en principe continuer son exploitation et pousser ses travaux sous le sol même de la voie ferrée. Il est possible, en effet, de concevoir telle situation géologique dans laquelle cette exploitation pourra être continuée sans danger pour l'une et l'autre des deux entreprises.

Mais, supposons qu'un conflit s'élève ; le chemin de fer traversant la concession de la mine, rend l'exploitation impossible sous le sol de la voie. Des travaux coûteux deviennent nécessaires, peut-être même, comme dans une espèce célèbre, dont nous parlerons tout-à-l'heure, un tunnel qui doit contenir la voie ferrée traverse des veines de houille, désorganise la conduite régulière des travaux et prive ainsi le concessionnaire de la mine de la possibilité d'exploiter certaines parties de sa concession.

La question est grave, et l'on se trouve en présence de deux grandes industries dont la situation est également intéressante. La difficulté naît de ce que le concessionnaire de la voie ferrée a acquis les terrains nécessaires à son entreprise et se trouve ainsi substitué au propriétaire du sol, or ce dernier, dans ses rapports avec le concessionnaire de la mine n'a perdu aucun des droits qui étaient inhérants à son titre de propriétaire. Il lui est seulement interdit de fouiller le sol pour y exploiter la mine concédée. A tous autres points de vue, il reste comme par le passé propriétaire du dessus et du dessous, maître de bâtir, ayant le droit de creuser le sol à toute profondeur, d'en extraire les produits des carrières et les matériaux divers qu'il contient, il peut y faire des irrigations, creuser des puits, élever des constructions et y tracer des routes.

Non-seulement le concessionnaire est tenu de respecter ces ouvrages, mais même le cas arrivant de travaux à conduire sous des maisons ou lieux d'habitation, ou dans leur voisinage immédiat, il doit donner caution de payer toute indemnité qui serait due en cas d'accident. (Art. 15 de la loi de 1810.)

Ainsi, non-seulement le propriétaire de la surface conserve tous les droits qu'il avait avant la concession de la mine, mais ces droits reçoivent une garantie, une protection formelle du législateur vis-à-vis du concessionnaire de la mine. Non-seulement toutes ses constructions, ses travaux, ses chemins établis avant la concession sont respectés, mais il a encore le droit d'en établir de nouveaux, pourvu qu'il ne touche pas à la mine seul objet distrait de son tréfonds. « Si un seul des autres droits du propriétaire de la surface lui était enlevé, disait M. Dupin, il ne serait plus seulement privé de la mine, seule chose qu'on ait distraite de son fonds, et dont on l'ait indemnisé, mais le sol se trouverait asservi à la mine ; ce serait une véritable servitude *altuis non tollendi, amplius non ædificandi*. Une telle gêne, une telle dépréciation de la surface, s'il eût été dans l'intention du législateur de l'imposer au propriétaire du sol, eût exigé une seconde indemnité.

« Et en effet, si telle était la conséquence d'une concession de mine, qu'elle imposât le *statu quo* à la superficie, il n'en résulterait pas seulement un dommage privé par l'interdiction aux particuliers de bâtir ; mais tout le périmètre souvent très étendu d'une concession de mine, serait frappé de la même interdiction.

« Les habitations ne pourraient plus se multiplier et s'agglomérer ; on défendrait de construire une église, parce que le clocher chargerait trop la mine ; d'établir des cimetières pour y ensevelir les morts, parce qu'il faudrait creuser le terrain ; l'État serait destitué du droit de sillonner ce territoire par des routes nouvelles ; ce serait, en un mot le désert imposé dans tout le périmètre de la concession.[1] »

Ces principes établis, si la question se posait entre un propriétaire ordinaire et le concessionnaire de la mine, ce point ne saurait présenter de difficulté ; et en effet, pourvu que les travaux ne soient pas entrepris par le propriétaire de la surface dans le but de causer un dommage au concessionnaire de la mine, *malitiis enim non est indulgendum*, le concessionnaire serait tenu de les respecter, car il est dans l'obligation de soutenir le toit de la mine avec tous les travaux qu'il plait au propriétaire d'édifier à la surface.

Le concessionnaire de la voie ferrée a dû acquérir la propriété des terrains nécessaires à l'établissement de la voie, les principes seuls

____

[1] Réq. de M. le procureur-général Dupin, Cass. 3 mars 1841, S. V. 41. 1. 259.

conduiraient donc à régler ses rapports avec le concessionnaire de la mine sur des bases identiques.

Mais la vigilance de l'État a été mise en éveil, et en souscrivant à l'article 24 de son cahier des charges, le concessionnaire de la voie ferrée a pris des engagements spéciaux. La loi a subordonné la concession du chemin de fer à cette condition formelle, que son établissement ne nuirait pas à l'exploitation de la mine et, le cas échéant, les travaux de consolidation à faire dans l'intérieur de la mine, à raison de la traversée du chemin de fer et tous les dommages résultant de ce fait, sont mis à la charge du concessionnaire de la voie ferrée.

Ainsi, la condition générale et ordinaire du propriétaire du sol se trouve ici modifiée, car en tant que concessionnaire du chemin de fer il demeure soumis à cette obligation formelle de réparer les dommages directs que son entreprise pourra causer à l'exploitation de la mine. Mais, remarquons-le bien, l'article 24 du cahier des charges nous donne la mesure des obligations du concessionnaire de la voie ferrée. Il n'y a donc pas lieu à indemnité pour privation de jouissance de la mine, l'exploitant pourra, il est vrai, subir quelques dommages, se trouver dans l'impossibilité de tirer profit de certaines veines, mais ce n'est là qu'un préjudice indirect et le cahier des charges n'en impose pas la réparation aux concessionnaires de la voie ferrée.

Ainsi, sauf l'exception posée par l'art. 24 du cahier dans charges des compagnies de chemins de fer et les obligations rigoureuses qui y sont énoncées ; ce principe général que le propriétaire de la surface peut y établir des constructions et y tracer des routes, conserve tout son empire et règle les relations du concessionnaire de la mine avec la compagnie du chemin de fer, devenue par l'expropriation propriétaire de la surface.

La situation de l'État est la même. « Comme les particuliers, il conserve le droit de construire dans le périmètre de la concession, après qu'elle a eu lieu, aussi bien qu'avant, tous les édifices publics sur les terrains qui lui appartenaient antérieurement, ou qu'il juge à propos d'acquérir ensuite. Nous disons, il conserve ce droit, car en concédant sa mine il ne l'a pas abdiqué. Si donc son droit est demeuré intact, il peut, après comme avant la concession, ouvrir de nouvelles voies de communication, non pas seulement dans l'intérêt de la contrée, mais pour l'utilité publique; il peut ordonner des chemins de fer, soit qu'il les construise lui-même, soit qu'il cède à d'autres la mission de les exécuter, en son lieu et place, dans l'intérêt permanent et essentiel de la société. Il le peut par lui-même ou par d'autres, sans être assujetti à des conditions plus dures qu'avant la concession, c'est-à-dire que l'État ou les concessionnaires du chemin devront bien acheter les terrains à la surface, parce que la propriété de ces terrains n'a pas encore été acquise, et que la surface n'est pas tenue de supporter le chemin autrement qu'en cédant la place, moyennant une vente préalable; mais l'État ou ses concessionnaires ne devront rien au second sol de la mine, parce que la condition inhérente à la concession de la mine a été de supporter la surface et de n'en jamais compromettre la solidité.[1] »

Ces principes sont confirmés par la clause H² du cahier des charges des concessions de mines, qui règle l'exercice des droits dévolus à l'État, lorsque les travaux de l'exploitation d'une mine sont situés dans le voisinage d'un canal, d'une route ou d'un chemin de fer. On conçoit, en effet, que les obligations imposées par l'article 15 de la loi de 1810, pour le cas où les travaux de la mine se poursuivent sous des maisons ou des lieux d'habitations, devaient s'appliquer *a fortiori* pour la conservation des travaux d'utilité publique. L'article H² règle l'exercice de ce droit. Il confirme surabondamment le principe que nous avons posé, à savoir que la mine doit toujours pouvoir supporter la surface et conserver intactes les propriétés publiques aussi bien que celles des particuliers.

L'État qui a construit et qui exploite une voie ferrée, traversant une concession de mines, sera-t-il tenu des obligations imposées aux concessionnaires par l'article 24 du cahier des charges? Je suis

[1] Réq. de M. le procureur-général Dupin, Cass. 3 mars 1841, S. V. 41. 1. 259.

disposé à le croire ; ayant accordé la concession de la mine , il ne peut évidemment rien faire qui entrave l'exercice des droits du concessionnaire , et le cas échéant, il doit réparer le préjudice qu'il cause aux travaux de la mine par l'établissement de la voie ferrée ; il a lui-même tracé la règle de ce qui était juste et équitable en pareille circonstance ; il ne saurait se refuser à la subir pour lui-même après l'avoir imposée aux autres.

Après ce que nous venons d'exposer, il nous semble difficile de souscrire à la doctrine d'un arrêt de la Cour de cassation du 21 décembre 1858.[1]

' La Cour suprême pose en effet ce principe, « que l'expropriation pour cause d'utilité publique ne peut avoir lieu que moyennant une juste et préalable indemnité ; que cette indemnité doit nécessairement comprendre toute la valeur du sol frappé d'expropriation ; que la propriété du sol comportant la propriété du dessous aux termes de l'art. 552 du même code, l'indemnité doit comprendre non-seulement la valeur de la superficie mais encore celle des richesses minérales qu'il renferme et dont le propriétaire est dépossédé par suite de l'expropriation. Que suivant les art. 28, 30 et suiv. de la loi du 3 mai 1841, c'est au jury spécial institué par cette loi, qu'il appartient de statuer sur l'indemnité due par suite de l'expropriation et, par conséquent, d'apprécier la valeur entière du sol exproprié ; que X demandant une indemnité non pour le tort ou préjudice que l'exploitation du chemin de fer pouvait causer à une propriété contiguë ou à une exploitation voisine, non comprise dans le tracé du chemin de fer, mais bien pour la valeur du sous-sol ou tréfonds se trouvant dans le parcours de ce chemin et dont il était dépossédé ; qu'il suit de là que le jury devait connaître de cette demande et qu'en se déclarant incompétent, celui-ci a violé les articles précités. »

Peut-être les derniers mots de cet arrêt peuvent-ils nous en donner la véritable portée ; en face de la demande qui était formulée le

_____

[1] Dall. 1859, 1 . 25.

jury a eu évidemment tort de se déclarer incompétent, il devait prononcer, car l'indemnité qu'il est appelé à déterminer, doit comprendre, suivant les termes mêmes de l'arrêt, toute la valeur du sol frappé de l'expropriation ; mais en ce qui concerne la mine, il n'y a là, pour le propriétaire qui n'est pas investi de la concession, qu'une valeur sans utilité effective, ainsi que nous l'avons démontré.

Cependant, il ne paraît pas résulter des termes de l'arrêt que les demandeurs en indemnité, aient été, dans l'espèce, investis d'une concession régulière; mais si par ces expressions : « richesses minérales dont le propriétaire est dépossédé par suite de l'expropriation », la Cour suprême a eu en vue une minière par exemple, qui aux termes de la loi de 1810 est laissée à la disposition du propriétaire du sol, il y a lieu de souscrire pleinement à la doctrine de l'arrêt que nous venons de citer. Dans une pareille hypothèse, en effet, l'expropriation poursuivie dans les termes du droit commun doit comprendre la propriété du sol avec tous ses avantages et, par conséquent, le tréfonds aussi bien que la superficie.

Cependant, hâtons-nous de remarquer que la cour de cassation a formulé depuis, une règle de la plus haute gravité au point de vue qui nous occupe. Nous avions seulement affirmé ce principe qu'une compagnie de chemin de fer, poursuivant l'expropriation de la superficie, n'est pas tenue d'acquérir en même temps par cette expropriation, la partie de la concession de la mine qui se trouve sous le sol même de la voie ; la Cour suprême va plus loin, et sa nouvelle jurisprudence pose en principe que le sous-sol d'une propriété bâtie ou non bâtie peut être exproprié comme chose distincte de la superficie et des constructions établies à la surface, qu'une telle expropriation ne peut pas être considérée comme partielle, en ce sens que la faculté résultant de l'art. 50 de la loi du 3 mai 1841, n'est pas ouverte à l'exproprié ; et que celui-ci ne peut réclamer une expropriation intégrale de sa propriété, sans distinction entre le sous-sol et les constructions établies à la surface.(1)

(1) Cass., 1er août 1866. Dal. 1866. 1. 305.

A bien plus forte raison, le concessionnaire de la mine doit-il rester étranger au règlement des indemnités de l'expropriation, que poursuit une compagnie de chemin de fer ; celle-ci, en effet, ne recherche que l'acquisition de la portion du sol nécessaire à l'établissement de la voie, la mine ne lui serait d'aucune utilité.

2° Mais une hypothèse bien autrement grave se présente ; le préfet, exerçant le droit de surveillance qui lui est dévolu par l'article 50 de la loi de 1810, interdit, je le suppose, l'exploitation de la mine, non pas seulement sous le sol du chemin, mais dans une certaine étendue à droite et à gauche de la voie ferrée. (Art. 50, loi de 1810 et art. 3, loi du 15 juillet 1845 combinés).

Y a-t-il, dès lors, pour le concessionnaire de la mine, un droit acquis à une indemnité vis-à-vis des exploitants du chemin de fer ? Je ne le crois pas ; et il n'y aurait pas lieu, à mon sens, de rechercher laquelle des deux concessions est antérieure à l'autre, pour trouver dans leur date un droit de préférence.

Si, en effet, la concession de la mine est postérieure à celle du chemin de fer, il est bien évident, tout d'abord, que le concessionnaire devra respecter les travaux de la voie ferrée et arrêter ses galeries à la distance qui lui aura été prescrite par l'art. H² de son cahier des charges, que nous avons reproduit plus haut.

Mais, plaçons-nous dans une hypothèse moins favorable : la concession du chemin de fer est postérieure à celle de la mine, et les travaux entrepris pour l'établissement de la voie sont de telle nature que l'interdiction d'exploiter a dû être prononcée pour une certaine étendue de la concession à droite et à gauche de la voie ferrée.

Remarquons, tout d'abord, que le privilège résultant pour le concessionnaire de l'acte même de concession, n'est pas un droit absolu et sans limite d'exploiter toutes les veines ou tous les filons des matières minérales énumérées dans cet acte, et cela sans autres limites que les bornes mêmes du périmètre concédé.

Les restrictions apportées à ce privilège sont, au contraire, nombreuses, et le droit du concessionnaire de la mine semblable, sous certains points, aux droits d'un propriétaire ordinaire, s'en écarte d'une façon notable à d'autres points de vue.

D'après le droit commun, en effet, si l'usage que je fais de ma propriété cause à autrui un dommage, ce dommage, s'il n'est pas le résultat d'une faute de ma part, ne donne ouverture à aucune indemnité ; bien plus, c'est seulement une fois le préjudice éprouvé et constaté que je puis, en cas de faute, être tenu de le réparer.

Le concessionnaire d'une mine, dont les travaux s'étendent sous des habitations, doit, au contraire, donner immédiatement caution de payer l'indemnité à laquelle il pourrait être tenu en cas d'accident et il est obligé de réparer tout le préjudice qui pourrait résulter de ses travaux pour les propriétés superficielles, alors même que son exploitation aurait été conduite selon les règles de la science et avec toutes les précautions requises (art. 15).

Le titre V de la loi de 1810, contient des restrictions plus graves encore aux droits du concessionnaire, puisqu'il soumet le propriétaire de la mine, qui cependant exploite un fonds dont il est propriétaire, à la surveillance de l'Administration.

Les ingénieurs des mines ont reçu, en effet, mission de rechercher si le propriétaire de la mine ne laisse pas improductives les richesses minérales qui lui ont été concédées, négligeant ainsi de donner satisfaction aux besoins légitimes des consommateurs ; ils observent la manière dont l'exploitation est conduite, pour éclairer les concessionnaires sur ses inconvénients ou les améliorations dont elle est susceptible ; enfin, et surtout, c'est là le point qui nous intéresse en ce moment, l'Administration exerce un droit général de surveillance pour la conservation des édifices, la sûreté du sol, et elle prescrit toutes les mesures qui lui paraissent utiles dans l'intérêt de la sécurité publique.

Agissant en cette qualité et dans les limites de ses attributions, le préfet peut donc prendre un arrêté portant prohibition d'exploiter une partie d'une concession et cet arrêté, signifié au propriétaire de la mine qui s'étend sous le sol et dans le voisinage de la voie ferrée, n'est pas une mesure prise dans un intérêt particulier, mais un acte administratif qui puise sa force dans la nécessité de veiller à la sécurité des personnes et de sauvegarder des travaux d'utilité publique.

Du reste, et pour confirmer autant que de besoin les droits de l'administration, l'art. 3 de la loi du 15 juillet 1845, sur la police des chemins de fer, a déclaré « applicables aux propriétés riveraines des chemins de fer, les servitudes imposées par les lois et règlements sur la grande voirie, et qui concernent : le mode d'exploitation des mines, minières, tourbières, carrières et sablières dans la zone déterminée à cet effet. »

Nous verrons tout-à-l'heure, qu'en ce qui concerne les carrières une limite précise leur a été imposée par des dispositions spéciales, comme zone de protection, pour la sûreté des routes et *a fortiori*, des voies ferrées ; mais, en ce qui est relatif aux mines, aucune limite déterminée n'a été fixée pour leurs travaux et les mesures à prendre restent abandonnées à la sagesse de l'Administration. Si donc celle-ci fixe, dans un cas spécial, une limite en dedans de laquelle l'exploitation devra être interdite à droite et à gauche de la voie ferrée, il ne saurait être contesté, selon nous, qu'un pareil acte constitue seulement un fait d'application de la servitude d'utilité publique imposée à la mine, en tant que propriété riveraine du chemin de fer.

En effet, l'article 3 précité énumère, à côté de la servitude imposée aux mines, celles établies sur les propriétés riveraines des chemins de fer et qui ont pour objet l'alignement, l'écoulement des eaux, la distance à observer pour les plantations, enfin, la servitude d'occupation temporaire pour l'extraction des matériaux nécessaires aux travaux publics.

Cette énumération de l'art. 3 ne nous donne-t-elle pas le tableau des servitudes d'utilité publique qui sont imposées aux mines comme aux autres propriétés, dans l'intérêt de la conservation des chemins de fer? La loi de 1810 n'a pas fixé de zone de protection pour les travaux des mines ; il en résulte que l'Administration est investie du droit de déterminer, dans chaque hypothèse qui lui est soumise, les mesures que nécessite la sécurité publique.

Or c'est un principe universellement admis et consacré, que les servitudes d'utilité publique, qui résultent des lois et des règlements, s'établissent sans indemnité.[1]

Tout spécialement, en ce qui concerne la loi du 15 juillet 1845, il a été nettement formulé, dans les discussions préparatoires, que les prohibitions contenues dans l'art. 3 ne constituaient que des servitudes et non des expropriations. Ce principe, soutenu par M. de Chasseloup-Laubat, rapporteur, et par M. Vivien, a été consacré non seulement par le vote de la loi, mais encore par le rejet d'un amendement proposé en sens contraire par M. Bethmont.[2]

Le concessionnaire de la mine n'a donc droit à aucune indemnité, lorsqu'il est ainsi forcé de laisser inexploitée une partie de sa concession. Mais, remarquons-le bien, la propriété du gîte minéral ne lui est pas enlevée, et l'on peut concevoir telle hypothèse où le chemin de fer, prenant par exemple une direction différente, le concessionnaire de la mine pourra rétablir ses travaux dans la zone qui lui avait été autrefois interdite.

Le système que nous venons d'exposer et qui ressort des textes formels de la loi, aboutirait cependant à des conséquences bien rigoureuses, si une disposition importante n'était venue y apporter un juste tempérament.

En effet, sous la traversée même du chemin de fer, et dans la zone dont l'exploitation lui est aujourd'hui interdite, le concessionnaire a entrepris, je le suppose, des ouvrages qui ont entraîné pour lui des sacrifices considérables, il a poussé de ce côté, ses galeries et ses travaux de reconnaissance, et au moment où les produits de

----

(1) Cons. d'Ét., 25 février 1864, Grangier ; et 3 janvier 1873, Nitard.

(2) Duvergier, *Collection des lois*, 1845, p. 292 ; et Dall., 61. 3. 25.

l'exploitation vont venir compenser ses dépenses, un arrêté du Préfet lui interdit en cet endroit même toute exploitation.

Les dispositions du cahier des charges des Compagnies de chemins de fer ont prévu et réglé cette hypothèse, en imposant à ces Compagnies dans leur art. 24 l'obligation de supporter les frais des « travaux de consolidation à faire dans l'intérieur de la mine, à raison de la traversée du chemin de fer ; tous les autres dommages résultant de cette traversée pour les concessionnaires de la mine, sont également à la charge de la Compagnie. »

Cette indemnité, cependant, ne comprend que le dommage direct causé par la traversée du chemin de fer et les travaux de consolidation devenus nécessaires, elle ne s'étend pas jusqu'à une évaluation des matières minérales qui auraient pu être extraites, pendant que durera l'interdiction d'exploiter la partie de la concession ainsi frappée de stérilité.

Le premier paragraphe de l'art. 24 du cahier des charges précité, montre bien qu'en principe, le seul fait de l'exploitation d'un chemin de fer traversant une concession de mine, ne prive pas le concessionnaire de son droit de propriété sur la mine qui s'étend sous la voie ferrée et que c'est seulement par exception et en vertu des dispositions du titre V de la loi de 1810, que l'exploitation devra être interdite.

L'art. 24, en effet, s'exprime ainsi : « Si la ligne du chemin de fer traverse un sol déjà concédé pour l'exploitation d'une mine, l'administration déterminera les mesures à prendre pour que l'établissement du chemin de fer ne nuise pas à l'exploitation de la mine. »

Ainsi, le droit de l'un des concessionnaires ne prime pas celui de l'autre, l'antériorité de l'une des deux concessions ne lui donne aucun avantage sur celle qui lui est postérieure, et aucune de ces deux entreprises ne s'impose à l'autre d'une façon absolue ; elles doivent chercher à coexister, en prenant des mesures réciproques pour que l'une ne nuise pas à l'autre. Mais si un danger pour la sécurité publique apparaît, si la circulation sur la voie ferrée est menacée, le Préfet interdit l'exploitation du sous-sol du chemin de fer dans l'intérêt de la sûreté générale, en vertu des pouvoirs qui lui sont conférés ; la mine reçoit alors une indemnité équivalente à la valeur des ouvrages ainsi devenus nécessaires et des remblais ou travaux de confortation que le concessionnaire sera obligé d'exécuter.

Tout système qui s'écarterait des règles que nous venons de tracer, aboutirait fatalement aux conséquences les plus iniques.

J'ai dit que le concessionnaire de la mine soumise à l'arrêté d'interdiction du Préfet, ne subissait pas une expropriation de son fonds, et que la Compagnie du chemin de fer ne lui devait pas d'indemnité pour les matières minérales ainsi laissées inexploitées pour un temps indéterminé.

Remarquons, en effet, qu'en thèse générale, l'indemnité d'expropriation doit être large ; elle comprend la valeur intrinsèque de la chose expropriée, ainsi que tous les produits que l'on aurait pu en tirer; or, qui peut dire à quel chiffre aboutirait une pareille indemnité, comprenant, dès maintenant, la liquidation du bénéfice qu'aurait réalisé le concessionnaire de la mine, par l'extraction et la vente de toutes les veines de houille, par exemple, situées sous le chemin de fer et dans son voisinage, à quelque profondeur qu'elles puissent se trouver.

Comment déterminer pour ces couches minérales, ce que coûtera leur extraction ? Qui décidera le nombre de veines qui pourront être exploitées et le produit net qu'elles donneront? De tous côtés des impossibilités apparaissent, et si l'on arrivait à donner au concessionnaire une pareille indemnité, toute voie de communication deviendrait impossible à établir à travers une concession de mines, aucune Compagnie de chemin de fer ne se trouverait en état de payer de pareilles indemnités d'expropriation. Il y aurait même là pour le concessionnaire de la mine un bénéfice véritablement immoral, puisqu'il recevrait immédiatement la valeur de richesses qu'il n'eut peut-être jamais exploitées.

Dans notre système, au contraire, le concessionnaire du chemin de fer ne payant que l'estimation des travaux rendus nécessaires, le concessionnaire de la mine pourra, il est vrai, ne rien gagner, mais tout au moins, est-il assuré de n'éprouver aucune dommage.

Plus que jamais, depuis la nouvelle disposition de l'article 43 de la loi du 27 juillet 1880, qui énumère spécialement les voies de communication, parmi les objets qui rentrent dans le cercle de la surveillance de l'Administration, les Préfets peuvent et doivent prendre, dans l'intérêt de la conservation des chemins de fer, les mesures qu'ils jugeront nécessaires, et restreindre ou suspendre l'exploitation, si elle compromet la sécurité publique.[1]

Les principes si importants que nous venons de formuler, ont été consacrés par la Cour de Lyon, dans une affaire restée célèbre.

Les sieurs Allimant et consorts avaient obtenu le 17 août 1825, la concession des mines de houille de Couzon. Le 17 juin 1826, Seguin et ses associés sont autorisés à établir un chemin de fer de St-Étienne à Lyon, pour l'exécution duquel ils percent une galerie souterraine, dans le périmètre de la concession accordée au sieur Allimand. En exécutant ce travail, Seguin et consorts parviennent jusqu'aux veines de houille de ladite concession, et de ce chef, tout d'abord, ils se reconnaissaient débiteurs de dommages et intérêts, pour la valeur de la mine extraite. Il n'y avait pas de contestation sur ce point. Mais les concessionnaires de la mine ayant dirigé leurs travaux dans la direction du chemin de fer et compromis sa solidité, un arrêté du Préfet du 29 novembre 1829, pris en exécution de l'art. 50 de la loi du 21 avril 1810, interdit les travaux d'exploitation sous la traversée du chemin de fer, et dans une certaine étendue à droite et à gauche de la voie ferrée.

Allimand et consorts réclament à la Compagnie du chemin de fer une somme de 300.000 fr., à titre de dommages et intérêts, et le 31 août 1833, le tribunal de St-Étienne admet le principe de

---

(1) Voyez : Ferand-Giraud : *Législation des chemins de fer par rapport aux propriétés riveraines*, p. 68. — Jousselin, *Des servitudes d'utilité publique*, T. II, p. 384. — Serrigny, *Bulletin des tribunaux*, 1864, p. 545. — Bury, N° 704.

l'indemnité à payer par les concessionnaires du chemin de fer ; mais sur l'appel, la Cour de Lyon statuant en ces termes, décide : « Qué depuis la loi du 21 avril 1810 , conformément aux articles 7 et 8, les mines de houille quoique concédées à titre gratuit par le Gouvernement, constituent bien pour les concessionnaires une propriété perpétuelle et immobilière, disponible et transmissible comme les autres biens , et dont on ne peut être exproprié que dans les cas et selon les formes prescrites relativement aux autres propriétés ; mais qu'un titre spécial de cette même loi soumet néanmoins ce genre de propriété, qu'elle même a créé et qui est d'une nature toute particulière, à une surveillance continue, de la part de l'Administration, surveillance telle, suivant l'art. 50, que, si l'exploitation d'une mine compromet la sûreté publique, la conservation du puits, la solidité des travaux, la sûreté des ouvriers mineurs ou des habitants de la surface, il doit y être pourvu par le Préfet, comme il est pratiqué en matière de grande voirie et suivant les lois ;

« Que dans tout territoire sous lequel gisent des mines quelconques, qu'a concédées le Gouvernement, celui-ci a toujours le pouvoir incontestable d'y établir , d'y ouvrir comme partout ailleurs, telles routes nouvelles, telles voies publiques qu'il juge nécessaires ou utiles, et lesquelles même peuvent être de nature à favoriser le propre intérêt des concessionnaires de mines, en leur facilitant l'exportation, le transport des matières par eux extraites ; comme aussi que, dans le cas où les travaux d'exploitation de certaines mines, tels qu'ils sont poussés par les concessionnaires, tendent à s'avancer, ou sous le sol même des routes, ou à trop peu de distance d'icelui, et à compromettre ainsi la sûreté de la voie publique , l'exercice de la grande voirie qui appartient à l'autorité administrative, doit bien alors consister à interdire la continuation des travaux de l'exploitation, auxquels les travaux des concessionnaires ont donné une si dangereuse direction, sans que, d'un tel interdit, qui n'a pas du tout les caractères d'une expropriation pour cause d'utilité publique, puisse résulter pour eux, aucun droit à indemnité contre le

Gouvernement, puisque la concession ne leur a été accordée qu'à la charge par eux de subir sans cesse, quant à la direction de leurs travaux, la surveillance établie par l'article 50 de la loi précitée ;

« Que, par l'effet de la concession qu'a accordée le Gouvernement pour l'établissement d'un chemin de fer de St-Étienne à Lyon , ce chemin est devenu une nouvelle route établie à perpétuité , dont la Compagnie doit procurer l'usage au public d'une manière non interrompue, pour les transports qui peuvent s'y opérer ;

« Qu'à raison de l'établissement d'un tel chemin, lequel, quoique établi par une Compagnie de particuliers , et à leurs frais, n'en est pas moins une voie publique , comme si c'était le Gouvernement qui l'eût établi lui-même , la Compagnie a été subrogée par son titre de concession , à toutes les obligations du Gouvernement , de même qu'à tous ses droits ;

« Qu'en vertu de cette subrogation, les concessionnaires du chemin de fer, ont eu et dû avoir comme l'aurait eu le Gouvernement, un droit d'expropriation pour cause d'utilité publique , sur tous les terrains à travers lesquels ledit chemin de fer devait être dirigé, à la charge d'une juste et préalable indemnité envers les propriétaires ;

« Que, comme subrogés aux droits et aux obligations du Gouvernement, ils ne sont pas, plus que lui, passibles d'indemnité envers les intimés concessionnaires de ce même périmètre houiller, à raison de l'interdiction qui leur a été faite par l'autorité administrative, de continuer à diriger leurs travaux d'exploitation , soit au-dessous du chemin de fer, soit au-delà des deux plans verticaux d'une largeur déterminée, parallèles à l'axe d'icelui, interdiction qui ne sera peut être que temporaire, ou qui du moins pourra être restreinte, si on vient à reconnaître dans la suite, qu'il ne soit pas nécessaire de la maintenir en tout ou en partie pour la sûreté du chemin de fer ; interdiction enfin, qui, au lieu de pouvoir être considérée comme une expropriation pour cause d'utilité publique, n'a été, ainsi qu'il est dit ci-dessus , qu'un acte de surveillance et de voirie , une de ces mesures de haute police , auxquelles tous les concessionnaires de mines quelconques sont perpétuellement soumis, soit par la nature ou les énonciations de leurs titres, soit par la loi même qui a érigé ces sortes de concessions en propriétés privées. »[1]

Cette décision fut portée devant la cour de cassation, qui admit au contraire, le principe d'une indemnité en faveur des concessionnaires de la mine.

La loi du 21 avril 1810, disait la Cour de Cassation, « déclare que les concessions de mines en confèrent la propriété perpétuelle, disponible et transmissible comme les autres biens immeubles, dont les concessionnaires ne peuvent être expropriés que dans les cas et selon les formes prescrites relativement aux autres propriétés ; que tout propriétaire a droit à une juste indemnité, non seulement lorsqu'il est obligé de subir l'éviction entière et absolue de sa propriété, mais aussi lorsqu'il est privé de sa jouissance et de ses produits pour cause d'utilité publique.

« La concession d'une mine a pour objet l'exploitation de la matière minérale qu'elle renferme ; donc, le concessionnaire auquel cette exploitation est interdite dans une partie du périmètre de la mine, pour un temps indéterminé, est privé des produits de sa propriété et éprouve une véritable éviction, dont il doit être indemnisé ; le droit de surveillance réservé par l'art 50 de la loi du 21 avril 1810 à l'autorité administrative, sur l'exploitation des mines, n'altère en rien le droit de propriété du concessionnaire et ne lui impose pas l'obligation de subir la perte d'une partie de sa concession pour la création d'un établissement nouveau, sans une juste indemnité.

« Or, en fait, il était reconnu et constaté par l'arrêt attaqué, que la concession de la mine de Couzon était antérieure à celle du chemin de fer et qu'elle ne contenait aucune clause qui obligeât les concessionnaires de cette mine, à céder sans indemnité, une portion du terrain compris dans son périmètre, pour établir le chemin de fer ; et, d'un autre côté, il était évident que l'arrêté préfectoral du 25 novembre 1829, provoqué par la Compagnie du chemin de fer

[1] Cour de Lyon, 12 août 1835. Delbecq, t. II, p. 125.

avait été nécessité par la création de ce chemin, que ses dispositions n'auraient pas été portées, si cette voie nouvelle et souterraine n'avait été établie dans la mine, qu'ainsi il n'était pas un acte de police relatif à l'exploitation de la mine, mais une mesure d'administration, prise dans l'intérêt du chemin de fer, et uniquement relative à sa consolidation.

« D'ailleurs, l'art. 11 de la loi du 21 avril 1810, ne pouvait être appliqué aux établissements formés après la concession et notamment aux routes souterraines pratiquées dans le périmètre de la mine. »

En conséquence, la Cour décida que les concessionnaires du chemin de fer, substitués tant aux droits qu'aux obligations de l'État, étaient passibles de l'indemnité due à raison d'une éviction dont ils profitaient.[1]

Sur le renvoi prononcé, l'affaire revint devant la Cour de Dijon qui, comme l'avait fait la Cour de Lyon, infirma le jugement de Saint-Étienne, et renvoya purement et simplement les concessionnaires du chemin de fer des fins de la demande formée contre eux.[2]

Alors, nouveau pourvoi de la part des concessionnaires de la mine et dans son arrêt du 3 mars 1841, [3] la Cour de Cassation, rappelant les motifs de sa précédente décision, va même plus loin et décide que si, « nonobstant la concession de la mine, les droits inhérents à la propriété de la surface restent entiers, conformément à l'art 544 du code civ., il ne s'en suit pas que le propriétaire de la surface ait le droit de pratiquer des travaux nuisibles à l'exploitation de la mine dans l'étendue de son périmètre. »

Nous avons reproduit plus haut certains passages des savantes conclusions développées par M. le procureur général Dupin, dans

(1) Cour de Cass., 18 juillet 1837, S. V. 37, 1. 664.
(2) Cour de Dijon, 25 mai 1838.
(3) S. V. 1841, 1, 259.

cette affaire, conclusions conformes au système que nous soutenons, et que la Cour de Cassation a repoussé dans ces deux arrêts.

Sur ces décisions s'est fondé un système posant en principe , que les deux propriétés ainsi superposées sont l'une vis-à-vis de l'autre, sur le pied d'une égalité absolue ; que la propriété de la mine n'est en rien subordonnée à la propriété du sol qui la recouvre, d'où cette conclusion, que les deux fonds se doivent réciproquement indemnité pour toute espèce de dommage, dépréciation ou privation de jouissance de l'un vis-à-vis de l'autre. [1]

Cependant la Cour de Cassation ne semble pas avoir persévéré dans sa doctrine et peu de temps après les décisions que nous venons de rapporter, elle consacrait les véritables principes dans son arrêt postérieur du 20 juillet 1842. [2] La Cour suprême décide alors en effet, « que la propriété de la mine est sans doute la propriété du concessionnaire, mais que c'est une propriété modifiée par sa relation immédiate avec la surface, dont la propriété elle même a reçu une modification grave par la concession de la mine ;

« Que l'obligation première et principale du concessionnaire de la mine envers le propriétaire du sol est de supporter et maintenir le toit de la mine ; que c'est une condition naturelle, absolue, perpétuelle, qu'il est inutile d'imposer ; et lorsque les moyens ordinaires ne suffisent pas pour soutenir le sol, le concessionnaire doit en employer d'extraordinaires. »

Nous trouvons en Belgique de nombreux exemples d'interdiction d'exploiter, dans un certain rayon, une mine concédée.

Le 25 décembre 1844, la députation permanente de la province du Hainaut, qui exerce les attributions conférées aux préfets par la loi de 1840, portait un arrêté ainsi conçu :

« Vu la lettre du bourgmestre de Quaregnon, faisant connaître

[1] Voir sur cette question : Dall., V° Voirie par chemin de fer, N° 130 ; et V° mines, N° 64.

[2] Dall., 42, 1, 396.

qu'un grand nombre de maisons de ce village sont devenues inhabitables, par suite des dégradations attribuées aux affaissements du sol occasionnés par les travaux d'exploitation des mines de houille ;

« Vu l'art. 50 de la loi du 21 avril 1810 ;

« Considérant qu'il résulte des rapports et plans produits, que les affaissements et dégradations signalés ne peuvent être que la conséquence de travaux d'exploitation de mines, exécutés sous le village de Quaregnon ; — considérant que la continuation de ces travaux occasionnerait indubitablement de nouveaux dommages et même des accidents graves ; — voulant prévenir autant que possible, ces accidents, par une mesure qui garantisse à la propriété du sol, comme à l'habitant qui y demeure, la sûreté qu'il est en droit de réclamer de l'administration publique ;

« Sur la proposition des ingénieurs des mines ; Arrête :

« Il est provisoirement interdit aux sociétés charbonnières de.... d'approcher, par travaux souterrains, à moins de 20 mètres des plans verticaux, menés par les murs extérieurs des habitations et des bâtiments du village de Quaregnon. »[1]

Les sociétés concessionnaires des mines de houille atteintes par cet arrêté, se pourvurent devant le Conseil des mines, mais elles échouèrent dans leur réclamation les 20 déc. 1844 et 11 juillet 1845 ; [2] elles s'adressèrent alors aux tribunaux ordinaires, mais leurs prétentions furent également repoussées par le tribunal de Mons, la Cour d'appel de Bruxelles et enfin par un arrêt de la Cour de Cassation du 28 octobre 1846.[3]

La députation permanente de Liége a aussi porté en 1871 un arrêté d'interdiction d'exploiter contre la société houillère de Paradis-Boverie, dont les travaux compromettaient la sûreté des habitations d'un quartier de la ville de Liége.

(1) Bury, N° 367.

(2) Chicora : Jurisprud. du Cons. des Mines, page 175 et suiv.

(3) Pas. 1848, 1, 442.

Il ne semble pas pouvoir être soutenu que des solutions différentes interviendraient, si la sécurité publique était menacée par des travaux de mines conduits sous le sol d'une voie ferrée.

Le Conseil d'État en France a aussi été appelé à se prononcer sur cette importante difficulté.

Le chemin de fer de Paris à Lyon et à la Méditerranée s'étendait au-dessus de la mine de houille des Combes. Des décisions administratives, prises en vue de la section du chemin de fer de St-Étienne à Lyon, portaient que jusqu'à ce qu'il en fût autrement ordonné, il serait interdit aux concessionnaires d'opérer aucune extraction de houille, à une distance moindre de 30 mètres du plan vertical passant par l'axe du chemin de fer.

Les concessionnaires de la mine des Combes ont vu dans l'interdiction résultant de cette mesure, une véritable expropriation pour cause d'utilité publique, et ils ont assigné la Compagnie du chemin de fer de Lyon en paiement d'une somme de 300.000 fr. à titre d'indemnité.

Un jugement de compétence du tribunal de St-Étienne rendu le 18 juillet 1859, est confirmé par la Cour de Lyon le 28 juillet 1860, la Cour repousse en même temps le déclinatoire proposé par le Préfet, qui par arrêté du 7 août 1860 avait élevé le conflit d'attributions.

Le 11 mars 1861, le Conseil d'État confirme l'arrêté de conflit ; [1] cette décision vise l'art. 24 du cahier des charges de la Compagnie du chemin de fer, conforme au modèle que nous avons cité plus haut, les arrêtés d'interdiction d'exploiter, et ajoute : « Que le Préfet, dans son déclinatoire et dans son arrêté de conflit, a soutenu, au nom de l'administration, que celle-ci, en interdisant dans un intérêt de sûreté publique, l'exploitation de la partie des mines des Combes, dont il s'agit, n'a pas entendu prononcer cette interdiction d'une manière absolue et définitive. Que dans les observations présentées à l'occasion de l'arrêté de conflit, la

____

[1] Dall , 1861, 3, 25.

Compagnie du chemin de fer déclare d'ailleurs, qu'elle n'entend pas réclamer l'application de l'interdiction pour toute la durée de l'exploitation dudit chemin, et qu'au cas où l'administration autoriserait l'exploitation de la mine dans la zone déterminée, elle est prête à prendre à sa charge les travaux de consolidation à faire, dans l'intérieur de ladite mine, à raison de la traversée du chemin, et tous les dommages résultant de cette traversée pour les concessionnaires de la mine, conformément à l'article 24 du cahier des charges. Qu'il suit de là que les sieurs Coste, Clavel et Cie ne peuvent être considérés comme ayant été dépossédés de leurs droits de propriété sur la partie des mines des Combes à laquelle il a été fait application de la décision du Ministre des Travaux publics ; que le préjudice qui pourrait résulter de cette application, ne constituerait qu'un dommage, et que la connaissance des demandes en indemnités pour la réparation de ce dommage, est réservée à l'autorité administrative par l'art. 4, de la loi du 28 pluv. an VIII ; que dès lors, c'est à bon droit que le conflit d'attributions a été élevé. [1] »

Cette décision pose la difficulté qui nous occupe sur son véritable terrain : l'art. 24 du cahier des charges des concessions de chemins de fer ; elle formule en outre nettement ce principe, que les concessionnaires de la mine ne sont pas dépossédés de leurs droits de propriété, dans la partie limitrophe du chemin de fer qui est soumise à l'interdiction d'exploiter.

Mais, bien que le Conseil d'État semble s'attacher aux faits de la cause, sa décision a cependant une portée générale, parce que les interdictions de cette nature ne sont jamais prononcées d'une façon absolue et irrévocable, elles ont ce caractère de pouvoir être modifiées suivant les circonstances ou les événements, alors même qu'elles ne s'expliquent pas sur ce point. L'interdiction sera levée, par exemple, si le tracé du chemin de fer vient à être modifié, ou si les progrès de la science, les précautions prises par les exploitants de la mine, permettent d'assurer la sécurité absolue de la voie ferrée.

(1) Cons. d'Ét., 11 mars 1861, all. 61, 3, 26. et Rec. Lebon, 1861, p. 175.

La servitude de non exploitation dans une zone déterminée, peut être d'une durée indéfinie, mais elle n'est jamais définitive.

Au contraire, la dépossession du propriétaire pour cause d'utilité publique a des caractères tout différents, puisqu'elle constitue une véritable translation de la propriété avec tous ses avantages ; et venant à cesser la cause qui a motivé l'expropriation, le propriétaire évincé n'est pas en droit de réclamer la jouissance du bien dont il a été régulièrement dépossédé.

Le Conseil de préfecture de la Loire, devant lequel les parties étaient renvoyées pour la fixation des indemnités dues par la Compagnie de chemin de fer, décide, par son arrêté en date du 10 mai 1862, qu'il n'y a pas lieu d'attribuer des dommages et intérêts aux concessionnaires de la mine. Mais le Conseil d'État, par arrêt du 15 mai 1864, [1] annule cette décision et maintient que, par suite de l'interdiction d'exploiter qui a été prononcée ; « il résulte pour la Compagnie des mines des Combes, un dommage direct et matériel, qui doit être rangé parmi les dommages mis, par l'article 24 ci-dessus visé du cahier des charges de la Compagnie des chemins de fer de Paris à la Méditerranée, à la charge de cette dernière Compagnie ; que dès lors, que c'est à tort que l'arrêté attaqué a décidé que ce dommage n'ouvrait à la société requérante, aucun droit à indemnité. »

De ce qui précède, il résulte que la jurisprudence du Conseil d'État puise dans l'art. 24 du cahier des charges des Compagnies de chemins de fer, les seuls et véritables principes qui doivent régler les rapports de ces Compagnies, avec les concessionnaires de mines que traverse la voie ferrée.

3° Abordons enfin une dernière hypothèse : Le propriétaire du sol, privé de la redevance que le concessionnaire de la mine était tenu de lui payer, lorsqu'il exploitait sous sa propriété, a-t-il une action contre les concessionnaires du chemin de fer, lorsqu'un

____

[1] Dall., 1864, 3, 82.

arrêté préfectoral a interdit l'exploitation de la mine dans un rayon déterminé?

La Cour de cassation l'a décidé ainsi par ce motif « que l'arrêté légalement pris par le préfet du Rhône, le 25 novembre 1829, avait interdit toute exploitation de houille à une distance déterminée de l'axe du chemin de fer de Lyon à Saint-Étienne; qu'il a été jugé en fait, par l'arrêt attaqué, que la terre dite des Pièces, appartenant aux consorts Fleurdelix, se trouvait dans la circonscription du sol, frappée d'interdiction, et qui perdait ainsi tous les avantages que pouvait procurer l'exploitation de la mine de houille, soit aux concessionnaires de cette mine, soit aux redevanciers propriétaires de la surface; qu'il a été en même temps reconnu en fait, par cet arrêt, et qu'il n'est pas contesté que cet arrêté, qui privait les concessionnaires de la mine, et par suite les redevanciers, d'une partie des produits de la mine, a été pris dans l'intérêt du chemin de fer; — qu'il suit de là, que dans les principes du droit commun, la compagnie du chemin de fer devait une indemnité pour dédommagement du préjudice dont elle était la cause; qu'il importe peu que, dans la terre dite des Pièces, le chemin de fer eut son parcours non souterrainement, mais à ciel ouvert; qu'en effet, s'il est vrai que les concessionnaires d'une mine soient tenus d'en consolider le plafond et de ne rien faire qui puisse détruire la jouissance du propriétaire de la surface, il ne faut pas confondre avec cette obligation, l'interdiction absolue d'exploiter la mine sous un chemin ou un édifice ou à une distance déterminée de l'un ou de l'autre; que la contestation s'élevant dans l'un et l'autre cas entre les propriétaires de la surface, redevanciers de la mine, et l'individu ou l'entreprise dans l'intérêt desquels l'interdiction d'exploiter a été prononcée, est une contestation purement civile, de la compétence des tribunaux ordinaires; qu'elle ne provoque que l'application des principes du droit commun; qu'elle n'est point en opposition avec les actes administratifs qui sont intervenus, et qu'au contraire, ces actes étant respectés et maintenus, elle a seulement pour objet d'en régler les conséquences et l'application aux intérêts privés. [1] »

Mais, ce qui semble plus extraordinaire, c'est que le Conseil d'État ait répudié sa propre doctrine, telle qu'elle résultait de l'arrêt du 11 mars 1861 et qui semblait devoir entraîner une décision analogue dans la question qui nous occupe. Le 14 avril 1864 il pose en effet ce principe, « que l'arrêté en date du 10 septembre 1858, par lequel le préfet du département de la Loire a interdit, pour huit années, l'exploitation des 3e et 4e couches de houille sous la gare de Château-Creux et à 20 mètres de l'axe de la voie du chemin de fer de Paris à Lyon et à la Méditerranée, s'applique à une partie de mines dépendant du périmètre de la concession de la société de Saint-Étienne et sur laquelle le sieur Marin a des droits de redevance ; que ledit arrêté, rendu en vue de la conservation et de la sûreté du chemin de fer de Paris à Lyon et à la Méditerranée, ne fait point obstacle à ce que le propriétaire réclame de cette compagnie, s'il s'y croit fondé, une indemnité à raison du dommage qui pourrait résulter de la privation temporaire de ses droits de redevance ; que, dès lors, c'est à tort que le Conseil de Préfecture du département de la Loire a rejeté la demande du sieur Marin , en se fondant sur ce que la mesure dont il s'agit, aurait été prise en vertu du droit de police et de surveillance qui appartient à l'administration sur l'exploitation des mines. [2] »

Nous avons suffisamment démontré plus haut, qu'une interdiction de la nature de celle que nous étudions , est un acte de haute surveillance, qu'il appartient à l'Administration de prendre lorsque la sécurité publique est menacée. Contrairement à ce qu'énonce la Cour de cassation, une pareille mesure n'a rien d'absolu , elle n'est que la conséquence de l'exploitation du chemin de fer dont le tracé peut être modifié ; et même en

_____

(1) Cass. 3 janvier 1853. Dall., 53, 1, 134.

(2) Cons. d'État, 14 avril 1864. Marin C. Compagnie du chemin de fer de Lyon. S. V. 1864, 2, 340. — Roche et Lebon, 1864, p. 346.

dehors de cette hypothèse, l'interdiction d'exploiter pourra être totalement levée ou seulement atténuée suivant les circonstances. Si, de tout ce que nous avons dit plus haut, il résulte que le concessionnaire de la mine n'a droit à aucune indemnité pour les veines de houille, par exemple, dont l'exploitation lui est actuellement interdite ; pour les mêmes raisons et motifs, le propriétaire du sol subit de son côté la privation des redevances auxquelles il a droit, lorsque l'exploitation a lieu sous son fonds ; il n'est pas frappé d'une dépossession absolue et perpétuelle, mais l'exercice de ses droits se trouve momentanément suspendu. [1]

Lorsqu'il existe une mine sous un terrain dont l'expropriation est poursuivie pour l'établissement d'un chemin de fer, le préfet peut-il décider que l'expropriation de ce terrain comprendra seulement la superficie et ne s'étendra pas aux droits de redevance qui peuvent être atta chés à la possession de ce fonds ? Le Conseil d'État ne l'a pas pensé ; sa décision énonce « que les art. 18 et 19 de la loi du 21 avril 1810, disposent que la valeur du droit à la redevance, établi sur le produit des mines au profit du propriétaire de la surface, demeurera réunie à la valeur de ladite surface et sera affectée avec elle, aux hypothèques des créanciers de ce propriétaire ; qu'il résulte de cette disposition que ce droit à la redevance ne peut être séparé de la surface sans le consentement du propriétaire ; que, dès lors, le Ministre des Travaux publics a excédé ses pouvoirs en décidant que c'était avec raison que le préfet de la Loire, en désignant la propriété du sieur Marsais, comme devant être cédée pour cause d'utilité publique, avait prescrit que l'expropriation ne comprendrait que la surface du terrain et ne s'étendrait pas au droit de rede vance. [2] »

Si, en effet, la redevance peut être séparée du sol par la volonté du propriétaire et devenir alors un droit distinct et principal, il est

[1] Contra : Bury, N° 701. — Dall. v° *Expropriation pour cause d'utilité publique* N° 583. — Aucoc, t. III. p. 114. — Conseil d'État, 5 février 1874.

[2] Aff. Marsais, Conseil d'État, 19 avril 1859. Dall. 59, 3, 83.

cependant juste de décider qu'en principe elle ne forme qu'un accessoire, un avantage inhérant à la propriété de la surface. Tout spécialement en ce qui concerne l'établissement d'une voie ferrée, nous avons montré plus haut comment, dans bien des cas, l'exploitation de la mine pouvait être interdite par mesure administrative sous le sol même de la voie; le droit aux redevances se trouve dès lors menacé par suite de l'établissement du chemin de fer, le propriétaire du sol est en danger d'en être privé ; il serait donc souverainement arbitraire de détacher un pareil droit de la surface pour le laisser au propriétaire, au moment même où il court le plus grand risque d'être supprimé.

Une vive controverse s'est aussi engagée sur la question de savoir à quel tribunal il appartenait de statuer sur le préjudice causé aux concessionnaires d'une mine, par l'interdiction d'exploiter sous le sol de la voie et dans un certaine étendue à droite et à gauche de l'axe du chemin de fer.

Ceux qui considèrent l'acte administratif prohibant l'exploitation, comme contenant une atteinte directe à la propriété, une véritable éviction ou même une expropriation, revendiquent la connaissance d'un pareil litige en faveur de l'autorité judiciaire et même du jury d'expropriation. Selon nous, au contraire, tout ce que nous avons dit plus haut, fait nettement ressortir le caractère qui doit être attribué à un tel acte, aussi nous souscrivons pleinement à la doctrine de l'arrêt du Conseil d'État du 11 mars 1861, qui estime qu'en pareille circonstance, le préjudice qui peut résulter de l'application de cette mesure administrative, ne constitue qu'un dommage, et que la connaissance des demandes en indemnité pour la réparation de ce dommage est réservée à l'autorité administrative par l'art. 4 de la loi du 28 pluv. an VIII.[1] Le Conseil de préfecture est donc seul compétent en pareille matière.

(1) Dal. 1861. 3. 26.

Ainsi que nous l'avons dit plus haut, le décret sur conflit du 11 mars 1861 relève, il est vrai, ce fait que l'interdiction n'était pas définitive et qu'elle était susceptible d'être modifiée. Mais nous avons montré que ces circonstances ne sont pas spéciales à la cause. et qu'une mesure administrative portant, dans les circonstances que nous étudions, interdiction d'exploiter est, de son essence même, susceptible d'être modifiée suivant les circonstances.[1]

C'est cette observation qui nous fera comprendre la véritable portée d'une décision du 5 mai 1877, rendue par le tribunal des conflits : « Considérant, dit le tribunal, que la gare dite de Châteaucreux a été établie par la Compagnie du chemin de fer en 1857, à titre provisoire, au-dessus d'une portion de l'une des mines concédées à la société houillère de Saint-Étienne et qui était alors en pleine exploitation ;

« Que, des désordres s'étant manifestés dans les bâtiments de la gare, le préfet de la Loire, par un arrêté en date du 15 mars 1858, interdit provisoirement à la société houillère, la continuation de son exploitation ; que, le 10 septembre de la même année, un second arrêté maintint l'interdiction absolue prononcée le 15 mars précédent, en étendant sa durée à huit années, pendant lesquelles une gare définitive devait être établie sur un autre emplacement ; qu'à l'expiration de ce délai, la compagnie du chemin de fer ayant abandonné son projet de construction d'une nouvelle gare et voulant conserver indéfiniment la gare de Châteaucreux, s'adressa de nouveau au préfet de la Loire, qui, par deux arrêtés des 26 juin et 28 décembre 1866, lui accorda successivement deux prorogations de six mois chacune, afin que la société houillère et la compagnie du chemin de fer, pussent s'entendre et se pourvoir « à l'effet d'obtenir des mesures définitives, dont l'initiative ne pouvait pas être prise par l'administration et de régler, par suite, définitivement leurs intérêts réciproques. »

(1) V. les observations conformes du Ministre des Travaux publics, *Mines de la Ricamarie,* arrêt du Conseil d'État du 18 juin 1860 ; Roche et Lebon, 1860, p. 485.

« Qu'à la suite de ces arrêtés, la société houillère a, le 4 janvier 1867, adressé au préfet de la Loire une demande tendant à ce que *l'interdiction fût rendue définitive ;* que sur la communication qui lui en fut officiellement donnée, la Compagnie du chemin de fer déclara, dans sa réponse du 22 février 1867, qu'elle n'avait aucune objection à présenter à la demande de la société houillère et qu'elle *adhérait à sa proposition de rendre l'interdiction définitive ;* qu'en conséquence, le préfet prépara un projet d'arrêté qui fut par lui soumis à l'approbation du ministre des travaux publics.

« Que l'arrêté préfectoral du 18 juin 1868, constate dans ses motifs, qu'il était devenu impossible de prévoir à quelle époque la gare de Châteaucreux serait ou pourrait être remplacée par une autre gare ; que par suite il était indispensable de maintenir l'interdiction d'exploiter la mine dans l'intérêt de la conservation de la gare de Châteaucreux, et que la société houillère et la compagnie du chemin de fer étaient d'accord pour demander que l'interdiction fût rendue définitive.

« Que si, par son disposif, l'arrêté du 18 juin 1868 se borne à proroger l'interdiction, jusqu'à ce qu'il en soit autrement ordonné, la situation faite à la société houillère par cet arrêté, dans les circonstances ci-dessus indiquées, n'en est pas moins équivalente à une dépossession définitive.

« Que, dès lors, il n'appartient pas au Conseil de préfecture de statuer en vertu de l'art. 4 de la loi du 28 pluviôse an VIII, sur l'action intentée par cette société contre la compagnie du chemin de fer et que c'est à tort que le préfet de la Loire a revendiqué le jugement de cette instance pour la juridiction administrative. » [1]

Cette décision du tribunal des conflits ne contredit en rien les règles que nous avons posées ci-dessus. Les circonstances de fait que nous y voyons relevées, nous montrent au contraire que nous nous

[1] *Annales des mines,* 3ᵉ livraison, 1877, p. 248.

trouvons en face une hypothèse particulière, dont les conditions toutes spéciales étaient de nature à entraîner une solution différente de celle que nous avons proposée. Du consentement des parties intéressées , l'interdiction d'exploiter avait en effet été rendue *définitive*. Si dans la règle, cette interdiction est seulement d'une durée indéterminée , il est évident que des principes différents doivent être appliqués lorsque, conventionnellement, le concessionnaire reconnait d'une part , qu'il renonce à exploiter un massif déterminé d'une partie de sa concession, que cette renonciation est définitive , et que, d'autre part, elle est souscrite pour l'utilité d'une compagnie de chemin de fer, qui estimant cette mesure indispensable à son entreprise, demande qu'elle soit prononcée à son profit.

De ces circonstances spéciales il ressort que la compagnie de chemin de fer devait indemniser, dans les termes du droit commun, le concessionnaire de la mine qui souscrivait un pareil abandon. L'acte administratif n'avait, dès lors, d'autre but que de réaliser la commune intention des parties et de donner une forme à la convention intervenue par l'accord des volontés. Rien , donc , ne s'opposait à ce que le montant de l'indemnité, qui restait seul à déterminer, ne fût réglé suivant les termes du droit commun et par la juridiction ordinaire.

CHAPITRE II.

Chemin de fer traversant une carrière.

Dans les conflits d'tnérêts qui peuvent s'élever lorsqu'un chemin de fer traverse un sol renfermant une carrière, une règle différente de celle que nous avons posée plus haut, en matière de mines, vient ici prendre une importance considérable. La carrière, en effet, même s'étendant sous un fonds, n'est pas comme la mine une propriété distincte de la surface et constituée par l'acte du gouvernement qui en attribue la concession ; elle forme au contraire avec la superficie un tout, un ensemble ; le propriétaire du sol est maître de l'exploiter, moyennant l'observation des règlements généraux et locaux.(Art. 81 et 82 des lois des 21 avril 1810 et 27 juillet 1880).

C'est de la lumière de ce principe que nous résoudrons les différentes questions qui peuvent se présenter, en parcourant de nouveau les hypothèses que nous avons examinées plus haut en matière de mines.

1° La voie ferrée est conduite, je le suppose, soit souterrainement à travers une carrière, soit à ciel ouvert, mais sur un sol renfermant une carrière. Alors s'appliquera pleinement cette règle de l'art. 552 du Code civ., la propriété du sol emporte la propriété du dessus et celle du dessous ; et lorsque l'État ou la Compagnie du chemin de fer poursuivront l'expropriation du sol de la voie, le jury devra comprendre dans l'évaluation des terrains, non seulement la valeur de la superficie, mais encore une indemnité représentative des matériaux exploitables à titre de carrière et qui s'étendent sous le sol de la voie.

Cotelle avance que l'arrêt de la Cour de cassation du 21 déc. 1858, que nous avons rapporté plus haut, était relatif à une expropriation de terrains renfermant non pas une mine, mais une carrière. [1] Dans cette hypothèse, en effet, ainsi que l'énonce la Cour suprême, il est alors certain « que l'expropriation pour cause d'utilité publique, ne peut avoir lieu que moyennant une juste et préalable indemnité ; — que cette indemnité doit nécessairement comprendre toute la valeur du sol frappé de l'expropriation ; — que la propriété du sol comportant la propriété du dessous aux aux termes de l'art. 552 du même code, l'indemnité doit comprendre non seulement la valeur de la superficie, mais encore celle des richesses minérales qu'il renferme et dont le propriétaire est dépossédé par suite de l'expropriation ; — que, suivant les art. 28, 30 et suiv. de la loi du 3 mai 1841, c'est au jury spécial institué par cette loi qu'il appartient de statuer sur l'indemnité due par suite de l'expropriation, et, par conséquent, d'apprécier la valeur entière du sol exproprié ; — que dans les faits de la cause, la dame de St-Léger et Boutry demandaient une indemnité, non pour le tort ou préjudice que l'exploitation du chemin de fer pouvait causer à une propriété contigue ou à une exploitation voisine, non comprise dans le tracé du chemin de fer, mais bien pour la valeur du sous-sol ou tréfonds, se trouvant dans le parcours de ce chemin, et dont ils étaient dépossédés ; — qu'il suit de là que le jury devait connaître de cette demande et qu'en se déclarant incompétent, celui-ci a violé les art. précités. [2] »

Une autre hypothèse peut encore se présenter, mais elle n'offre guère plus de difficulté.

[1] T. II, p. 113.
[2] Cass., 21 déc. 1858. Dal., 59, 1, 25.

Une Compagnie de chemin de fer s'est emparée d'une partie de massif de la carrière acquise par un exploitant, et elle y a creusé un tunnel. Ce tunnel est une partie du chemin de fer, ainsi la propriété de l'exploitant, où il a été établi, se trouve incorporée à la voie publique, et de cette incorporation, il résulte une dépossession définitive au préjudice du propriétaire de la carrière. L'appréciation des indemnités qui lui sont dues pour la prise de possession de sa propriété, par la Compagnie du chemin de fer, ne peut être revendiquée par l'autorité administrative, en vertu des lois du 28 pluviôse an VIII et du 16 septembre 1807, comme s'il s'agissait de dommages. Cette appréciation appartient aux autorités que la loi du 3 mai 1841, a chargées du règlement des indemnités en cas d'expropriation d'immeubles pour cause d'utilité publique.[1]

On s'est demandé si, dans les hypothèses que nous venons de parcourir, il y avait lieu de prouver que la carrière était en exploitation, au moment où la prise de possession a eu lieu. La raison de douter, c'est que dans l'hypothèse où des terrains sont occupés, ou fouillés, pour la construction des chemins ou autres ouvrages d'utilité publique, il y a lieu de vérifier si la carrière est en exploitation, pour déterminer le montant de l'indemnité due au propriétaire du sol.

L'art. 55 de la loi du 16 septembre 1807 pose, en effet, cette règle importante du droit d'occupation : « Les terrains occupés pour prendre les matériaux nécessaires aux routes et aux constructions publiques, pourront être payés aux propriétaires comme s'ils eussent été pris pour la route même. Il n'y aura lieu à faire entrer dans l'estimation la valeur des matériaux à extraire, que dans le cas où l'on s'emparerait d'une carrière déjà en exploitation ; alors, lesdits matériaux seront évalués d'après leur prix courant, abstraction faite de l'existence et des besoins de la route pour laquelle ils seraient pris, ou des constructions auxquelles on les destine. » Si donc la carrière n'est pas en exploitation, l'entrepreneur d'un travail d'utilité

---

(1) Cons. d'État, 15 avril 1857. Dal. 58, 3, 4.

publique n'a rien autre chose à payer que la valeur du terrain occupé.

C'est là une disposition bien rigoureuse, et il convient d'en restreindre strictement la portée à l'hypothèse prévue par la loi. Or, l'occupation temporaire d'un terrain renfermant une carrière, ne saurait être confondue avec la prise de possession définitive que nécessite l'exploitation d'un chemin de fer. Peu importe le point de savoir si la carrière n'a pas encore été exploitée ; nous ne nous trouvons pas dans l'hypothèse d'un entrepreneur qui extrait d'un terrain les matériaux qui lui sont nécessaires, pour la construction d'un ouvrage d'utilité publique.

Non seulement lorsque la carrière renferme des marbres, par exemple, ou autres matériaux, qui sont sans destination et sans emploi pour la construction du chemin de fer, mais même au cas où ces matériaux seraient susceptibles d'être utilisés, il n'en subsiste pas moins cette règle, que le principe posé dans l'art. 55 de la loi du 16 septembre 1807, est spécial à l'occupation temporaire, et doit, par conséquent, être écarté lorsqu'il s'agit de l'expropriation d'une carrière dont la propriété passe avec tous ses avantages entre les mains de l'expropriant, cette circonstance suffit pour repousser l application de la loi de 1807.

Mais ce n'est pas assez que le propriétaire du sol reçoive une indemnité pour la dépossession des terrains incorporés au chemin de fer. L'art. 25 du cahier des charges impose encore aux compagnies de chemin de fer, l'obligation d'établir à leurs frais les travaux à exécuter dans l'intérieur des carrières pour leur consolidation. Cet art. 25 est, en effet, ainsi conçu : « Si le chemin de fer doit s'étendre sur des terrains renfermant des carrières ou les traverser souterrainement, il ne pourra être livré à la circulation, avant que les excavations qui pourraient en compromettre la solidité, n'aient été remblayées ou consolidées. L'administration déterminera la nature et l'étendue des travaux qu'il conviendra d'entreprendre à cet effet, et qui seront d'ailleurs exécutés par les soins et aux frais de la Compagnie. »

Cette règle a une très grande importance , elle s'étend à l'exécution de tous les travaux de consolidation qui, dans l'étendue de la carrière, peuvent être rendus nécessaires, par l'établissement de la voie ferrée. Bien plus, si à l'intérieur de carrières souterraines, des travaux de remblai ou de consolidation avaient été exécutés, aussitôt après l'achèvement des travaux d'un chemin de fer, conformément aux arrêtés de l'Administration, mais que plus tard, le sol situé au-dessus de ces carrières, vienne à présenter des fissures et menace de s'effondrer, il faudrait décider que l'Administration aurait encore le droit d'exiger de la Compagnie de nouveaux travaux de consolidation, en vertu de son cahier des charges. La responsabilité des conséquences du fait de la Compagnie, ne saurait, en effet, cesser pendant toute la durée de la concession, au point de vue de la sécurité publique, qu'au moment où le chemin sera remis par elle entre les mains du gouvernement.

2° Quelle est la situation légale des carrières qui s'étendent à droite et à gauche de la voie ferrée ?

Pour résoudre cette question et les difficultés qu'elle soulève, il convient tout d'abord de formuler nettement les règles qui régissent la matière.

Sous l'ancienne monarchie, de nombreux arrêts du Conseil du Roi des 9 mars 1633, 14 octobre 1677, 14 mars 1744, 5 avril 1772, 15 septembre 1776 et 17 mars 1780, avaient réglé la situation légale des carrières ouvertes dans le voisinage des grandes routes, et fixé à 30 toises (58 mètres 47), du pied des arbres et du bord des fossés de ces routes, la distance en dedans de laquelle il était interdit d'ouvrir des excavations ou de pousser des galeries. S'il n'y avait ni arbres ni fossés , la distance a observer était alors de 32 toises de l'extrémité de la largeur des routes. La déclaration du roi du 17 mars 1780, avait réduit cette distance à 8 toises, pour les chemins autres que les grandes routes.

Les art. 81 et 82 de la loi sur les mines, ont laissé les carrières à la disposition du propriétaire du sol , mais à la charge d'observer les règlements généraux et locaux sur la matière ; lorsque l'exploitation a lieu par galeries souterraines, elle est en outre soumise à la surveillance de l'administration.

Après la loi de 1810, on s'était demandé si les arrêts du Conseil du Roi, fixant la distance à observer pour l'ouverture des carrières le long des grandes routes, avaient conservé force de loi.

La Cour de Colmar fut d'avis que la loi de 1810 ayant réglé à nouveau tout ce qui était relatif aux carrières, il en résultait pour le propriétaire un droit absolu d'ouvrir des carrières partout où il le jugeait convenable , et que par conséquent, la déclaration du 17 mars 1880 , qui imposait des restrictions à la liberté d'ouvrir des carrières, était incompatible avec les dispositions de la loi nouvelle [1].

Depuis, cependant, a prévalu cette opinion, que les arrêts du Conseil du Roi étaient restés en vigueur. C'est qu'en effet, si la loi de 1810 a laissé les propriétaires du sol, maîtres d'ouvrir les carrières que recèlent leurs fonds, elle a subordonné expressément toute exploitation à l'observation des règlements généraux et locaux, et par ces expressions, le législateur avait évidemment en vue les arrêts du Conseil du Roi dont nous avons parlé. Par de nombreuses décisions, le Conseil d'État a préféré ce système et il a considéré les infractions aux règles posées dans les arrêts du Conseil, comme constituant des contraventions de grande voirie, sur lesquelles il appartenait au Conseil de préfecture de statuer.[2]

Cependant, des règlements nouveaux ont été publiés dans un grand nombre de cas ; ils s'appliquent, en général, à toutes les carrières d'un même département. Le premier qui ait paru était le décret du 22 mars 1813, contenant : Règlement général sur l'exploitation des carrières, glaisières , sablonnières , marnières et

---

(1) Colmar, 22 nov. 1832, S. V. 33, 2, 586.

(2) Arr. du Cons. d'État , 27 octobre 1837, Chatellier, S. V. 38, 2, 139 ; id. 31 janvier 1845, Rome ; id. 17 janvier 1840, Martin.

crayères dans les départements de la Seine et de Seine-et-Oise. A l'époque où fut discutée la loi du 27 juillet 1880, ainsi que nous l'avons vu plus haut, des règlements locaux existaient déjà dans 55 départements. Chacun de ces règlements est applicable au département en vue duquel il a été édicté ; ils ont, en général, pris la forme d'ordonnances, de décrets et même, quelquefois, d'arrêtés ministériels et réduisent à 10 mètres la distance à laquelle il est interdit de poursuivre l'exploitation d'une carrière le long des grandes routes. Dans les départements pour lesquels ont été publiés ces règlements spéciaux, c'est cette dernière distance que les exploitants de carrières doivent observer.[1]

La loi du 15 juillet 1845, sur la police des chemins de fer, a déclaré « applicables aux propriétés riveraines des chemins de fer, les servitudes imposées par les lois et règlements, et qui concernent...... le mode d'exploitation des..... carrières, dans la zone déterminée à cet effet. » Les dispositions et règlements dont nous venons de parler et qui concernent l'exploitation des carrières le long des grandes routes, s'appliquent donc aux chemins de fer. La distance à observer pour les extractions est ainsi de 30 toises pour les départements où les anciens arrêts du Conseil sont restés en vigueur, et de 10 mètres seulement, pour les départements où des règlements spéciaux ont été publiés.

Les dispositions qui depuis la loi du 27 juillet 1880 ont remplacé les art. 81 et 82 dé la loi de 1810, portent au point de vue spécial qui nous occupe, que les règlements généraux seront remplacés dans les départements où ils sont encore en vigueur, par des règlements locaux rendus sous forme de décrets en Conseil d'État.

De ce qui précède il résulte, que les propriétés riveraines d'un chemin de fer, sont grevées d'une servitude d'utilité publique qui présente des caractères différents, suivant qu'il s'agit de mines ou de carrières.

Aucun espace, en effet, n'a été fixé, en dedans lequel il était

[1] Cons. d'État, 29 juin 1850, Baudran.

défendu d'exploiter les mines situées dans le voisinage d'une voie ferrée ; l'administration , en vertu des droits de surveillance qui lui sont accordés, détermine dans chaque hypothèse, les mesures qui lui paraissent nécessaires, pour assurer la sécurité publique.

Au contraire, lorsqu'il s'agit de carrières, des zones de protection, dont l'étendue varie, il est vrai, suivant qu'il existe ou non un règlement spécial dans le département, mais qui seront bientôt déterminées d'une manière uniforme, et qui, en tous les cas, présentent une étendue rigoureusement fixée , écartent des chemins de fer les travaux de ces exploitations.

En Belgique, la situation qui nous occupe, a été réglée par la loi sur la police des chemins de fer du 15 avril 1843, ainsi conçue :

« Art. 2. — Il est défendu d'ouvrir, sans autorisation du gouvernement, des sablières ou des carrières et minières à ciel ouvert, le long des chemins de fer dans la distance de 20 mètres.

« Art. 4. — Toute contravention aux art. 1, 2 et 3 ou aux arrêtés d'autorisation rendus en vertu des art. 1 et 2, sera punie d'une amende de 16 à 200 fr. Les contrevenants seront en outre condamnés, sur la réquisition du ministère public, à supprimer, dans un délai à déterminer par le jugement, les plantations, bâtisses ou autres constructions, et amas ou dépôts de pierres, les excavations, toitures ou dépôts illicitement établis.

« Passé ce délai, le jugement sera exécuté par l'administration, aux frais du contrevenant : ce dernier sera contraint au remboursement de la dépense, comme en matière de contribution publique, sur simple état dressé par le fonctionnaire qui aura pris les mesures d'exécution.

« Art. 5. — Le gouvernement pourra, lorsque la sûreté des convois ou la conservation du chemin de fer paraîtra l'exiger, faire supprimer, moyennant une indemnité préalable à fixer de gré à gré ou par justice, les plantations, bâtisses, constructions, excavations, ou dépôts, qui existent actuellement dans les zones déterminées par les art. 1, 2 et 3. »

Ces dispositions ont le même caractère que celles de la loi française du 15 juillet 1845 ; elles affirment nettement qu'une servitude d'utilité publique frappe les propriétés riveraines d'un chemin de fer et que, dans une zone déterminée, les exploitations de carrières se trouvent interdites, à cause des dangers qu'elles présentent pour la sécurité publique.

Or, c'est un principe indéniable de notre droit, que les servitudes d'utilité publique s'établissent sans indemnité. Elles diminuent, il est vrai, la valeur des immeubles qui s'y trouvent soumis, elles en gênent ou en entravent l'usage que le propriétaire voudrait en faire, mais en droit rigoureux elles ne lui enlèventpas le pouvoir de disposer de son fonds. Il a donc été admis que ces servitudes, dont le nombre est considérable, ne donnaient pas lieu à une indemnité.[1]

Nous avons vu plus haut que de l'étude des travaux préparatoires de la loi de 1845 ressortait ce principe, que les servitudes établies sur les terrains situés dans le voisinage des chemins de fer rentraient tout particulièrement dans cette catégorie.

Si nous appliquons ces principes à l'exploitation des carrières, nous aboutissons à cette conclusion indéniable, qu'il y a lieu de repousser la demande en indemnité formée par le reverain d'un chemin de fer, qui se plaint de ne pouvoir exploiter une carrière dans la zone déterminée en France par les arrêts du Conseil du 5 avril 1772, du 17 mars 1780, ou par les règlements spéciaux dans les départements où il en existe, et en Belgique par l'art. 2 de la loi du 15 avril 1843.[2]

La question qui nous occupe a été nettement résolue en Belgique par l'arrêt de la Cour de Cassation du 4 janvier 1864, rendu sur les conclusions conformes de M. Ch. Faider, premier avocat général.

La Cour a nettement posé les deux règles suivantes : L'art. 2 de

---

[1] V. Jousselin : *Des servitudes d'utilité publique*, t. I, p. 63. — Cons. d'État, 27 Juillet 1856, Trezel ; — id. 5 février 1857, de Bléville.

[2] Cons. d'État, 26 février 1864, Grangier.

la loi du 15 avril 1843 , qui défend d'ouvrir des carrières dans la distance de 20 mètres de la limite extérieure des chemins de fer, s'applique aussi bien aux carrières dont l'exploitation avait commencé avant l'établissement de la voie ferrée, qu'aux carrières qui seraient ouvertes depuis la mise en vigueur de cette loi. De plus, les carrières en exploitation ne constituent pas des propriétés distinctes du fonds, le propriétaire du sol a seul le droit de les exploiter ou de les faire exploiter et les restrictions apportées à leur exploitation ne constituent que des servitudes légales auxquelles ne s'appliquent point les lois sur l'expropriation pour cause d'utilité publique.

La disposition contenue dans l'art. 2 de la loi du 15 avril 1843, dit la Cour de cassation, « a pour but de donner au gouvernement le moyen d'assurer la conservation du chemin de fer et la sécurité des convois , elle est générale et s'applique à toutes les tranchées à pratiquer dans la zone déterminée , sans distinguer entre les carrières nouvelles et celles dont l'exploitation avait commencé avant l'existence du chemin de fer ; l'art. 5 de la même loi qui n'accorde droit à l'indemnité que dans le seul cas de la suppression d'une excavation déjà existente, démontre clairement que toutes les excavations à pratiquer à l'avenir tombent sous la défense de l'art. 2.

« Les carrières en exploitation ne constituent point des propriétés distinctes de la superficie ; il résulte au contraire des art. 552 du C. Civ. et de l'art. 81 de la loi du 21 avril 1810, que la propriété des carrières se confond avec la propriété du sol qui les renferme et que le propriétaire du sol a seul le droit de les exploiter ; que les restrictions apportées à leur exploitation n'emportent point d'expropriation, mais constituent des servitudes légales établies dans un intérêt d'ordre public.

« Si le texte de la loi de 1843 présentait le moindre doute, ce doute serait dissipé par les discussions parlementaires.

« En effet, le § 1 de l'art. 2, qui ne se trouvait pas dans le projet primitif, a été proposé à la Chambre des représentants par le rapporteur de la section centrale, afin d'empêcher, comme il l'a déclaré en propres termes, que des personnes qui avaient déjà obtenu l'autorisation d'exploiter des carrières ou minières à ciel ouvert, pussent continuer à faire des excavations jusque très-près du chemin de fer, et que la disposition a été adoptée sans qu'aucun membre de la Chambre ait cherché à en restreindre la portée ; qu'au Sénat la même disposition a été l'objet d'une longue discussion et que tous les orateurs qui ont pris la parole, et notamment les organes du gouvernement, ont reconnu qu'elle s'appliquait à toutes les excavations à pratiquer à l'avenir à moins de 20 mètres du chemin de fer, mais que ceux qui appuyaient la mesure ont soutenu qu'elle ne renfermait qu'une modification à l'usage de la propriété, de la catégorie de celles que prévoient les art. 544 et 552 du Code Civ., tandis que ceux qui la critiquaient et dont l'opinion n'a point été adoptée par le Sénat, ont prétendu que le sacrifice qu'elle imposait aux exploitants de carrières était trop considérable pour pouvoir être exigé sans indemnité.[1] »

L'établissement d'une pareille servitude d'utilité publique est assurément bien rigoureux pour le propriétaire. aussi devra-t-on lui donner les limites précises que la loi elle-même a fixées.

Les concessionnaires du chemin de fer ne doivent, il est vrai, aucune indemnité pour l'établissement de la servitude, mais ils n'en sont pas moins tenus de laisser absolument intact le massif de la carrière où l'exploitation est interdite, de n'y faire aucun dépôt de matières encombrantes et , enfin, de n'y pratiquer eux-mêmes aucune extraction. Peu importe que l'exploitation ne puisse avoir lieu pour le moment, un jour viendra peut-être où cette exploitation pourra être de nouveau continuée ; en tous les cas, la servitude imposée aux propriétés riveraines du chemin de fer est assez rigoureuse par elle-même , pour que rien de ce qui pourrait en aggraver les conséquences, ne puisse être entrepris par le concessionnaire de la voie ferrée.

Dans une espèce soumise au Conseil d'État le 2 avril 1857, il

(1) Pas. 1864, p. 76.

était établi que des déblais provenant d'un souterrain creusé pour l'établissement d'un chemin de fer, avaient été versés sur un terrain appartenant à un Sr de Poix et contenant des carrières en exploitation.

Le Conseil d'État fut d'avis que l'indemnité à accorder au Sr de Poix, pour entraves apportées à l'exploitation de ses carrières, ne devait lui être allouée, que pour ce qui concernait la partie de ses terrains située en dehors des limites dans lesquelles l'exploitation était interdite, mais qu'en ce qui était relatif aux terrains compris dans la zone de servitude, l'indemnité ne devait représenter que la dépréciation subie par le sol considéré comme terrain de culture.

Le Sr de Poix réclamait en outre une indemnité pour les extractions de matériaux qui avaient eu lieu dans ses carrières, et sur ce point le Conseil d'État lui donna gain de cause, en renvoyant les parties devant le Conseil de Préfecture de l'Indre, chargé de déterminer le montant des indemnités dues de ces deux chefs; après que que les experts auraient déterminé la consistance et la valeur des matériaux extraits.[1]

Le Conseil d'État me semble avoir décidé d'une façon arbitraire que la compagnie du chemin de fer n'était tenue à indemniser le Sr de Poix, pour le dépôt de ses déblais dans la zone de servitude, qu'avec cette restriction que les terrains qui y étaient compris seraient considérés seulement comme terrains de culture.

C'est, nous l'avons montré, aggraver singulièrement la situation du propriétaire grevé de servitude ; le Conseil d'État l'avait compris en accordant à ce propriétaire une indemnité équivalente à la valeur intégrale des matériaux extraits de ses carrières ; parce qu'en effet, sauf la défense faite au propriétaire d'exploiter dans la zone de servitude, la situation réelle, telle qu'elle résulte des circonstances de fait, conserve tout son empire, l'indemnité à déterminer devait par conséquent représenter tout le dommage causé par les dépôts de matériaux sur des terrains en nature de carrière.

<hr>

[1] 2 avril 1857, Dal. 58, 3, 5.

La prohibition d'exploiter la carrière dans une certaine éteudue de terrain à droite et à gauche de la voie, donne-t-elle ouverture au drait de réclamer de ce chef une indemnité spéciale devant le jury d'expropriation ?

Des décisions nombreuses ont proclamé ce principe qu'il fallait faire entrer en ligne de compte, dans l'indemnité due pour emprise faite dans une carrière longeant un chemin de fer, la portion de cette carrière dont le propriétaire est privé, par suite de la prohibition dont il est tenu de ne faire aucune extraction à une certaine distance de la voie ferrée.[1]

Un pareil système aboutirait à une antinomie choqante. Nous avons montré, en effet, que les servitudes d'utilité publique s'établissent sans indemnité au profit de ceux qui sont obligés de les souffrir. Si le terrain contenant une carrière était simplement limitrophe de la voie ferrée, il est bien évident qu'il n'y aurait lieu alors à aucune indemnité ; comment soutenir que le propriétaire dont une partie de la carrière est incorporée à la voie publique, recevra lui, en outre de l'indemnité à laquelle il a droit de ce chef, une autre indemnité pour la préjudice qu'il souffre de l'établissement de la servitude légale.[2]

Lorsque, devant le jury d'expropriation, la compagnie du chemin de fer a offert de laisser exploiter la carrière et que cette offre a été acceptée par le propriétaire ; si, plus tard, l'exploitation vient à être interdite comme présentant des dangers réels pour la circulation, le propriétaire de la carrière est-il en droit de réclamer une indemnité pour privation de jouissance des matériaux compris dans la carrière, dont l'exploitation lui est interdite ?

(1) Cour de Bruxelles, 9 août 1849, Pas., 1852, p. 13 ; Id., 2 août 1851, Pas., 1852, p. 11 ; Id., 25 juillet 1857, Pas., 1857, p. 300c

(2) V : Cass. B., 27 juin 1845, Pas., 1845, 292 ; Id., 23 juillet 1846, Pas., 1847, 154 ; Id., 23 octobre 1846, Pas., 1848, 442 ; — Cour de Bruxelles, 2 mars 1850, Belg. jud., t. VIII, p. 438 ; Id., 24 janvier 1852, Pas., 1854, 21 ; — Cour de Liége, 7 décembre 1854, Pas., 1855, 283 ; Id., 27 avril 1854, Pas., 1856, 246 ; — Cour de Gand, 30 novembre 1855 ; Id., 25 janvier 1856, Pas., 1856, p. 76.

La Cour de Grenoble a eu a apprécier la valeur d'un contrat judiciaire de cette nature ; le jury d'expropriation ayant donné acte, d'une part, de l'offre qui était faite de laisser exploiter la carrière en partie incorporée au domaine, et de l'autre, de l'acceptation de cet offre.

La Cour a pensé « que l'offre faite par la compagnie du chemin de fer, devant le jury d'expropriation, et acceptée par de Fabry, de consentir à ce que ce dernier continuât à exploiter sa carrière, a mis obstacle à ce que le jury prononçât sur l'indemnité réclamée par de Fabry pour dépréciation de la valeur de sa carrière, l'indemnité restreinte, qui, par suite de cette offre, a été demandée par de Fabry et accordée par le jury, ne concernant que la valeur de la portion de terrain dont de Fabry a été exproprié ; que la compagnie s'est ainsi engagée à garantir à de Fabry l'exploitation de sa carrière où à l'indemniser dans le cas où cette exploitation viendrait à cesser ; que cette convention, parfaitement licite, doit être exécutée de bonne foi ; que son interprétation appartient aux juges civils. »[1]

Il y avait ici, en faveur de la compétence judiciaire, cette raison péremptoire, que la demande en dommages et intérêts était une suite du contrat judiciaire, résultant de l'offre antérieurement faite par la Compagnie et acceptée par le propriétaire.

En ce qui concerne le litige lui-même, l'engagement pris par la Compagnie de garantir de Fabry contre les éventualités d'une exploitation précaire, avait eu certainement pour but de réduire devant le jury la demande en indemnité du propriétaire, pour la dépréciation du surplus de son héritage, non incorporé à la voie publique, et dans lequel l'exploitation de sa carrière devenait plus difficile. L'engagement formel pris par la Compagnie l'obligeait à conduire son exploitation de telle manière que de Fabry n'éprouvât aucun dommage ou empêchement d'exploiter par suite du voisinage de la voie ferrée, sa responsabilité se trouvait donc gravement engagée si,

_____

[1] Cour de Grenoble, 7 février 1864. Dall., 1864, 2, 87.

par le fait de ses travaux, l'interdiction d'exploiter venait à être prononcée.

On a quelquefois confondu l'établissement de la servitude d'utilité publique dont nous parlons, avec la faculté que l'art. 10 de la loi du 15 juillet 1845 donne à l'administration, lorsque la sûreté ou la conservation du chemin de fer l'exige, de faire supprimer, moyennant une juste indemnité, les excavations existantes dans les zones prohibées par la loi et les règlements.

Or, il ne s'agit pas dans cet article des travaux d'exploitation proprement dits, qui ont du cesser dans la zone prohibée, mais bien des ouvrages subsistant après que les travaux ont été suspendus et dont la suppression est devenue indispensable pour la sécurité de la voie publique.

Dans l'espèce que nous renons de rapporter et qui avait été soumise au tribunal de Valence, le 6 juin 1860, le tribunal accordait à cet article une portée qu'il n'a pas en réalité. « Il résulte, disait-il, en effet, de la combinaison des art. 3, 5 et 10 de la loi du 15 juillet 1845, que deux principes bien distincts sont posés par cette loi : l'un concernant les propriétés comprises dans les zones de servitudes, qui sont soumises à la prohibition d'exploiter par le fait de l'établissement de constructions ou ouvrages déterminés nouveaux, et ce sans indemnité ; l'autre concernant le droit de supprimer ces mêmes établissements déjà existants, mais avec indemnité ; — Que la carrière de de Fabry, en voie d'exploitation avant la création de la voie ferrée, se trouve dans cette dernière catégorie ». Le tribunal interprétait sans doute d'une façon erronée les conventions qui lui étaient soumises, mais il formulait nettement les principes suivant lesquels s'établissent les servitudes d'utilité publique.

La Cour de cassation s'est prononcée d'une façon implicite contre le système que nous soutenons.

Sur un terrain non compris dans l'expropriation, il existait une carrière qui ne pouvait plus être exploitée comme se trouvant à une distance trop rapprochée du chemin de fer ; cependant la question d'interdiction de la carrière n'étant pas soulevée ; la Cour suprême a pensé que le jury n'avait pas à s'en occuper par anticipation , le dommage n'étant pas actuel.[1] Décider que le jury n'est pas compétent pour évaluer un dommage qui n'est pas actuel et certain, c'est dire, par à contrario, que l'appréciation de ce dommage est du ressort, lorsqu'il se produit, de l'autorité administrative , et que le préjudice qui peut en résulter nécessite une réparation.

Lorsqu'une carrière, dit encore la Cour de Bruxelles, est établie sur un terrain acquis en partie pour la construction d'un chemin de fer, l'exploitant qui se trouve forcé, sur la partie restante, d'arrêter ses travaux à une certaine distance de la voie ferrée, est fondé à réclamer une indemnité ; il importe peu que cette mesure soit prise à titre de surveillance de police sur l'exploitation des carrières, conformément à l'art. 81 de la loi du 21 avril 1810. [2]

Un arrêt dans le même sens a encore été rendu par le conseil d'État le 24 février 1870.

Ces décisions sont évidemment contraires au principe consacré par la jurisprudeuce du conseil d'État lui-même et d'après lequel les servitudes d'utilité publique , qui résultent des lois et des règlements, s'établissent sans indemnité.

On a enfin proposé le système suivant : Une indemnité serait due, si la carrière était ouverte avant l'établissement du chemin de fer, si de plus, l'exploitation avait déjà porté sur la zone de servitude.[3]

Cependant cette condition que le propriétaire use ou n'use pas de son droit de propriété, au moment précis ou une expropriation est poursuivie pour une partie de son fonds, ne saurait avoir une influence quelconque sur la détermination de l'indemnité qui lui sera allouée. Est-ce qu'une pareille circonstance de fait peut avoir une influence sur le fond du droit ? Le propriétaire n'est-il pas libre de

(1) **Cour de Cass., 6 fév. 1854. Préfet de la Mayenne, c. Berset de Vaufleury.**

(2) **Bruxelles, 23 juillet 1857, Pasic. 1857, p. 300.**

(3) **Aucoc., t. III, 1401.**

laisser en réserve une partie de sa carrière, comme de tout fonds quelconque, pour une exploitation postérieure et cette condition peut-elle changer et modifier la nature de son droit?

On le voit, le principe de l'établissement des servitudes d'utilité publique sans indemnité est certainement rigoureux, mais il est impossible d'en atténuer les effets par des distinctions purement arbitraires. Au jury seul il appartiendra d'attribuer au propriétaire de la carrière, une indemnité équivalente de la valeur des matériaux situés sous la voie elle-même et dont le sol est incorporé au domaine public, en même temps qu'une autre indemnité représentative du préjudice et de la dépréciation qui atteint le surplus de la propriété par suite de cette privation de jouissance et du morcellement de l'héritage.

Enfin, c'est au Conseil de Préfecture qu'il appartient de statuer sur les contraventions à des règles établies en vue de la conservation des routes; en conséquence le fait d'ouvrir une carrière, à moins de 30 toises d'une route ordinaire ou de 10 mètres, suivant les départements, n'est pas une simple infraction de police, mais une contravention de grande voirie punissable administrativement, conformément à la loi du 29 floréal an X.[1]

En Belgique, les mesures relatives à la conservation des chemins de fer et à la sûreté de leur exploitation, prescrites par la loi du 15 avril 1843, étant du domaine de la grande voirie, il s'en suit que les contraventions à ces mesures tombent sous l'application du n° 3 de l'art. Ier de la loi du 1 mai 1849, et sont justiciables des tribunaux de simple police.[2]

---

[1] Cons. d'État, 27 oct. 1837.
[2] Cass. B., 2 juin 1862, Pas., 1864, p. 75.

CHAPITRE III.

Chemins de fer créés en vertu d'une déclaration d'utilité publique.

Si quelques exploitations de mines se trouvent dans cette situation privilégiée, d'avoir près de leurs travaux même une voie ferrée importante , qui leur enlève les produits de leur exploitation et les transporte jusqu'aux pays de consommation ; de pareils avantages sont cependant tout à fait exceptionnels et le plus souvent, les centres d'activité d'une mine doivent se relier entre eux par des chemins de fer d'embranchement, qui vont ensuite se raccorder à une des grandes voies ferrées qui sillonnent le territoire. La concurrence devant s'établir entre les exploitants, au plus grand profit de tous, il n'existera guère d'entreprise un peu importante qui, pour l'expédition prompte et économique de ses produits, ne cherchera à jouir de ces avantages, en établissant un ou plusieurs embranchements qui lui permettent le transport par les voies ferrées des produits de la mine ; et nous abordons ici le point capital de cette étude : la législation et le mode d'établissement des chemins de fer d'embranchement établis par les concessionnaires de mines pour le service de leur exploitation.

A cet égard, nous étudierons les situations suivantes que la pratique nous montre comme les plus fréquentes :

1° Les chemins de fer créés en vertu d'une déclaration d'utilité publique.

2° Les voies de raccordement établies en conformité de l'art. 61 du cahier des charges des grandes compagnies de chemins de fer.

3° Les embranchements pour l'établissement desquels les concessionnaires ont usé du droit d'occupation prévu et réglé par les articles 43 et 44 de la loi du 21 avril 1810 sur les mines.

4° Enfin, les chemins de fer créés en vertu du nouvel art. 44, modifié par la loi du 27 juillet 1880 portant révision de la loi du 21 avril 1810.

Chose digne de remarque, c'est dans l'histoire de l'industrie minérale que nous trouvons la première idée et la première trace des chemins à ornières de fer.

C'est en effet, pour l'exploitation des houillères de Newcastle-sur-Tyne en Angleterre, que vers le milieu du dix-septième siècle furent créés les premiers chemins à rails établis en Europe.[1]

En France, les essais de voies ferrées eurent lieu tout d'abord dans le bassin de la Loire et ces premiers chemins, d'un faible parcours, étaient destinés à relier certains centres de production houillère ou métallurgique avec des voies navigables.

La déclaration d'utilité publique précédant la concession avait lieu sous la forme d'une ordonnance royale délibérée en Conseil d'État.

Les concessions étaient perpétuelles; elles étaient accordées comme l'avaient été jusque là celles des canaux, au moyen d'adjudications faites au rabais sur le maximum des prix de transport d'après des tarifs provisoires.

Ainsi furent concédés en 1823 le chemin de fer de Saint-Etienne à la Loire, en 1826 celui de Saint-Étienne à Lyon, en 1828 celui

---

(9) Wood. *Traité pratique des chemins de fer*, p. 5.

d'Andrezieux à Roanne et en 1830 celui d'Épinac au canal de Bourgogne.

Ces premiers essais étaient uniquement dus à l'initiative de l'industrie privée, et les travaux en étaient entrepris sans aucun secours du gouvernement.

Au mois de juillet 1832, la traction par locomotives est substituée à la traction par chevaux sur le chemin de fer de Saint-Étienne à Lyon, et le transport des voyageurs, qui n'avait pas été prévu dans le cahier des charges, est ajouté au transport des marchandises.

En 1833 a lieu la concession de la ligne d'Alais à Beaucaire, mais ici l'ordonnance royale est ratifiée par une loi, en vertu des principes posés par l'article 10 de la loi de finances du 21 avril 1832.

Dès lors, l'autorité compétente pour decréter l'établissement d'un chemin de fer d'intérêt général est, dans la règle, le législateur lui-même. Le principe formulé en ce sens dans la loi du 21 avril 1832, est maintenu dans les lois des 7 juin 1833 et 3 mai 1841, il n'y est dérogé que pour les chemins de fer de moins de 20 kilomètres de longueur.

Laissant de côté tout ce qui est relatif à l'établissement des grandes lignes de chemins de fer, nous suivrons seulement le développement des chemins d'embranchement destinés au service des mines, et nous rechercherons les règles successives qui ont présidé à leur établissement.

A l'origine, les chemins de fer que nous étudions, obtiennent pour leur établissement une déclaration d'utilité publique dans les termes du droit commun, et cette mesure, il faut la reconnaître, est pleinement justifiée; il ne sont pas établis, en effet, dans l'intérêt exclusif d'une exploitation de mines, mais les cahiers des charges leur imposent un service de voyageurs et l'obligation de transporter les marchandises qui leur sont confiées.

C'est sous cette forme qu'une ordonnance royale du 24 octobre 1835 autorise, par déclaration d'utilité publique, la compagnie des mines d'Anzin à établir deux lignes de chemins de fer, la première de Saint-Waast-la-Haut à Denain, la seconde d'Abscon à Denain.

Dans les mêmes termes, une ordonnance du 12 mai 1836 autorise l'exécution d'un chemin de fer d'Alais aux mines de houille de la Grand-Combe (Gard), conformément aux clauses et conditions du cahier des charges du 30 avril 1836.

Enfin, par deux lois du 25 juillet 1838, la société concessionnaire des mines de Fins et Noyant est autorisée à établir un chemin de fer de ses mines à la rivière d'Allier, aux clauses et conditions du cahier des charges, arrêté le 5 mai 1838 par le Ministre des Travaux publics et le concessionnaire des mines du Montet-aux-Mines est aussi autorisé à établir un chemin de fer reliant ses exploitations à la rivière d'Allier.

La loi du 3 mai 1841 sur l'expropriation, fixe en ces termes, dans son art. 3, les principes et les règles de la déclaration d'utilité publique :

« Tous grands travaux publics, routes royales, canaux, chemins de fer, canalisation de rivières, bassins et docks, entrepris par l'État, les départements, les communes, ou par des compagnies particulières, avec ou sans péage, avec ou sans subside du trésor, avec ou sans aliénation du domaine public, ne pourront être exécutés qu'en vertu d'une loi qui ne sera rendue qu'après une enquête administrative.

« Une ordonnance royale suffira pour autoriser l'exécution des routes départementales, celle des canaux et chemins de fer d'embranchement de moins de vingt mille mètres de longueur, des ponts et de tous autres travaux de moindre importance. Cette ordonnance devra également être précédée d'une enquête. Ces enquêtes auront lieu dans les formes déterminées par un règlement d'administration publique. »

De 1841 à 1852, un certain nombre des chemins de fer industriels sont concédés aux sociétés de mines et appelés à bénéficier de la loi du 3 mai 1841, pour l'expropriation des terrains nécessaires à leur établissement. Nous relevons notamment les concessions suivantes :

L'ordonnance du 31 janvier 1841, qui autorise la compagnie des mines d'Anzin à prolonger jusqu'à Anzin le chemin de fer de Saint-Waast-la-Haut à Denain.

L'ordonnance du 8 octobre 1841, qui autorise la compagnie des mines de houille de Decize (Nièvre), à établir un chemin de fer desdites mines au canal du Nivernais, aux clauses et conditions du cahier des charges, arrêté le 17 août 1841 par le Ministre des Travaux publics.

L'ordonnance du 2 avril 1843, qui autorise la Compagnie des Mines de Mont-Rambert et du Quartier-Gaillard à établir un chemin de fer entre lesdites mines et le chemin de fer de Saint-Etienne à la Loire.

L'ordonnance du 16 février 1844, qui autorise l'établissement d'un chemin de fer reliant les Mines de houille de Commentry au canal du Berry, près de Montluçon.

L'ordonnance du 4 juillet 1844, qui autorise la Compagnie des Mines de Mont-Rambert et du Quartier-Gaillard à mettre en communication, avec le chemin de fer de Saint-Etienne à Lyon, le chemin précédemment autorisé entre lesdites Mines et le chemin de Saint-Etienne à la Loire.

L'ordonnance des 8 octobre et 17 décembre 1846, autorisant la Compagnie des Mines d'Anzin à prolonger jusqu'à Somain le chemin de fer d'Abscon à Denain, concédé par ordonnance du 25 octobre 1835.

Le décret des 18 février et 9 avril 1850, qui autorise la Société des Mines d'Aniches à établir un chemin de fer reliant les dites mines au Chemin de fer du Nord, près la station de Somain, aux clauses et conditions du cahier des charges arrêté le 1er février 1850 par le Ministre des travaux publics.

La plupart des concessions que nous venons de citer, emportaient encore l'obligation d'effectuer, sur les lignes ainsi créées, le transport des voyageurs et des marchandises de toute nature. Cependant, quelques actes de concession imposaient seulement la nécessité d'un service public de marchandises. En fait cependant, ces obligations n'ont été remplies que bien rarement ; ces lignes, en effet, comme l'embranchement de la Compagnie d'Aniches à Somain, par exemple, ne desservant aucune localité, l'Administration n'avait pas d'intérêt à exiger que la voie de communication fût ouverte au public et que la Compagnie organisât un service de voyageurs ou de marchandises. Dans un grand nombre de cas, les lignes ainsi concédées, en vertu d'une déclaration d'utilité publique, sont donc restées uniquement affectées au service de l'exploitation de la mine.

Le Sénatus-Consulte du 25 décembre 1852 substitua dans tous les cas le pouvoir exécutif au pouvoir législatif, pour tout ce qui concernait le droit d'autoriser l'établissement des travaux d'utilité publique. Un décret impérial rendu en Conseil d'État suffisait donc toujours pour déclarer l'utilité publique et autoriser les travaux de chemins de fer. Une loi était seulement nécessaire, lorsqu'il s'agissait d'allouer aux entrepreneurs un crédit sur les fonds du Trésor.

C'est en vertu de l'article 4 du Sénatus-Consulte de 1852 que furent accordées de nombreuses autorisations parmi, lesquelles nous relevons les concessions suivantes :

Le décret impérial des 27 juillet et 10 septembre 1853, qui autorise l'établissement d'un chemin de fer d'embranchement, entre le groupe des houillères de Sorbier et les chemins de fer de Lyon à Saint-Etienne et de Saint-Etienne à la Loire.

Le décret des 4 mars et 27 avril 1854, accordant aux sieurs de Solages père et fils, propriétaires des Mines de houille de Carmaux, la concession d'un chemin de fer de Carmaux à Albi. Le cahier des charges stipule encore ici l'ouverture de la ligne au public avec transport de voyageurs et de marchandises.

Le 24 novembre 1854, dans l'acte de concession d'un chemin de fer d'embranchement destiné à relier les Mines de Montieux (Loire) au chemin de fer du Grand-Central, nous voyons pour la première fois apparaître une stipulation de la plus haute importance.

L'art. 33 du cahier des charges de cette concession porte en effet cette clause : « Dans les cas où il serait reconnu que le chemin de fer peut servir à des transports pour le compte du public, les concessionnaires seront tenus, sur la réquisition de l'Administration supérieure, d'effectuer ces transports d'après un tarif qui sera établi, après enquête, par un règlement d'administration publique. »

Cette clause a été reproduite depuis dans les actes de concession des chemins de fer d'embranchement, lorsque ceux-ci avaient uniquement pour but de desservir une exploitation minière et de la raccorder à une voie principale.

Nous la trouvons libellée en ces termes dans les actes de concession des chemins d'embranchement des Mines de Béthune (28 décembre 1859); d'Auchy-aux-Bois (25 avril 1860); de Vendin et de Marles (28 avril 1860); de Fléchinelle (8 février 1862); de Vicoigne et Nœux (18 juin 1862); etc, etc : « Le gouvernement se réserve la faculté d'exiger ultérieurement et dès que la nécessité en sera reconnue, après enquête, l'établissement, soit d'un service public de marchandises, soit d'un service de voyageurs et marchandises. »

L'éventualité ainsi prévue ne s'est guère réalisée jusqu'à ce jour, et l'application de cette règle n'a eu lieu que dans des proportions presque insignifiantes. Cependant, cette stipulation a permis au Gouvernement de concéder des chemins de fer d'embranchement aux sociétés de Mines, en vertu de déclarations d'utilité publique, et de leur accorder le bénéfice des lois sur l'expropriation. Cette clause spéciale imprime aux embranchements des mines un caractère tout particulier, puisque, dans la régle, la déclaration d'utilité publique n'a jamais lieu que pour un chemin de fer destiné à un service public et au transport des personnes et des marchandises de toute nature.

Il résulte du texte même de la clause que nous analysons, que la nécessité d'ouvrir la voie à un service de voyageurs et de marchandises, ne pouvant être reconnue qu'*après enquête,* le gouvernement n'exigera l'établissement du service public que dans le cas où une utilité sérieuse réclamerait cette mesure.

Lorsque la prévision dont nous parlons vient à se réaliser, le chemin d'embranchement est alors soumis aux règles des chemins de fer ordinaires, pour tout ce qui concerne le service et la sécurité de l'exploitation.

Les cahiers des charges des chemins de fer dont nous nous occupons, stipulent d'ordinaire des règles analogues à celles des grandes lignes ; nous y relevons cependant : la faculté de ne construire le chemin d'embranchement que pour une seule voie ; le maximum de déclivité des pentes et des rampes y est porté à 0,012 ; la clause réservant moitié des emplois pour les militaires et marins est supprimée ; la contribution annuelle de l'embranchement pour les frais de la surveillance exercée par l'État, n'est que de 50 fr. par kilomètre au lieu de 120 fr. ; enfin, certaines clauses y sont seulement stipulées pour le cas ou un service public serait organisé sur la ligne.

Il est bien entendu que de pareils chemins sont autorisés, même en dehors du périmètre de la concession, mais moyennant l'accomplissement de toutes les formalités prévues par la loi du 3 mai 1841 sur l'expropriation pour cause d'utilité publique.

La clause dont nous parlons se retrouve dans un nombre considérable d'actes de concession, qu'il serait superflu d'énumérer. Ainsi que nous l'avons dit plus haut, elle sert de base à la déclaration d'utilité publique qui, sans elle, ne pouvait, avant la loi du 27 juillet 1880, être prononcée en faveur d'un chemin d'embranchement destiné uniquement au service d'une entreprise purement privée.

Citons seulement à titre d'exemple des chemins que nous étudions, le décret des 25 avril et 1er juin 1860, portant concession d'un embranchement à la Société d'Auchy-aux-Bois :

« Napoléon, etc ; — Sur le rapport de notre Ministre, secrétaire d'État au département de l'agriculture, du commerce et des travaux publics ; — Vu notre décret du 26 juin 1857 , portant concession à la Compagnie du Nord, d'un chemin de fer dit des houillères du Pas-de-Calais ; — Vu la demande et l'avant-projet présenté par la Société des mines d'Auchy-aux-bois pour l'établissement d'un embranchement de chemin de fer destiné à relier lesdites mines au chemin de fer des houillères du Pas-de-Calais ; — Vu le dossier de l'enquête ouverte sur cet avant-projet, conformément à l'art. 3 de la loi du 3 mai 1841 et spécialement les procès-verbaux de la Commission d'enquête en date du 8 oct. et 8 nov. 1859 ; — Vu les avis des ingénieurs des ponts et chaussées et des mines, en date des 17 nov. 12 et 25 déc. 1859 ; — Vu l'adhésion donnée le 7 novembre 1859 à l'exécution des travaux par le colonel directeur des fortifications, conformément à l'art. 18 du décret du 16 août 1853 ; — Vu l'avis en forme d'arrêté de notre Préfet du Pas-de-Calais en date du 31 déc. 1859 ; — Vu l'avis du Conseil général des ponts et chaussées en date du 16 fév. 1860 ; — Vu le cahier des charges, arrêté par notre Ministre de l'agriculture, du commerce et des travaux publics, le 25 avril 1860 ; — Vu le certificat constatant le versement à la caisse des dépôts et consignations, d'une somme de dix mille francs à titre de cautionnement ; — Vu la lettre du Conseil d'administration de la Compagnie du chemin de fer du Nord, en date du 8 mars 1860 portant que ladite Compagnie n'a aucune objection à faire contre ledit projet ; — Vu la loi du 3 mai 1841 sur l'expropriation pour cause d'utilité publique ; — Vu le Sénatus-consulte du 25 déc. 1852, (art. 4) ; — Notre Conseil d'État entendu ; — Avons décrété, etc.

« Art. 1. — La Société des mines d'Auchy-aux-Bois est autorisée à établir à ses frais, risques et périls, un chemin de fer d'embranchement destiné à relier lesdites mines à la ligne des houillères du Pas-de-Calais, aux clauses et conditions du cahier des charges arrêté le 25 avril 1860, par notre Ministre de l'agriculture du commerce et des travaux publics. Ce cahier des charges restera annexé au présent décret.

« Art. 2. — L'embranchement concédé pourra, quant à présent, être exclusivement affecté aux transports des produits des mines d'Auchy-aux-Bois, et la société jouira du bénéfice des dispositions de l'art. 62 du cahier des charges de la Compagnie du Nord.

« Toutefois, le gouvernement se réserve la faculté d'exiger ultérieurement, et dès que la nécessité en sera reconnue après enquête, l'établissement, soit d'un service public, soit d'un service de voyageurs, soit d'un service de voyageurs et de marchandises, et dans ce cas, les dispositions du titre IV et les articles 54, 55, 56 et 57 du titre 5 du cahier des charges susvisé, recevront leur application.

« Art. 3. — Les expropriations nécessaires pour l'exécution des travaux devront être accomplies dans un délai de dix-huit mois, à partir de la promulgation du présent décret. »

Tandis que les embranchements industriels se multipliaient, la loi du 15 juillet 1865 sur les chemins de fer d'intérêt local, est venue leur donner une consécration nouvelle, en édictant une disposition législative qui leur est spéciale.

L'art. 8 porte en effet que : « Les dispositions de l'art. 4 de la loi seront également applicables aux concessions de chemins de fer destinés à desservir les exploitations industrielles. »

Et l'art. 4 lui-même dit qu'en ce qui concerne les chemins de fer d'intérêt local, « le préfet peut dispenser de poser des clôtures sur tout ou partie du chemin, et d'établir des barrières au croisement des chemins peu fréquentés. »

C'est donc au Préfet qu'il appartenait, en vertu de cette loi, de décider quels étaient les points ou les clôtures et les barrières pouvaient être supprimées sans danger pour la sécurité publique.

Cependant, remarquons-le bien, les autres dispositions de la loi 15 juillet 1865 ne s'appliquaient pas aux chemins de fer d'embranchement des mines, et un Conseil général n'aurait pu, en vertu de la loi de 1865, concéder un chemin de cette catégorie. Cette loi, en effet, était uniquement relative aux chemins de fer destinés à l'usage du public, et tout spécialement l'art. 8, qui autorise d'appliquer une des règles de la loi aux chemins de fer industriels, montre bien que le surplus de ses dispositions leur est étranger.

Les concessions de chemins de fer d'embranchement destinés au service des mines, continuèrent donc d'être accordées par le gouvernement, avec déclaration d'utilité publique, dans la forme que nous avons indiquée plus haut. Il nous reste à signaler une règle importante qui les concerne.

Un décret du 4 août 1869, déclarait d'utilité publique, l'établissement d'un embranchement de chemin de fer destiné à relier la fosse St-René, de la Compagnie des mines d'Aniches, au garage que cette Compagnie possédait déjà à Dechy ; cette concession mérite d'attirer un instant notre attention.

· Le cahier des charges qui y était annexé, reproduisant d'ailleurs les stipulations ordinaires, énonçait la clause dont nous avons parlé plus haut et qui permet au gouvernement, lorsque la nécessité en est reconnue, d'ouvrir la voie au service public ; mais en ce qui concerne la durée de la concession, ce cahier des charges contenait une stipulation nouvelle, que nous trouverons reproduite dans les concessions postérieures des chemins de fer destinés au service des mines :

« La durée de la concession sera de 99 ans, dit l'art. 36 ; à l'époque fixée pour l'expiration de la concession et par le seul fait de cette expiration, le gouvernement sera subrogé à tous les droits de la Compagnie sur le chemin de fer et ses dépendances, il entrera immédiatement en jouissance de tous ses produits.

« Néanmoins, la Compagnie aura le droit de faire transporter ses produits sur le chemin, en acquittant seulement les frais de transport et sans supporter le droit de péage. »

Cette clause est de la plus haute importance, car jusque là, les concessions des chemins de fer industriels avaient été faites purement et simplement pour quatre-vingt-dix-neuf ans, c'est-à-dire pour une durée égale à celle des grandes compagnies.

En 1869, lors de la rédaction du cahier des charges que nous venons de citer, la durée à laquelle devaient être limitées les concessions des chemins de fer des mines, fut l'objet d'un examen particulier au sein du Conseil d'État.

On se demandait, s'il était juste de continuer à faire prévaloir la règle des concessions de 99 ans, en ce qui concernait les chemins de fer d'embranchement.

Et en effet, la durée de la concession de la mine elle-même étant illimitée, si d'autre part on fixait un terme précis à la durée de la concession du chemin de fer qui était accordée aux exploitants, c'était aboutir fatalement à une situation illogique. Survenant, en effet, l'expiration des 99 ans, et le chemin de fer étant en ce moment encore exclusivement affecté au service de la mine, on arrivait à cette conséquence que l'État, devenu maître du chemin, pouvait faire payer aux concessionnaires de la mine un droit de péage pour circuler sur ce chemin de fer construit exclusivement par leurs soins et payé de leurs deniers.

Les deux concessions, dont l'une n'était cependant que l'accessoire de l'autre, se trouvaient avoir ainsi deux durées différentes, la mine était concédée à perpétuité, le chemin de fer pour un terme de 99 ans.

On avait proposé, pour obvier aux inconvénients du système ancien, de ne faire courir le délai de la concession que du jour où le service public de voyageurs et de marchandises serait organisé sur l'embranchement. Or, nous avons vu que cette prévision de l'ouverture d'un service public sur les chemins de fer des mines ne s'était guère réalisée que dans de très rares hypothèses. Si, allant plus loin encore, on rendait perpétuelle la durée de la concession, il devenait très difficile de justifier la déclaration d'utilité publique et l'expropriation des terrains poursuivie en faveur d'un établissement privé.

Le gouvernement, d'accord avec le Conseil d'État a donc maintenu le principe de la limite des concessions à 99 ans, mais avec cette modification importante, qu'à l'expiration de ce terme, le concessionnaire n'aurait pas de droit de péage à acquitter pour la circulation de ses wagons sur l'embranchement, mais un simple droit de transport, si le service de la ligne n'était plus fait par ses soins.

Cette clause a été depuis généralisée, et nous la retrouvons dans les concessions postérieures des embranchements destinés au service des mines.

Ainsi, à l'expiration de la concession, l'État rentrera en possession du chemin, mais la Compagnie qui l'a construit de ses deniers, restera, à perpétuité, exempte des droits de péage ; elle n'aurait donc à payer qu'un droit de transport, si elle n'opérait pas elle même la traction de ses wagons sur l'embranchement, ou si le transport s'en effectuait à l'aide d'un matériel dont elle ne serait pas propriétaire.

En ce qui concrne la forme même des actes de concession, la loi du 27 juillet 1870 a remis en vigueur le principe de la loi du 3 mai 1841 avec cette différence, cependant, que d'après la loi de 1841, l'ordonnance royale ne devait pas, comme condition nécessaire, être précédée d'une délibération du Conseil d'État, tandis que cette formalité a été rendue indispensable par la loi de 1870 ; ainsi, sauf cette modification importante, le droit de concéder les chemins de fer d'embranchement de moins de 20 kilomètres, reste dans les attributions du chef du pouvoir exécutif.

Depuis lors, un grand nombre de chemins de fer d'embranchement ont été encore établis en cette forme par les sociétés de mines , mais pour ceux qui ont été concédés à des sociétés minières qui possédaient déjà des voies de raccordement, les nouveaux cahiers des charges ont reproduit, le plus souvent, les dispositions des cahiers des charges précédents, de façon à mettre en harmonie les différentes concessions accordées à une même société. Quelques-unes de ces Compagnies possèdent aujourd'hui un véritable réseau de chemins de fer, reliant leurs différents siéges d'exploitation entre eux et les mettant ensuite en communication avec les canaux et les grandes lignes d'intérêt général.

Signalons cependant, à titre d'exemple de ce que nous disions plus haut, le décret du 26 octobre 1876, qui déclare d'utilité publique un embranchement de chemin de fer destiné à relier les mines du Val-de-Fer au canal de l'Est et à l'usine de Neuves-Maisons.

Nous y retrouvons les deux clauses que nous avons analysées plus haut d'une façon spéciale : l'obligation éventuelle d'ouvrir la voie à un service public et la dispense de tout droit de péage à l'expiration de la concession.

Il ne nons reste plus à signaler que les art. 20 et 22 de la loi des 11 et 12 juillet 1880 sur les chemins de fer d'intérêt local et les tramways, qui reproduisent lès dispositions de la loi du 12 juillet 1865 relatives aux chemins de fer industriels.

Art. 20. — « Par dérogation aux dispositions de la loi du 15 juillet 1845, sur la police des chemins de fer, le Préfet peut dispenser de poser des clôtures sur tout ou partie de la voie ferrée ; il peut également dispenser de poser des barrières au croisement des chemins peu fréquentés.

Art. 22. — « Les dispositions de l'art. 20 de la présente loi sont également applicables aux concessions de chemins de fer industriels destinés à desservir des exploitations particulières. »

En ce qui concerne le caractère légal des chemins de fer embranchement que nous étudions, il importe de remarquer que la déclaration d'utilité publique les range, dès le moment de leur création, parmi les dépendances du domaine public, la loi du 15 juillet 1845 leur est donc applicable.

Pour tout ce qui touche à la partie technique de l'exploitation, les concessionnaires doivent se soumettre aux dispositions de l'ordonnance de 1846.

Il n'existe pas pour eux de règles commerciales qui leur soient prescrites avant l'ouverture de la ligne au service public, mais dès que cette éventualité se réalise, toutes les obligations imposées aux chemins de fer d'intérêt général leur deviennent immédiatement applicables.

CHAPITRE IV.

Des voies de raccordement établies en vertu de l'article 62 du cahier des charges.

Les voies de communication destinées au service des mines s'établissent le plus souvent, ainsi que nous venons de le voir, à titre de chemins ayant une existence distincte et une situation indépendante. Ces chemins de fer relient entre elles les fosses d'une même Compagnie, aboutissent à une voie navigable, ou, enfin, se raccordent à une ligne d'intérêt général. Cependant, les exploitants de mines peuvent aussi établir des embranchements, simples annexes de la voie principale, dans les conditions prévues par l'article 62 du cahier des charges des Compagnies de chemins de fer. Mais, remarquons-le bien, ce ne sont là, à proprement parler, que de simples voies de raccordement, ne comportant pas l'expropriation des terrains nécessaires pour leur établissement ; elles ne sont plus l'objet, comme dans l'hypothèse précédente, d'un décret de concession, ni d'un cahier des charges spécial. Leur établissement a lieu en vertu des principes posés dans l'art. 62 du cahier des charges des Compagnies d'intérêt général et d'intérêt local, article qui soumet ces Compagnies à l'obligation de se raccorder aux mines et aux usines, lorsque les propriétaires de ces établissements le requièrent. En la forme, c'est une autorisation ministérielle qui règle leur établissement au même titre que les autres voies de service considérées comme dépendances du chemin de fer.

En invoquant le bénéfice de l'article 62, les mines et les usines qui demandent à établir une voie de raccordement, se soumettent naturellement à toutes les prescriptions contenues dans cet article 62 qui est ainsi conçu :

« La Compagnie sera tenue de s'entendre avec tout propriétaire de mines ou d'usines qui, offrant de se soumettre aux conditions prescrites ci-après, demanderait un nouvel embranchement ; à défaut d'accord, le gouvernement statuera sur la demande, la Compagnie entendue. — Les embranchements seront construits aux frais des propriétaires de mines et d'usines, et de manière à ce qu'il ne résulte de leur établissement aucune entrave à la circulation générale, aucune cause d'avarie pour le matériel, ni aucuns frais particuliers pour la Compagnie. — Leur entretien devra être fait avec soin aux frais de leurs propriétaires et sous le contrôle de l'Administration. La Compagnie aura le droit de faire surveiller par ses agents cet entretien, ainsi que l'emploi de son matériel sur les embranchements. — L'administration pourra à toutes époques prescrire les modifications qui seraient jugées utiles dans la soudure, le tracé ou l'établissement de la voie desdits embranchements, et les changements seront opérés aux frais des propriétaires. — L'Administration pourra, même après avoir entendu les propriétaires, ordonner l'enlèvement temporaire des aiguilles de soudure, dans le cas où les établissements embranchés viendraient à suspendre en tout ou partie leurs transports. — La Compagnie sera tenue d'envoyer ses wagons sur tous les embranchements autorisés, destinés à faire communiquer des établissements de mines ou d'usines avec la ligne principale du chemin de fer. — La Compagnie amènera ses wagons à l'entrée des embranchements. — Les expéditeurs ou destinataires feront conduire les wagons dans leurs établissements pour les charger ou décharger, et les ramèneront au point de jonction avec la ligne principale, le tout à leurs frais. —

Les wagons ne pourront, d'ailleurs, être employés qu'au transport d'objets et marchandises destinés à la ligne principale du chemin de fer. — Le temps pendant lequel les wagons séjourneront sur les embranchements particuliers ne pourra excéder six heures, lorsque l'embranchement n'aura pas plus d'un kilomètre. Le temps sera augmenté d'une demi-heure par kilomètre en sus du premier, non compris les heures de la nuit, depuis le coucher jusqu'au lever du soleil. — Dans les cas où les limites de temps seraient dépassées, nonobstant l'avertissement spécial donné par la Compagnie, elle pourra exiger une indemnité égale à la valeur du droit de loyer des wagons, pour chaque période de retard après l'avertissement. — Les traitements des gardiens d'aiguilles et de barrières des embranchements autorisés par l'Administration, seront à la charge des propriétaires des embranchements. Ces gardiens seront nommés et payés par la Compagnie, et les frais qui en résulteront lui seront remboursés par lesdits propriétaires. — En cas de difficulté, il sera statué par l'Administration, la Compagnie entendue. — Les propriétaires d'embranchements seront responsables des avaries que le matériel pourrait éprouver pendant son parcours et son séjour sur ces lignes. — Dans le cas d'inexécution d'une ou de plusieurs des conditions énoncées ci-dessus, le Préfet pourra, sur la plainte de la Compagnie et après avoir entendu le propriétaire de l'embranchement, ordonner par un arrêté la suspension du service et faire supprimer la soudure, sauf recours de l'Administration supérieure et sans préjudice de tous dommages et intérêts que la Compagnie serait en droit de répéter pour la non-exécution de ces conditions. — Pour indemniser la Compagnie de la fourniture et de l'envoi de son matériel sur les embranchements, elle est autorisée à percevoir un prix fixe de 12 centimes par tonne, pour le premier kilomètre, et en outre 4 centimes par tonne et par kilomètre en sus du premier lorsque la longueur de l'embranchement excédera un kilomètre. — Tout kilomètre entamé sera payé comme s'il avait été parcouru en entier. Le chargement et le déchargement sur les embranchements s'opéreront aux frais des expéditeurs ou destinataires , soit qu'ils les fassent eux-mêmes , soit que la Compagnie du chemin de fer consente à les opérer. — Dans ce dernier cas , ces frais seront l'objet d'un règlement arrêté par l'Administration supérieure , sur la proposition de la Compagnie. — Tout wagon envoyé par la Compagnie sur un embranchement , devra être payé comme wagon complet , lors même qu'il ne serait pas complètement chargé. — La surcharge, s'il y en a, sera payée au prix du tarif légal et au prorata du poids réel. — La Compagnie sera en droit de refuser les chargements qui dépasseraient le maximum dé 3,500 kilog. déterminé en raison des dimensions actuelles des wagons. — Le maximum sera révisé par l'Administration , de manière à être toujours en rapport avec la capacité des wagons. — Les wagons seront pesés à la station d'arrivée , par les soins et aux frais de la Compagnie. »

Nous allons étudier en détail les diverses règles contenues dans cet article 62 ; elles se rapportent du reste à deux chefs principaux :

Conditions imposées à l'établissement d'un embranchement et moyens d'en obtenir l'entière exécution ;

Règles d'exploitation de ces embranchements et clauses qui en garantissent l'exact accomplissement.

I. — Le premier paragraphe de l'article 62 pose ainsi le principe du droit d'embranchement : « La Compagnie sera tenue de s'entendre avec tout propriétaire de mines ou d'usines qui, offrant de se soumettre aux conditions prescrites ci-après , demanderait un nouvel embranchement, à défaut d'accord , le gouvernement statuera sur la demande, la Compagnie entendue. »

De ces expressions mêmes , il résulte qu'une obligation . une charge est imposée aux concessionnaires du chemin de fer. Ceux-ci, en effet , sont obligés de subir l'exercice d'un droit reconnu au profit des propriétaires des mines et des usines , à la faveur duquel ces propriétaires , dont les établissements se trouvent dans le voisinage du chemin de fer, peuvent se raccorder à la voie publique et y accéder par un chemin de fer privé. Le droit d'embranchement est donc, en réalité, un droit d'accès reconnu aux mines et aux usines, tant que subsiste la voie principale, et une faveur spéciale que la loi réserve aux propriétaires de ces établissements, dans le but de favoriser leur développement si utile à l'intérêt général.

Les parties chercheront à s'entendre pour l'exercice du droit d'embranchement, à défaut d'accord le gouvernement statuera.

Les anciens cahiers des charges ne portaient pas la clause que nous analysons, il en résultait, pour les Compagnies de chemins de fer, la liberté absolue de donner ou de refuser des embranchements aux industriels voisins.

Depuis la rédaction du cahier des charges modèle, les Compagnies sont bien tenues de donner des embranchements aux propriétaires des mines et des usines, mais elles ne sont obligées d'en accorder qu'à eux seuls.

Ainsi, il a été jugé que dans le silence du cahier des charges sur le point qui nous occupe, une Compagnie de chemin de fer avait le droit de percevoir des primes pour l'établissement des embranchements nouveaux, lorsque son cahier des charges ne lui imposait aucune obligation à cet égard [1].

D'après le texte que nous avons cité plus haut, le droit d'embranchement n'est stipulé qu'en faveur des mines et des usines ; en fait cependant, et dans la pratique, la faculté de se raccorder à la voie ferrée a été étendue au-delà de ces limites, et il a été créé des embranchements, non-seulement pour l'exploitation des carrières, mais même pour le service d'établissements commerciaux, tels que des magasins généraux et des grands entrepôts de bois et de vins.

Dans les cahiers des charges des chemins de fer de Besançon à Morteau et de Tours à Montluçon, approuvés par les lois des 23 et 24 mars 1874, il avait semblé utile de modifier l'ancienne rédaction de l'article 62 et d'accorder le droit d'exiger un embranchement, non

[1] Lyon, 25 février 1848, chemin de fer de Saint-Étienne, Recueil des arrêts de la Cour de Lyon, T. 26, p. 126.

plus seulement aux mines et aux usines , mais aux carrières et aux établissements commerciaux.

Mais en décembre 1875 , lors de la discussion devant l'Assemblée Nationale du projet de loi relatif au chemin de fer d'Angoulème à Marmande , un débat fut soulevé sur cette question et le gouvernement jugea préférable de revenir à l'ancienne rédaction de l'article 62. M. Varroy ayant présenté un amendement qui retraçait les termes du cahier des charges des concessions de 1874 , le ministre des Travaux publics fit observer que ce texte, dont les termes étaient trop étendus, permettait aux entrepreneurs de roulage de réclamer un embranchement ; M. Varroy insista pour conserver la rédaction de 1874 , mais modifiée en ce sens que la faveur accordée aux établissements commerciaux ne s'étendrait pas aux entrepreneurs de transports ; l'amendement fut rejeté. Les carrières seules ont été mises sur le même pied que les mines et les usines et il a été convenu que le gouvernement continuerait à suivre les errements anciens, en accordant la même faveur aux docks et aux magasins généraux [1].

Certaines voies de raccordement conservent une situation particulière, grâce aux conventions spéciales qui les ont concédées, alors que le cahier des charges des compagnies ne contenait encore aucune stipulation à l'égard des embranchements.

On peut à cet égard poser les principes suivants :

Les clauses obscures dans les actes portant concession d'embranchements doivent s'entendre dans le sens de la restriction de la servitude ; si par exemple l'embranchement est stipulé au profit et pour l'exploitation d'une mine, l'usage ne saurait en être étendu aux transports de toute espèce de marchandises.

La stipulation d'embranchement, peut, du reste, être faite dans des termes généraux, s'appliquant alors au transport de toutes les catégories de marchandises, mais la pensée des parties doit dans ce cas ressortir clairement des termes mêmes de leurs conventions [2].

[1] *Journal officiel* du 3 décembre 1875.

[2] Lyon , 7 juillet 1864. Recueil des arrêts de cette Cour, T. 42, p. 448.

Une stipulation aussi générale n'avait rien d'illicite, lorsque les cahiers des charges des compagnies de chemin de fer ne contenaient aucune clause à l'égard des embranchements particuliers ; on ne saurait la considérer comme emportant une cession du monopole exclusivement accordé à la compagnie, alors surtout que les transports à opérer sur l'embranchement devaient être effectués à l'aide du matériel de la Compagnie, par ses agents et aux mêmes conditions que sur la voie principale.[1]

Dans les circonstances ci-dessus rappelées, l'existence d'un pareil embranchement ne porte pas davantage atteinte au droit de surveillance et de police de l'Administration supérieure, ce droit pouvant s'exercer aussi bien sur l'embranchement que sur les autres voies accessoires.[2]

La Cour de cassation a enfin décidé, dans une hypothèse spéciale qui lui était soumise, qu'en vertu de l'art. 57 du cahier des charges annexé à la loi du 10 juin 1853, qui substituait la Compagnie du chemin de fer du Grand Central à celle du chemin de fer de St-Étienne à Lyon, tous les embranchements existants étaient « maintenus sans distinction, à la seule condition d'une autorisation à obtenir de l'Administration supérieure. » La Cour suprême ajoute « que si plus tard l'art. 62 du cahier des charges annexé à la loi du 19 juin 1857, qui substituait la Compagnie du chemin de fer de Paris à Lyon à la Compagnie du Grand Central, et par suite à celle de St-Étienne à Lyon, a réglementé la concession d'embranchements à faire à l'avenir aux propriétaires de mines et usines, ces dispositions ne peuvent avoir pour effet de restreindre l'application de l'art. 57 du cahier des charges précité, aux embranchements accordés pour le transport du produit des mines et usines ; que cet article conçu en termes généraux, absolus, s'applique à tous les embranchements régulièrement concédés et autorisés, quelles qu'en fussent les destinations, et qu'ainsi l'a entendu l'Administration en laissant subsister

---

(1) et (2) Cass., 14 novembre 1860, Dal. 1861, 1, 150.

l'embranchement dont il s'agit avec son affectation au transport de toutes marchandises. »

Enfin, la Cour décide qu'un embranchement ainsi accordé à un entrepreneur de transports, alors que le cahier des charges de la Compagnie ne contenait encore aucune stipulation sur les conditions et le mode d'établissement des embranchements particuliers, ne constitue pas davantage un traité de faveur consenti à un particulier, au détriment des autres entrepreneurs de transports ; le fait d'un accès spécial à la voie ferrée ne pouvant avoir le caractère d'un avantage préjudiciable à ces derniers, dès que la gare à laquelle aboutit l'embranchement est ouverte à tous. (Même arrêt.)

Cependant, en dehors de cette hypothèse spéciale dans laquelle une Compagnie est subrogée aux droits d'une précédente compagnie, et par cela même tenue de respecter les stipulations antérieures desquelles résulte le droit d'affecter des embranchements particuliers au transport de toutes catégories de marchandises, la règle générale de l'art. 62 reprend tout son empire et une Compagnie de chemin de fer peut toujours exciper de son cahier des charges et ne consentir à accorder des embranchements particuliers, qu'autant qu'ils sont exclusivement consacrés au service des mines et des usines [1].

II. — Les embranchements, dit l'art. 62, « seront construits aux frais des propriétaires de mines et d'usines, et de manière à ce qu'il ne résulte de leur établissement aucune entrave à la circulation générale, aucune cause d'avarie pour le matériel, ni aucuns frais particuliers pour la Compagnie.

« Leur entretien devra être fait avec soin, aux frais de leurs propriétaires et sous le contrôle de l'Administration. La Compagnie aura le droit de faire surveiller par ses agents cet entretien, ainsi que l'emploi de son matériel sur les embranchements.

« L'Administration pourra, à toutes époques, prescrire les modifications qui seraient jugées utiles dans la soudure, le tracé ou l'éta-

____
[1] Lyon, 7 juillet 1864. Rec., arrêts, t. 42, p. 448.

blissement de la voie desdits embranchements, et les changements seront opérés aux frais des propriétaires.

« L'Administration pourra, même après avoir entendu les propriétaires, ordonner l'enlèvement temporaire des aiguilles de soudure, dans le cas où les établissements embranchés viendraient à suspendre, en tout ou en partie leurs transports. »

La règle énonçant que les embranchements seront construits aux frais des propriétaires de mines ou d'usines, peut avoir été modifiée par la convention des parties. Si, par exemple, avant l'introduction de l'art. 62 dans les cahiers des charges, une Compagnie s'était obligée à construire à ses frais un embranchement, en échange des terrains qui lui étaient cédés, survenant pour le propriétaire de l'embranchement une éviction résultant du fait de la Compagnie elle-même, celle-ci en demeurerait responsable. Vainement voudrait-elle prétendre assimiler le propriétaire de cette voie de raccordement aux riverains, qui ont été simplement autorisés à établir des embranchements sur leurs fonds et le soumettre à la disposition du cahier des charges nouveau, qui met la construction des embranchements aux frais des propriétaires de mines ou d'usines, ce serait là violer le contrat primitif. A la compagnie incombe l'obligation, en vertu des conventions anciennes, de se pourvoir devant l'Administration, à l'effet d'obtenir son approbation et de rétablir à ses frais l'embranchement dans les conditions réglées par les anciennes stipulations [1].

III. — « La Compagnie sera tenue d'envoyer ses wagons sur tous les embranchements autorisés, destinés à faire communiquer des établissements de mines ou d'usines avec la ligne principale du chemin de fer.

« La Compagnie amènera ses wagons à l'entrée des embranchements. »

Les dispositions de l'art. 62 constituent ici une importante déro-

---

[1] Cour de Lyon, 15 mai 1858, Lamé-Fleury, Code des chemins de fer, p. 152.

gation à cette règle, que les Compagnies ne sont tenues de recevoir l'expédition des marchandises que dans leurs gares. C'est un avantage considérable accordé aux propriétaires de mines et d'usines qui ont fait construire des embranchements.

La jurisprudence a en outre consacré ce principe général, que les Compagnies de chemins de fer ne sont pas tenues, dans les cas ordinaires, de fournir leur matériel avant que la marchandise ne soit mise à leur disposition (1).

L'art. 62 déroge encore à cette règle en faveur des propriétaires d'embranchements, puisque les wagons leur sont envoyés sur leur demande et sans aucune constatation préalable.

L'art. 62 n'a stipulé aucun délai précis en dedans duquel les Compagnies sont tenues d'envoyer les wagons, qui leur sont demandés par les propriétaires d'embranchements ; à cet égard, les tarifs d'application des Compagnies portent les clauses suivantes :

Le tarif spécial n° 22 de la Compagnie du Nord portant règlement des « frais de location du matériel envoyé sur les embranchements particuliers, » s'exprime ainsi : « Lorsque les propriétaires d'embranchements particuliers demanderont des wagons à la Compagnie, celle-ci sera tenue de les leur fournir, suivant l'ordre des demandes, dans un délai égal à celui que lui réserve pour l'expédition, le tarif appliqué aux marchandises à expédier. Dans aucun cas ce délai ne pourra être inférieur à deux jours, non compris celui de la demande et celui de la livraison au point de jonction de l'embranchement avec la ligne principale. » (Orléans et Midi , mêmes délais.)

La Compagnie de l'Est stipule dans son tarif spécial n° 59, qu'elle amènera les wagons à l'entrée des embranchements, dans le délai de trois jours de la réception de la demande. (Lyon et Ouest mêmes délais.)

---

(1) Cass., 24 novembre 1873, Dal., 74, 1, 125 ; Id., 3 mars 1875, Dal., 76, 1, 320 ; Id., 3 mai 1876, Dal., 76, 1, 475.

IV. — « Les expéditeurs ou destinataires feront conduire les wagons dans leurs établissements, pour les charger ou décharger et les ramèneront au point de jonction avec la ligne principale, le tout à leurs frais. Les wagons ne pourront d'ailleurs être employés, qu'au transport d'objets et marchandises destinés à la ligne principale du chemin de fer. »

Ces dispositions de l'art. 62 sont claires et précises, elles ne nécessitent aucun commentaire.

V. — « Le temps pendant lequel les wagons séjourneront sur les embranchements particuliers ne pourra excéder six heures, lorsque l'embranchement n'aura pas plus d'un kilomètre. Le temps sera augmenté d'une demi-heure par kilomètre en sus du premier, non compris les heures de la nuit depuis le coucher jusqu'au lever du soleil.

« Dans les cas où les limites de temps seraient dépassées, nonobstant l'avertissement spécial donné par la Compagnie, elle pourra exiger une indemnité égale à la valeur du droit de loyer des wagons, pour chaque période de retard après l'avertissement. »

Ces stipulations de l'art. 62 sont relatives à deux points importants : la durée du séjour des wagons sur les embranchements particuliers ; et l'indemnité à payer par les embranchés lorsque les délais réglementaires se trouvent dépassés.

En général, les tarifs d'application des Compagnies reproduisent les dispositions du cahier des charges, en ce qui concerne le délai de séjour des wagons sur les embranchements particuliers, c'est-à-dire, six heures pour les embranchements d'un kilomètre et une demi-heure en plus par chaque kilomètre en sus du premier.

Sur les réseaux du Nord et de l'Est, le délai est aussi de 6 heures pour les embranchements d'un kilomètre, mais il est porté à un jour de 24 heures, nuit comprise, pour les embranchements dont la longueur excède un kilomètre.

En cas de retard dans la rentrée du matériel, les tarifs d'application des Compagnies stipulent une indemnité de 25 centimes par wagon et par heure de retard, avecu n maximum de 5 fr. par jour de 24 heures, nuit comprise.

Le délai d'absence court depuis la mise à disposition des wagons à l'entrée de l'embranchement particulier, jusqu'à l'heure du retour de ces wagons.

Les industriels peuvent cependant acquitter les indemnités de retard conformément à l'art. 62 du cahier des charges, mais par compensation, ils ne jouissent alors que des délais de stationnement indiqués dans ces actes.

Sur le chemin de fer de Lyon, il est perçu pour chaque période ou fraction de période de six heures de retard, une taxe de 12 centimes par tonne calculée sur le chargement complet du wagon.

Sur les chemins d'Orléans et du Midi, l'indemnité de retard est égale à la valeur du droit de loyer des wagons à payer pour chaque période de retard de six heures indivisible.

Une règle générale qui doit être formulée sur le point qui nous occupe, c'est que l'obligation pour les propriétaires de mines et d'usines, de restituer les wagons qui leur sont envoyés, doit être entendue d'une façon stricte et rigoureuse ; en ce sens, qu'une obligation spéciale leur incombe, et qu'ils ne peuvent retenir les wagons au-delà du temps déterminé par le tarif, ils doivent les rendre à l'expiration de ce délai, et tout retard donne lieu à un supplément de taxe, à titre d'indemnité de location.

Tout wagon doit être individuellement rendu, et la restitution s'opère numéro par numéro, en sorte que le retard de tel ou tel wagon, donne lieu à un supplément de taxe, quand bien même on ferait entrer, par une sorte de compensation, dans la composition d'un train, les wagons dont le stationnement n'aurait pas atteint la limite du délai.[1]

Dans le cas où les limites de temps seraient dépassées, dit

____

[1] Cour de Lyon, 4 mars 1865. Rec. T. 43, 1865, p. 243.

l'article 62, nonobstant l'*avertissement spécial* donné par la Compagnie, elle pourra exiger une indemnité, etc.

La cour de cassation a jugé sur ce point, qu'il n'y avait pas violation du cahier des charges dans la décision du juge du fond qui, tout en admettant que l'avertissement n'avait pas besoin d'être donné dans la forme des mises en demeure de l'article 1139 du C. Civ., repoussait néanmoins, comme ne constituant pas un avertissement spécial et suffisant, la constatation contradictoire de l'heure de la livraison, et de la restitution des wagons [1].

VI. — « Les traitements des gardiens d'aiguilles et de barrières des embranchements autorisés par l'Administration, seront à la charge des propriétaires des embranchements. Ces gardiens seront nommés et payés par la Compagnie, et les frais qui en résulteront lui seront remboursés par lesdits propriétaires.

« En cas de difficulté, il sera statué par l'Administration, la Compagnie entendue.

« Les propriétaires d'embranchements seront responsables des avaries que le matériel pourrait éprouver pendant son parcours ou son séjour sur ces lignes. »

VII. — « Dans le cas d'inexécution d'une ou de plusieurs conditions énoncées ci-dessus, le Préfet pourra, sur la plainte de la Compagnie, et après avoir entendu le propriétaire de l'embranchement, ordonner par un arrêté la suspension du service et faire supprimer la soudure, sauf recours à l'Administration supérieure, et sans préjudice de tous dommages et intérêts que la Compagnie serait en droit de répéter pour la non-exécution de ces conditions. »

Remarquons bien, à cet égard, que la compétence de l'Administration stipulée dans ces deux paragraphes de l'article 62 est uniquement relative à la sauvegarde des intérêts publics confiés à

(2) 9 juin 1869. Rejet du pourvoi formé, contre un arrêt de Lyon, du 16 mars 1869. Rec. t. 47, 1869, p. 466.

l'Administration , mais qu'elle ne concerne en aucune manière les difficultés d'intérêts purement privés qui peuvent se soulever.

En conséquence , les débats qui pourront s'élever relativement à l'application des tarifs stipulés dans l'article 62 et a tout ce qui concerne l'usage du matériel , le retard dans la livraison des wagons, la responsabilité en cas d'avaries, etc., toutes ces difficultés sont uniquement du ressort de l'autorité judiciaire.

Au contraire , en vertu du principe que nous venons de poser , l'exécution des travaux de l'embranchement , la suspension du service , la suppression de la soudure qui joint la voie de raccordement à la ligne principale constituent des difficultés qui sont du ressort de l'autorité administrative [1].

VIII. — « Pour indemniser la Compagnie de la fourniture et de l'envoi de son matériel sur les embranchements , elle est autorisée à percevoir un prix fixe de douze centimes par tonne pour le premier kilomètre, et , en outre, quatre centimes par tonne et par kilomètre en sus du premier, lorsque la longueur de l'embranchement excèdera un kilomètre.

« Tout kilomètre entamé sera payé comme s'il avait été parcouru en entier.

« Le chargement ou le déchargement sur les embranchements s'opéreront aux frais des expéditeurs ou destinataires , soit qu'ils les fassent eux-mêmes , soit que la Compagnie du chemin de fer consente à les opérer.

« Dans ce dernier cas , ces frais seront l'objet d'un règlement arrêté par l'Administration supérieure , sur la proposition de la Compagnie.

« Tout wagon envoyé par la Compagnie sur un embranchement, devra être payé comme wagon complet , lors même qu'il ne serait pas entièrement chargé.

[1] V. Cass. 26 août 1874, Dal. 1875, I, 377.

« La surcharge , s'il y en a , sera payée au prix du tarif légal et au prorata du poids réel. La Compagnie sera en droit de refuser les chargements qui dépasseraient le maximum de 3,500 kilog. déterminé en raison des dimensions actuelles des wagons. Le maximum sera revisé par l'Administration , de manière à être toujours en rapport avec la capacité des wagons.

« Les wagons seront pesés à la station d'arrivée , par les soins et aux frais de la Compagnie. »

Un principe très important ressort tout d'abord de ces dispositions du cahier des charges : les propriétaires d'embranchements doivent toujours payer comme si les wagons , par eux exépdiés , étaient complètement chargés, alors même que leurs marchandises ne rempliraient qu'une partie du wagon ; c'est là une règle capitale dont il faudra toujours tenir compte dans l'évaluation des taxes que nous allons étudier.

Les tarifs d'application des Compagnies reproduisent, en général, les dispositions du cahier des charges que nous venons de citer.

Il est donc perçu , pour les wagons envoyés sur les embranchements particuliers, 12 c. par tonne lorsque l'embranchement n'a pas plus d'un kilomètre et 16, 20 , 24 , 28 , 32 c., etc., lorsque l'embranchement a 2, 3, 4, 5 ou 6 kilomètres, etc. (Ouest, Lyon, Orléans, Midi.)

Sur le chemin de fer du Nord , la perception est la même jusqu'à 3 kilom. Pour les embranchements qui ont une plus grande étendue , le prix est alors formé de deux perceptions distinctes, savoir : une redevance fixe de 0 fr. 20 par 1000 kilog. et une redevance de 0 fr. 02 par wagon et par kilomètre réellement parcouru tant à l'aller qu'au retour. (Même tarif sur l'Est.)

Le montant du chargement de 3,500 kilog. par wagon, prévu par le cahier des charges , est ordinairement porté à 5.000 kilog. (Lyon) ou à la limite du chargement inscrite sur le wagon lui-même, spécialement il ne peut dépasser 10,000 kilog. pour les wagons de houille ou de coke.

Le chargement et le déchargement sur les embranchements particuliers s'opèrent aux frais des expéditeurs ou des destinataires ; des frais équivalents sont dûs à la Compagnie, lorsque ces opérations ne sont pas faites par les intéressés.

Les droits de gare sont toujours perçus pour les marchandises en provenance ou à destination des embranchements particuliers, savoir : 0 fr. 20 c. à la première gare de départ située sur la ligne principale ; 0 fr. 20 c. à la gare destinataire ou vice versa.

Les marchandises venant d'un embranchement ou à destination d'un embranchement paient sur la ligne principale les taxes homologuées et sont soumises à toutes les conditions prévues et réglées par les tarifs ordinaires. La Compagnie du Nord stipule que « les wagons adressés d'abord à des destinataires non embranchés et que la Compagnie, à la demande de l'expéditeur ou du destinataire, consent à envoyer sur un embranchement, sont soumis, indépendamment du droit de location du matériel, à une taxe supplémentaire de 0 fr. 40 c. par tonne, avec minimum de 2 fr. par wagon.

« Lorsque le point de jonction avec la ligne principale se fera à un garage spécial, entre deux stations de la grande ligne, les taxes à appliquer pour le parcours sur la ligne principale seront celles homologuées pour les relations avec la station voisine plus éloignée ; ainsi, par exemple, désignant par A la station de gauche et par B celle de droite, les relations au delà de A seront taxées comme pour la station B. Les relations avec les points au delà de B seront taxées comme pour la station A.

« Néanmoins, il sera loisible au propriétaire de l'embranchement de réclamer, d'une manière générale, le tarif de l'une des deux stations voisines ; mais dans ce cas il tiendra compte à la Compagnie de 0 fr. 10 c. par tonne et par kilomètre, pour le supplément de parcours non tarifé, de transports venant au delà de cette station ou y allant. S'il choisit, par exemple, le tarif de la station A, et si le garage est à 1,600 mètres de cette station, il paiera pour la marchandise venant au delà de la station A ou y allant, un supplément de 2 kilomètres à 0 fr. 10 c. soit 0 fr. 20 c par 1,000 kilog. en sus des taxes de la station A. » (Est, article 9 conforme).

Les propriétaires d'embranchements peuvent-ils expédier ou se faire expédier directement des marchandises en provenance ou à destination, non seulement de la gare du chemin de fer principal auquel sont raccordés, mais de toutes les sections qui ont été annexées à ce chemin de fer postérieurement à leurs contrats d'embranchement, sans être assujettis à la taxe de réexpédition, aux points de jonction de la ligne à laquelle s'appliquent exclusivement leurs contrats et des nouvelles sections? La Cour de cassation a répondu affirmativement à cette question, par un arrêt du 24 déc. 1866, fondé sur ce motif, « qu'un embranchement concédé à un particulier sur un chemin de fer, est un prolongement de la voie principale pour l'usage exclusif du concessionnaire, à qui il assure l'avantage d'une communication directe avec cette voie ; que la véritable gare de départ ou d'arrivée des marchandises qu'il reçoit, se trouve au point de soudure de son embranchement avec la voie principale ; que dès lors, ces marchandises circulent sur la voie principale, dans toute l'étendue du réseau, sous l'empire du droit commun, dans les mêmes conditions et avec la même réciprocité d'obligations entre la Compagnie et le concessionnaire, que celles de tout autre expéditeur ou destinaire, quel qu'il soit ; que la Compagnie est tenue en vertu, non du contrat d'embranchement, mais des lois et règlements applicables à tous transports par chemin de fer, d'en opérer le transport dans toute l'étendue de son réseau, sans distinction d'origine entre les lignes ou les sections dont se compose ce réseau et sans autres perceptions que celles autorisées par les tarifs ou règlements administratifs. — Que l'arrêté ministériel du 24 juillet 1860 soumet les concessionnaires d'embranchements, pour les marchandises en provenance ou à destination des gares d'embranchements, aux taxes mêmes de *départ* et *d'arrivée* dont sont tenus tous autres expéditeurs ou destinataires aux gares d'expédition ou de destination ;

qu'il ne peut y avoir lieu à aucune taxe dite de *réexpédition*, que dans le cas où les marchandises ont à passer d'une ligne où d'un réseau exploités par une Compagnie, sur une ligne ou un réseau exploités par une autre Compagnie ; qu'alors en effet, à la gare de jonction de deux voies appartenant à deux Compagnies différentes, une taxe nouvelle est autorisée au profit des deux Compagnies, comme rémunération des soins de leurs agents respectifs en pareil cas ; qu'il n'y a rien de semblable lorsque le transport s'effectue sur un même réseau et par les soins de la même Compagnie ; Qu'il importe peu que certaines sections du réseau aient été créés ou annexées depuis les contrats d'embranchements ; qu'il ne saurait y avoir, sous ce rapport, aucune différence, entre les concessionnaires de ces embranchements et tous autres expéditeurs ou destinataires ; Que la Compagnie du chemin de fer, en ce qui concerne les conditions de la circulation de leurs marchandises dans l'étendue de son réseau, n'étant obligée de faire pour les uns que ce dont elle est tenue envers les autres, ne peut par conséquent, exiger de ceux-ci d'autres rémunérations de ses soins que celles qu'elle a droit d'exiger de ceux-là [1]. »

Ces principes sont indéniables et c'est à bon droit que la Cour de cassation a considéré l'indivisibilité du réseau d'une Compagnie, comme emportant tous ses effets à l'égard des propriétaires d'embranchements comme de tous autres expéditeurs.

Les propriétaires d'embranchements sont responsables des avaries que le matériel éprouve pendant son parcours ou son séjour sur les embranchements. Ainsi que nous l'avons dit plus haut, les difficultés qui peuvent être soulevées sur ce point sont du ressort des tribunaux ordinaires.

Nous avons vu déjà que pour indemniser la Compagnie de la fourniture et de l'envoi de son matériel sur les embranchements, elle était autorisée à percevoir des prix fixés et rigoureusement déterminés par tonne et par kilomètre.

_____

[1] Cass. 24 déc. 1866. Dal., 1866, 1, 14.

Remarquons sur ce point que le principe si important contenu en ces termes dans l'art. 48 du cahier des charges, doit en cette matière, comme en toute autre, recevoir son application : « La perception des taxes se fait indistinctement et sans aucune faveur et tout traité particulier, qui aurait pour effet d'accorder à un ou plusieurs expéditeurs une réduction sur les tarifs approuvés, demeure formellement interdit. »

Si donc une Compagnie de chemin de fer était propriétaire d'un embranchement donné en location moyennant un prix déterminé, elle ne pourrait réclamer des autres embranchés, propriétaires de leur voie, la perception du tarif légal contenu dans l'art. 62, tandis qu'elle réclamerait seulement des locataires de ses embranchements un prix unique, comprenant indivisément une somme pour droit de location de l'embranchement et un autre pour loyer du matériel. Une inégalité de situation en résulterait pour les différents embranchés.

Ces principes ont été nettement posés dans un jugement du tribunal de commerce de Lyon du 25 novembre 1857, vis-à-vis d'une Compagnie de chemin de fer, qui émettait la prétention de comprendre dans le prix du loyer qu'elle percevait, pour les embranchements dont elle était propriétaire, la taxe de location de son matériel, tandis qu'elle exigeait les prix du tarif sur les autres embranchements. « La Compagnie, disait le tribunal, confond deux choses parfaitement distinctes, son droit de propriétaire d'embranchements, droit indépendant dont elle peut user librement et arbitrairement, et son droit de concessionnaire, celui-là contractuel et soumis à des clauses et conditions qu'elle ne peut modifier ni changer sans le consentement de l'État concédant. D'où il suit, qu'elle peut bien, comme propriétaire indépendant, concéder gratuitement, si bon lui semble, l'usage de ses embranchements ; mais qu'en sa qualité de concessionnaire, elle n'est pas libre de confondre la taxe du loyer du matériel avec le prix du loyer de ses embranchements, lesquels étant en dehors de la concession ne peuvent avoir rien de commun avec elle.

« Elle n'a pas davantage, le droit de percevoir cette taxe sur les uns, parce qu'ils sont propriétaires de leurs embranchements, et non sur les autres, sous prétexte qu'ils sont locataires d'embranchements appartenant à la Compagnie. S'il en était autrement, celle-ci pourrait, suivant son bon plaisir, nuire aux expéditeurs propriétaires de leurs embranchementss au profit des expéditeurs locataires de ses propres embranchements. Un tel résultat serait à la fois contraire au principe fondamental et d'ordre public de l'égalité des taxes pour tous les expéditeurs et à l'interdiction des traités particuliers (art. 48).

« Au surplus, le tribunal n'a pas à considérer le loyer plus ou moins élevé que la Compagnie fait payer à ses locataires, puisque ce loyer est complètement indépendant de son cahier des charges, mais bien, si les taxes prévues et réglées par ledit cahier des charges ont été perçues sans faveur ni distinction. »

La Cour de Lyon consacra cette doctrine, mais par son arrêt du 2 juillet 1858 elle décida, en fait, « que la Compagnie du chemin de fer n'avait jamais affranchi les locataires de ses terrains et de ses embranchements du droit de location du matériel ; qu'elle avait seulement reporté ce droit sur le prix de bail, au moyen d'un règlement à forfait et par abonnement ; que cette manière de procéder ne lui était pas interdite dans l'origine et que, dès l'époque où elle lui a été défendue, elle a fait la perception de son droit selon son tarif. »

La même Cour de Lyon a eu à se prononcer sur une convention d'embranchement formée dans les circonstances suivantes : une Compagnie de chemin de fer en aliénant un terrain, énonce dans l'acte : « que le terrain vendu est en communication avec le chemin de fer par un embranchement de ce chemin, tel qu'il est, et qui existe sur une rue déterminée ; qu'en ce qui concerne la Compagnie du chemin de fer, les acquéreurs auront le droit de maintenir à perpétuité la communication ci-dessus et d'en user ainsi et de la même manière que les locataires actuels en usent maintenant, en tout ce qui concerne les droits de la Compagnie, sur ledit embranchement. » Une pareille clause, ainsi que l'a reconnu la Cour de

Lyon, oblige la Compagnie à livrer et garantir à perpétuité à ses acquéreurs, une jouissance de l'embranchement en tous points identique à celle qu'avaient les précédents locataires. Spécialement, la Compagnie est tenue de fournir gratuitement son matériel pour la desserte de cet embranchement, s'il en était ainsi à l'égard des locataires, la Cour ajoute que la Compagnie ne peut se prévaloir, pour exiger un prix pour la fourniture du matériel, du droit que lui confère un cahier des charges postérieur à l'acte de vente.[1]

Sur ce dernier point, la doctrine de la Cour de Lyon me paraît critiquable, j'estime, en effet, que non seulement la Compagnie peut invoquer un cahier des charges postérieur au contrat d'embranchement, mais qu'elle y est même tenue, car, sans cela, le principe posé dans l'art. 48 du cahier des charges, se trouverait profondément violé et la perception des taxes ne serait plus faite indistinctement. Le cahier des charges, en effet, ne dispose pas seulement pour l'avenir, il a en vue même les conventions antérieures, en décidant que tout traité particulier, qui a pour effet d'accorder à un ou plusieurs expéditeurs une réduction sur les tarifs approuvés, *demeure* formellement interdit.

Le nouveau cahier des charges constitue ainsi la Compagnie, non-seulement en droit, mais encore dans l'obligation de percevoir des taxes identiques de tous les embranchés ; sauf à ceux-ci, s'ils trouvent dans cette situation nouvelle une violation de leurs conventions anciennes, à se pourvoir devant les tribunaux, pour obtenir soit la résiliation de leur contrat, soit une compensation en argent, des avantages qu'ils avaient stipulés, et qui leur sont aujourd'hui enlevés.

Mais, remarquons le bien, il ne faudra jamais supposer sans preuves certaines que la Compagnie a voulu s'obliger à fournir gratuitement son matériel, la concession du droit d'embranchement ne comporte pas, de sa nature, un pareil avantage. [2]

---

[1] Cour de Lyon, 1862, Rec. t. 40, 1862, p. 324.

[2] Cour de Lyon, 17 août 1860, *Monit. jud.*, 4 septembre 1860.

L'autorisation du Ministre des travaux publics accordée aux propriétaires de mines ou d'usines à l'effet d'établir une voie de raccordement dans les conditions prévues par l'art. 62 du cahier des charges, est soumise d'ordinaire à des conditions ainsi libellées :

1° L'ouverture à pratiquer dans la clôture de la ligne principale, pour le passage de l'embranchement, devra être munie d'une barrière qui demeurera fermée à clef, toutes les fois que les transports de l'usine au chemin de fer, et réciproquement, seront suspendus. La clef de cette barrière restera déposée entre les mains d'une personne qui sera responsable de l'exécution de la mesure ci-dessus prescrite.

2° Un taquet d'arrêt mobile sera déposé sur la voie de raccordement, en dedans de la barrière, de manière à empêcher toute communication entre la voie particulière et les voies du chemin de fer, excepté pendant le temps strictement nécessaire aux manœuvres des wagons affectés au service de l'usine.

3° La construction et le service de l'embranchement auront lieu aux conditions stipulées à l'art. 62 du cahier des charges de la Compagnie du chemin de fer.

4° Les propriétaires de l'embranchement devront se pourvoir auprès de qui de droit de l'autorisation nécessaire pour la traversée à niveau des chemins.

Les passages à niveau à établir seront d'ailleurs munis de contre-rails et d'un pavage, conformément aux dispositions usitées pour les passages à niveau de la ligne principale. Les wagons ne devront jamais stationner sur le chemin d'embranchement.

5° Les limites des terrains dépendant du chemin de fer seront exactement définies sur un plan côté, dressé à la diligence de la Compagnie, accepté par les parties intéressées et vérifié par MM. les Ingénieurs du contrôle, auxquels il en sera remis deux expéditions.

6° La voie nouvelle ne pourra être mise en service qu'après que le récolement en aura été fait par les soins de MM. les Ingénieurs du contrôle. En conséquence, la Compagnie préviendra ces ingénieurs dix jours au moins avant l'époque où elle voudra commencer l'exploitation de la dite voie.

7° L'autorisation sera révocable à toute époque, sans indemnité, et, le cas échéant, les propriétaires de l'usine seront tenus de rétablir, à leurs frais, les lieux dans leur état primitif, à la première réquisition de l'administration. »

Telles sont les prescriptions rigoureuses auxquelles sont soumises les voies de raccordement établies, pour le service des mines et des usines, à la faveur de l'art. 62 du cahier des charges des Compagnies de chemins de fer.

Ce mode d'établissement, on le voit, ne peut être mis en pratique, ainsi que nous le faisions remarquer plus haut, que dans le cas où la mine se trouve à une distance peu considérable du chemin de fer, il est sans aucune application lorsque la mine doit être mise en communication avec une rivière navigable ou un canal et lorsque les différents siéges exploitation d'une même entreprise doivent se relier entre eux. Dans ces diverses hypothèses, les exploitants auront du reste plus d'avantages à créer un chemin de fer dont ils pourront combiner la construction et l'exploitation suivant leurs ressources et leurs convenances.

CHAPITRE V.

Chemins de fer d'embranchement établis à la faveur
des art. 43 et 44 de la loi de 1810.

Recherchons enfin quelle est l'étendue du droit d'occupation,
tel qu'il est organisé par les articles 43 et 44 de la loi de 1840 sur
les mines, en ce qui concerne l'exécution des chemins nécessaires à
l'exploitation. Les concessionnaires d'une mine trouvent-ils dans ces
articles des facilités spéciales pour l'établissement, par voie d'occupation, de leurs chemins de fer d'embranchement, dans l'étendue
de leur concession ?

Le droit d'occupation, d'abord entendu d'une façon étroite et in-
complète, a été, comme nous allons le voir, successivement mieux
compris. Dès les premiers temps de la mise en vigueur de la loi
de 1840, on contestait même son application aux emprises nécessaires à l'établissement des routes destinées à l'exploitation. Les
progrès de la jurisprudence étendirent peu à peu la sphère d'application de son principe. Après avoir admis, ce qui ne pouvait être
sérieusement contesté, que les chemins, nécessaires à l'exploitation
des mines, pouvaient être créés en vertu du droit d'occupation organisé
par les articles 43 et 44 de la loi de 1840, la jurisprudence a été
amenée ensuite à consacrer l'établissement de chemins à ornières de
fer, et enfin s'est posée la question que nous nous proposons

d'examiner : les principes du droit d'occupation peuvent-ils permettre la création d'un véritable chemin de fer avec traction mécanique dans l'étendue de la concession ?

Reprenons d'abord en détail l'historique de cette importante difficulté.

Un avis du Conseil général des mines, émis le 8 décembre 1828, sur la question de savoir si les chemins d'exploitation des mines pouvaient être, établis par les concessionnaires, sur le terrain d'autrui et sans le consentement du propriétaire, s'exprimait en ces termes :

« Le Conseil considérant, à la majorité de 5 voix contre 4 :

« 1° Que les articles 43 et 44 de la loi de 1810, qui règlent les indemnités à payer, par les concessionnaires de mines, aux propriétaires de la surface sur les terrains desquels ils établissent leurs travaux, ne font aucune mention des chemins ;

« 2° Que, lors même que les chemins se trouveraient nominativement désignés comme étant au nombre des travaux de mines, ainsi que cela était exprimé dans l'article 25, titre 1er, de la loi de 1791, on ne pourrait regarder comme appartenant à ce genre de chemins, ceux qui ont pour objet de servir au transport des produits des exploitations, attendu que ces produits, du moment qu'ils sont extraits des mines, sont des fruits obtenus d'une propriété privée, des fruits qui sont devenus un bien meuble du concessionnaire, aux termes de l'article 9 de la loi de 1810, des fruits auxquels cette loi spéciale n'a pas étendu la faveur exceptionnelle qu'elle assure aux travaux d'exploitation des mines à raison de leur nature particulière ; — Pense :

« 1° Que la législation des mines ne donne point à un concessionnaire le droit d'établir, sur le terrain des tiers, des chemins pour le transport des produits de son exploitation ;

« 2° Que, par conséquent, de semblables chemins ne peuvent être établis que du consentement du propriétaire du sol, sauf le cas d'enclave, dans lequel il y a lieu à l'application des articles 682 et suivants du code civil, et le cas d'une utilité publique constatée, ainsi qu'il est prescrit par la loi du 8 mars 1840 ;

« 3° Qu'en ce qui concerne la manière suivant laquelle pourront être réglées les indemnités à payer aux propriétaires des terrains qui seront occupés par les chemins, dans les deux cas d'enclave et d'utilité publique, dans l'un et l'autre cas, les tribunaux sont seuls compétents pour connaître des contestations et pour les juger ; que, par conséquent, il ne peut y avoir lieu de déterminer par avance, pour le cas d'enclave, un mode d'appréciation d'indemnité tiré des articles 43 et 44 de la loi sur les mines de 1840, articles qui ne concernent, d'ailleurs, que les terrains occupés par les travaux des mines. » [1]

Ce système ne devait pas prévaloir ; la loi de 1840, en effet, n'établit aucune distinction entre les différents travaux d'exploitation des mines, qui peuvent nécessiter l'occupation d'un terrain ; elle ne déclare nulle part que les chemins de desserte et les voies de communication formeront une catégorie particulière d'ouvrages restant soumis aux principes du code civil. La loi de 1791 avait assimilé les chemins aux autres travaux nécessaires à l'exploitation, il est impossible de présumer que la loi de 1840, bien plus favorable encore aux concessionnaires de mines, ait entendu suivre un autre système, alors surtout, qu'elle se servait des termes génériques : « les travaux de la mine », sans restreindre ou limiter ces expressions.

Bien plus, l'article 80 de cette même loi, en énumérant les travaux pour lesquels les maîtres de forges peuvent invoquer le droit d'occupation, énonce spécialement : les patouillets, lavoirs et *chemins de charroi* ; c'est dire de la façon la plus évidente que les chemins sont compris parmi les travaux ordinaires de ces entreprises ; et si les maîtres de forges jouissent d'un pareil privilège, comment la loi le refuserait-elle aux entreprises bien plus importantes qui ont pour objet l'exploitation des mines.

(1) *Annales des Mines,* 4ᵉ livraison, 1877, p. 278.

Du reste, les travaux préparatoires de la loi de 1810, et notamment le rapport de M. de Girardin au Corps législatif, ont écarté de la façon la plus absolue, en ce qui concerne les mines, l'application des principes du code sur les chemins d'enclave. (682 et suiv.) La simple indemnité du préjudice souffert devant s'appliquer, en effet, seulement entre les propriétaires de la surface, puisqu'elle est fondée sur la réciprocité des services rendus.

Nous nous trouvons au contraire en matière de travaux de mines, en présence d'indemnités plus larges que dans les hypothèses ordinaires, et par conséquent, en face d'un droit plus étendu, consacré déjà par le législateur de 1791, compris dans les termes généraux de la loi de 1810, et que le législateur, désireux de donner aux mines des facilités nouvelles, a assurément voulu conserver. [1]

Du reste, il est entré depuis longtemps dans la pratique administrative, et universellement admis aujourd'hui, que le concessionnaire d'une mine peut, grâce aux principes du droit d'occupation posés dans les articles 43 et 44 de la loi de 1810, prendre possession des terrains qui lui sont nécessaires pour y ouvrir les chemins de charroi utiles à son exploitation.

Cependant deux décisions du Conseil d'État des 26 avril 1838 et 8 mars 1851 ont d'abord, à l'origine, posé cette règle que les propriétaires d'usines à traiter le fer et les concessionnaires de mines ne pouvaient, en vertu du droit d'occupation, établir, même temporairement, un chemin à ornières de fer pour le service de leur exploitation.

Le premier de ces arrêts était relatif à des maîtres de forges qui invoquaient le bénéfice de l'article 80 de la loi de 1810.

Le Conseil d'État a pensé « qu'en donnant aux usiniers la faculté d'établir des chemins de charroi sur des terrains qui ne leur appartiennent pas, l'article 80 de la loi du 21 avril 1810 n'a évidemment créé qu'un droit de passage temporaire ; qu'en effet le terme *indem-*

---

[1] Décision ministérielle du 30 avril 1838, relative aux mines de houille de Chaney (Loire). — Cons. d'Ét., 28 mars 1862, affaire des mines de Littry. — Cour de Cass. belge, 21 nov. 1845, Pas. 1847, 1, 7.

nité employé dans cet article, démontre que le législateur n'a eu en vue qu'un abandon momentané de jouissance de terrain, en faveur des usiniers ; qu'une occupation de terrain temporaire et essentiellement limitée au besoin qui la motive ne peut se concilier avec la nature des travaux que nécessite l'exécution d'un chemin de fer. » (1)

La seconde décision du Conseil d'État du 8 mars 1851, se présentait dans les conditions les plus défavorables à la prétention du concessionnaire.

Un arrêté du Préfet du Puy-de-Dôme, du 8 octobre 1847, avait autorisé la Compagnie Arnoux, propriétaire des Mines de la Vernade, à occuper temporairement, sur une largeur de quatre mètres, un terrain dépendant d'une concession voisine accordée aux sieurs Debaynin père et fils, dans le but d'y établir un chemin de fer.

Bien plus, en accordant cette permission, le Préfet du Puy-de-Dôme avait obligé les propriétaires des mines voisines de la Roche à réserver intacts, dans leur concession, des massifs destinés à assurer l'établissement de ce chemin et d'un embarcadère.

Le Conseil d'État, et avec raison, annula l'arrêté du Préfet par ce motif « qu'aux termes de l'article 3 de la loi du 3 mai 1841, aucun chemin de fer ne peut être exécuté qu'en vertu d'une autorisation émanée, soit du pouvoir législatif, soit du chef du pouvoir exécutif, et que les articles 43 et 44 de la loi du 21 avril 1810 ne sont applicables qu'aux surfaces comprises dans le périmètre des mines concédées. » (2)

Dans cette affaire ainsi soumise au Conseil d'État, les concessionnaires des mines de la Vernade devaient assurément succomber.

Le droit d'occupation, en effet, tel qu'il est consacré par les articles 43 et 44 de la loi de 1810, ne peut être exercé que dans les limites du périmètre concédé, et l'obligation imposée par l'arrêté

(1) Dal. 1853, 3, 1.

(2) S. V. 1851, 2, 459, et Dal. 1853, 3, 1.

préfectoral aux propriétaires de la mine voisine , de réserver intact un massif de cette concession, ne pouvait trouver sa justification dans aucun texte de loi. C'était établir, en effet, une servitude d'utilité publique destinée à protéger la sûreté des travaux d'un chemin illé-galement autorisé ; l'arrêté du Préfet, permettant l'occupation de terrains en dehors d'une concession, ne pouvait emporter aucun effet juridique.

Cependant, l'arrêt que nous venons de citer, semble poser une question de principe , en énonçant qu' « aux termes de l'article 3 de la loi du 3 mai 1841 , aucun chemin de fer ne peut être exécuté qu'en vertu d'une autorisation émanant , soit du pouvoir législatif, soit du pouvoir exécutif. »

Mais il est permis de se demander, si une solution analogue serait intervenue, dans l'hypothèse d'une occupation régulière de terrains dans les limites du périmètre de la concession.

Et en effet, il semble difficile de soutenir qu'il ait été dans l'intention du législateur de 1841 , qui édictait une loi sur « l'expropriation pour cause d'utilité publique », de réglementer l'établissement de chemins de fer établis sur des terrains, non pas acquis en vertu de l'expropriation, mais simplement occupés à la faveur des dispositions spéciales de la loi sur les mines.

A ceux qui objectent que les art. 43' et 44 n'ont voulu imposer aux propriétaires de la surface que les servitudes rigoureusement indispensables aux concessionnaires, pour mettre la mine en exploitation réelle, ne peut-on pas répondre que les ouvrages si importants, rendus nécessaires par l'établissement d'un pareil chemin , n'ont rien qui puisse les faire considérer en eux-mêmes comme une entreprise de fantaisie , ou destinée seulement à la commodité des exploitants. Les dépenses considérables qu'entraîne l'établissement d'une voie ferrée, moyennant la double indemnité, sont au contraire un sûr garant de l'absolue nécessité d'un pareil travail, et tout, en principe, doit faire supposer que les concessionnaires ne l'entreprendront jamais à la légère.

Du reste, la nécessité d'exploiter avec économie ne saurait être contestée, et pour pouvoir lutter par la concurrence avec les autres mines mieux favorisées, au point de vue de leur situation, une obligation impérieuse s'impose à l'exploitant et le force à livrer à la consommation les produits de ses mines aux prix les plus modérés.

Un concessionnaire de mines serait forcé d'abandonner ses travaux, aussi bien dans le cas où il ne pourrait exécuter tel ou tel ouvrage absolument indispensable à l'exploitation même, que dans l'hypothèse où il ne pourrait établir une voie de communication d'un système perfectionné, lui permettant d'abaisser le prix de revient de ses produits pour pouvoir lutter avec les exploitations concurrentes.

Enfin cette autre objection, qu'un chemin de fer impose à la propriété une gêne trop considérable, change sur une longue étendue le relief du sol, et apporte ainsi des entraves lourdes aux droits des propriétaires, tombe encore devant cette considération, que tous ceux qui, en pareilles circonstances, éprouvent un dommage, reçoivent une indemnité qui est portée au double du préjudice souffert ; indemnité qui est accordée à tous ceux qui, à un titre quelconque, souffrent de l'établissement d'un pareil travail, qui n'est pas du reste plus gênant en lui même que le creusement d'un puits d'extraction, l'établissement de machines ou les travaux d'un sondage, qui sont assurément autorisés.

A la suite des décisions que nous avons citées plus haut, nous trouvons un décret au contentieux du 28 mars 1862, qui rejette le recours d'un propriétaire de terrains, compris dans le périmètre d'une concession de mine, contre la décision ministérielle qui avait maintenu un arrêté d'occupation pris par un préfet. Il s'agissait, il est vrai, dans cette espèce, d'un simple chemin d'exploitation, la question de principe, que nous venons d'examiner, ne semblait pas soulevée, cependant, dans ses observations sur cette affaire devant le Conseil d'État, le Ministre des Travaux publics exprima cet avis que la loi du 3 mai 1841 était seule applicable « à une voie de communication per-

fectionnée, à un chemin de fer par exemple, qui modifierait profondément le relief du sol, qui exigerait des tranchées profondes , des
remblais élevés , qui, une fois l'exploitation de la mine terminée , ne
permettait plus aux propriétaires d'en reprendre la possession sans
des travaux énormes et par là même très dispendieux ». Mais, ajou-
tait-il, « s'il s'agit d'un chemin de fer établi le plus possible suivant
les sinuosités du terrain, ne devant avoir qu'une durée provisoire
comme la mine elle-même, dont il doit servir à exporter les produits,
et renfermé le plus souvent en totalité dans les limites périmétriques
de la concession elle-même ; alors et non moins évidemment, l'établissement d'un pareil chemin rentre dans la catégorie des travaux
prévus par les art. 43 et 44 de la loi de 1810 ».

Sans se prononcer sur la doctrine produite par le Ministre des
Travaux publics et se bornant aux faits de la cause, le décret au contentieux du 28 mars 1862, rejeta le recours des propriétaires de la
surface, par ce motif, « que le droit d'occuper les terrains nécessaires
à l'exploitation des mines résulte naturellement de l'acte de concession, que si , par la décision attaquée, le Ministre a autorisé, sur sa
demande, la Compagnie des mines à occuper une portion de la propriété de X, pour y établir un chemin d'exploitation, cette décision
ne fait pas obstacle à ce que ce propriétaire fasse valoir, devant l'autorité judiciaire, les droits que lui attribuent les art. 43 et 44 de la
loi de 1810 ». [1]

Certes, l'opinion émise par le Ministre des Travaux publics mar-
quait une tendance et des idées déjà très favorables à l'établissement
des chemins de fer des mines ; cependant, il est permis de se demander si la déclaration d'utilité publique est une protection efficace
des droits des propriétaires du sol, lorsque le chemin de fer , modifiant profondément le relief du sol et nécessitant des travaux d'art
importants, les principes de la loi sur les mines ne suffisent plus,
suivant l'opinion émise par le Ministre. La déclaration d'utilité pu-

[1] Roche et Lebon, 1862, p. 270.

blique est loin , en effet, d'être favorable aux propriétaires du sol, puisqu'elle les prive de leur droit d'une façon irrévocable et ne leur attribue qu'une indemnité équivalente au préjudice souffert. Les art. 43 et 44 permettent, au contraire, aux propriétaires de la surface, d'exiger l'occupation à titre de simple servitude et de recevoir, en tous les cas, une double indemnité, pour privation de jouissance ou pour la cession du droit de propriété.

Le Conseil d'État a accueilli le 20 février 1868, l'opposition d'un propriétaire du sol contre un arrêté du Préfet de Saône-et-Loire, qui avait autorisé la Compagnie des mines de Montchanin, à occuper un terrain pour y établir un chemin de fer à voie normale, destiné à relier un puits desdites mines avec le chemin de fer du Creusot.

L'arrêt soutient cette doctrine, « que si les concessionnaires ont, d'après les art. 43 et 44 de la loi du 21 avril 1810 , le droit d'occuper, sans le consentement des propriétaires, les parcelles nécessaires à l'exploitation des mines , l'établissement d'une voie ferrée permanente ne peut, à raison de la nature des travaux qu'il exige et des servitudes qu'il impose à la propriété, être considéré comme étant au nombre des ouvrages auxquels cette disposition est applicable ; qu'il résulte des lois sur la matière, qu'à défaut de convention amiable entre la Compagnie et le propriétaire, la construction d'un chemin de fer, sur le terrain de ce dernier, ne pouvait être autorisée que par un décret rendu dans les formes des règlements d'administration publique.[1] »

Dans cette espèce, le Commissaire du gouvernement relevait cette circonstance qu'il s'agissait d'un chemin de fer à voie normale, reliant directement un puits d'extraction à la ligne de Pàris à Lyon , avec déblais et remblais d'une certaine importance. Cependant, le Ministre des Travaux publics concluant dans un sens favorable aux concessionnaires de mines, avait demandé l'application dans la cause des art. 43 et 44 de la loi de 1810, qui autorisaient selon lui l'établissement d'une véritable voie ferrée.

[1] Dal. 1869, 3, 18.

Du reste, l'arrêt du conseil d'État lui-même décidant « *qu'à défaut de conventions amiables* entre la Compagnie et les propriétaires, la construction d'un chemin de fer ne pouvait être autorisée que par un décret rendu dans les formes des règlements d'administration publique, » ne considérait donc pas la loi du 3 mai 1841 et le Sénatus-consulte du 25 déc. 1852 comme formulant les conditions indispensables à l'établissement de toute voie ferrée. Le consentement des propriétaires de la surface, dit le conseil d'État, suffit pour autoriser l'établissement d'un chemin de fer, or le droit d'occupation emporte tous ses effets légaux, malgré le refus des possesseurs du sol. Et si, dans l'application des articles 43 et 44, le propriétaire de la surface peut toujours conserver son droit et n'est tenu que d'une simple servitude ; c'est bien mal le protéger, s'il refuse l'établissement de cette servitude, que de forcer le concessionnaire à obtenir pour son chemin une déclaration d'utilité publique, qui prive alors le propriétaire de tous ses droits d'une façon irrémédiable.

Par son arrêt du 23 février 1870, le Conseil d'État fait un pas en avant ; il admet pour la première fois l'application des art. 43 et 44 de la loi de 1810 à l'occupation des terrains nécessaires à l'établissement d'un chemin à ornières de fer, et repousse le recours d'un propriétaire du sol, qui protestait contre l'occupation de terrains situés dans le périmètre de la concession.

Mais le Conseil d'Etat relève cependant ces deux circonstances spéciales qui, selon lui, ont permis dans la cause, l'application de ces articles : il ne s'agissait que d'un chemin de fer à faible écartement et la traction ne devait avoir lieu qu'au moyen de chevaux.

L'arrêt décide, en effet, « que si un concessionnaire de mines a construit avec rails à faible écartement, servant à la circulation de wagons traînés par des chevaux, le chemin établi par lui sur le terrain de sa concession, pour le charroi de ses produits, ce fait ne saurait avoir pour résultat de faire perdre à ce chemin le caractère d'un travail d'exploitation de mine, prévu par les articles 43 et 44 de la loi de 1810 et pouvant donner lieu à des occupations de terrains dont les conséquences sont réglées par lesdits articles, et de faire rentrer cette voie dans la catégorie des chemins de fer dont la construction, à raison de la nature des travaux qu'ils exigent et des servitudes qu'ils imposent à la propriété, n'aurait pu, aux termes de la loi du 3 mai 1841, et du Senatus-consulte du 20 décembre 1852, à défaut de convention amiable entre les concessionnaires des mines et le propriétaire du terrain, être autorisée que par un décret rendu dans la forme des réglements d'administration publique ; Que le Préfet a excédé ses pouvoirs, en autorisant, aux conditions prescrites par les articles 43 et 44 de loi précitée de 1810, l'occupation des terrains nécessaires au maintien du chemin en question.

« Il suit également de là, que c'est avec raison que le Ministre des Travaux publics a rejeté la réclamation formée contre l'arrêté du Préfet par le propriétaire des terrains. » [1]

De ce qui précède il résulte, que si le chemin de fer avait nécessité des travaux considérables et imposé à la propriété des servitudes onéreuses, le Conseil d'État eût maintenu sans doute, comme dans l'espèce des mines de Montchanin, qu'un décret était nécessaire, ainsi qu'en matière de travaux publics.

Les deux mêmes circonstances sont encore relevées dans l'arrêt du Conseil d'État du 9 juillet 1875. L'arrêt constate que « le concessionnaire de la mine du Montet, autorisé par un arrêté du Préfet de Meurthe-et-Moselle à occuper des terrains appartenant au sieur Seillière, pour y établir un chemin de transport, a construit sur ces terrains une voie ferrée composée de rails à faible écartement et servant à la circulation des wagons traînés par des chevaux ; que ce fait ne saurait avoir pour résultat de faire perdre à ce chemin le caractère d'un travail d'exploitation de mine, prévu par les articles 43 et 44 de la loi du 21 avril 1810 et pouvant donner lieu à des occupations de terrains, dont les conséquences sont réglées par lesdits articles, et de faire rentrer cette voie dans la catégorie

____

[1] Hospices d'Angers contre Mines du Désert, 23 février 1870, Roche et Lebon, 1870, p. 143.

des chemins de fer , qui ne pouvaient être autorisés que dans les formes prescrites par les lois des 3 mai 1844 et 27 juillet 1870.[1] »

L'arrêt du Conseil d'État du 15 juin 1877 , fait un nouveau pas en avant : il relève bien encore cette circonstance que les wagons du chemin de fer d'embranchement sont traînés par des chevaux , mais il n'y est pas question du plus ou moins d'écartement des rails sur lesquels ces wagons doivent circuler ; c'est dans cet état de choses que l'occupation est maintenue dans l'étendue du périmètre de la concession, par ce motif « que si les arrêtés du Préfet du Nord ont autorisé la Compagnie des mines de l'Escarpelle à occuper un certain nombre de parcelles de terrain , notamment celle appartenant au sieur Béhague , pour y établir un chemin destiné à relier la fosse numéro 1 de ladite Compagnie au canal de la Haute-Deûle , et à poser sur ledit chemin une voie ferrée dont les rails ne doivent servir qu'à la circulation de wagons traînés par des chevaux, le chemin établi dans ces conditions conserve , néanmoins , le caractère d'un travail d'exploitation de mines , pouvant donner lieu à des occupations de terrains , conformément aux articles 43 et 44 de la loi du 21 avril 1810 , et ne rentre pas dans la catégorie des chemins de fer , qui ne pourraient être autorisés que dans les formes prescrites par les lois du 3 mai 1844 et du 27 juillet 1870.[2] »

Enfin , l'arrêt du Conseil d'État du 16 novembre 1877 , relève au contraire la circonstance de la voie étroite , mais sans mentionner les conditions de traction à l'aide desquelles les wagons circuleront sur la voie , et cette circonstance, relevée avec tant de soin dans les arrêts précédents, que les wagons seront traînés par des chevaux, n'est plus mentionnée dans ce dernier arrêt, fondé sur ce« que, en autorisant la Société des mines de Trets à occuper, dans le périmètre de la concession , deux parcelles de terrain appartenant au sieur de Forbin d'Oppède, pour relier, d'une part, la mine à la

---

(1) Dal. 1876, 3, 24.

(2) Dal. 1877, 3, 99.

gare de Trets , et , d'autre part , pour donner accès aux charrettes sur le quai de chargement , le Préfet des Bouches-du-Rhône s'est borné à reconnaître que les chemins de fer à établir dans ce but présentaient le caractère de travaux d'exploitation de mines, pouvant donner lieu à des occupations de terrains conformément aux articles 43 et 44 de la loi du 21 avril 1810 ; Que le fait que le premier de ces chemins est destiné à recevoir des rails à voie étroite, pour le passage des wagons sortant de la mine , ne peut le faire rentrer dans la catégorie des chemins de fer qui ne pourraient être autorisés que dans les formes prescrites par les lois du 3 mai 1841 et 27 juillet 1870. » [1]

Si nous jetons un coup d'œil rapide sur l'ensemble des documents que nous venons d'analyser, nous remarquerons que la jurisprudence du Conseil d'État a suivi une marche constamment progressive, et que ses arrêts se sont montrés toujours de moins en moins rigoureux , en relevant les caractères et les conditions que doivent présenter les chemins de fer établis pour le service et l'exploitation des mines.

Le droit d'occupation prévu et réglé par les art. 43 et 44 de la loi de 1810, a ainsi reçu l'extension naturelle que nécessitaient les grands progrès de l'industrie et qu'autorisaient, du reste, les termes si larges et si généraux, dont s'était servi le législateur de 1810.

Au début, et dès les premiers temps où cette loi fut appliquée, nous voyons prévaloir le système qui considère les art. 43 et 44 comme ne pouvant autoriser l'occupation des terrains nécessaires à l'établissement des chemins d'exploitation. Les principes du code civil en matière d'enclave, semblent alors les seuls qui puissent être appliqués et, par conséquent, dès qu'une mine a une issue sur la voie publique, elle ne peut plus réclamer une autre voie de communication, pour aboutir à un chemin de fer ou à un canal. A cette époque, la jurisprudence du Conseil d'État affirme nettement qu'un chemin de fer ne peut être établi qu'en vertu des lois qui régissent la matière des travaux d'utilité publique.

Bientôt, cependant, il est admi que les chemins de charroi rentrent dans la catégorie des travaux de mines, et, par voie de conséquence, la double indemnité est exigible , dès lors , en cas d'occupation des terrains nécessaires pour l'établissement de ces chemins ;. la loi de 1791 les autorisait, on reconnait alors que la loi de 1810 ne s'est assurément pas montrée plus rigourcuse que la législation ancienne.

L'établissement des chemins à ornières de fer, mais à faible écartement et avec traction par chevaux , est ensuite consacré.

Enfin, les derniers arrêts du Conseil d'État que nous venons de citer, se montrent de moins en moins rigoureux, et admettent, avec quelques restrictions, il est vrai , mais qui tendent à diminuer, l'établissement de véritables chemins de fer à l'aide du droit d'occupation prévu et réglé par les art. 43 et 44 de la loi de 1810.

Dans le dernier état du droit, l'Administration, laissant même de côté les circonstances relevées dans ces derniers arrêts du Conseil d'État, est amenée à autoriser la création de chemins de fer d'embranchement, destinés à relier les mines aux grandes voies ferrées qui sillonnent le pays.

Citons à cet égard un exemple digne d'intérêt.

Le 26 février 1877 , le Préfet du Nord prenait un arrêté, autorisant la Compagnie des mines d'Azincourt à occuper temporairement les terrains nécessaires à l'établissement d'un chemin destiné à relier la fosse St-Roch à la fosse St-Auguste.

Une voie ferrée est établie sur les terrains ainsi occupés et la traction s'y opère d'abord à l'aide de chevaux .

Le 27 janvier 1878, la Compagnie d'Azincourt s'adresse au Préfet du Nord, elle a acquis dit-elle, à l'amiable, tous les terrains occupés, et elle demande à être autorisée à substituer à la traction par chevaux, la traction par locomotive, elle réclame cette autorisation, parce que la voie ferrée , dont il s'agit , traverse à niveau un certain nombre de routes.

La Compagnie du chemin de fer de Picardie-Flandres, proteste contre la prétention des mines d'Azincourt, de relier ses fosses St-Roch et St-Augustin, à l'aide d'une véritable voie ferrée et de passer des traités de transport avec la Compagnie d'Aniche, pour se servir des voies de cette Compagnie et arriver ainsi jusqu'à Somain, sur le chemin de fer du Nord ; la Compagnie, de Picardie-Flandres estime que ces travaux constituent une violation des droits qu'elle tient de la concession qui leur a été accordée le 6 juin 1875.

En ces circonstances, un avis rédigé par M. l'Ingénieur des mines Olry, précisait avec une grande netteté, les difficultés que soulevait la question. (1) Nous faisons remarquer, disait M. Olry, « que lorsqu'il s'agit de mines de houille, l'occupation de terrains perd son caractère provisoire, puisque l'exploitation peut s'étendre à un nombre considérable d'années, que, par conséquent, les chemins d'accès de mines doivent être solidement construits et entretenus, aussi solidement que les chemins de fer. Sous ce rapport, les voies ferrées n'imposent pas à la propriété des servitudes plus rigoureuses que les chemins de charroi. De plus, si on se borne à examiner ce qui se passe dans le département du Nord, on voit que, dans la très grande généralité des cas, les chemins de fer de mines ne diffèrent, en quelque sorte, des chemins pavés que parce qu'il y a des rails placés sur la plate-forme. Le relief peu accusé du sol rend presque toujours inutiles les travaux d'art et de terrassements.

« D'autre part, on ne saurait exciper de ce que la loi du 21 avril 1810 n'a pas pu avoir en vue l'établissement de chemins de fer ; cette loi n'a pas détaillé les travaux d'exploitation auxquels s'applique la disposition d'exception et il est permis de croire que si le législateur n'a pas fait d'exception, c'est qu'il entendait ne pas prohiber les travaux et ouvrages dont les progrès de la science des mines nécessiteraient l'emploi ultérieurement à la promulgation de la loi. A ce titre, les chemins de fer doivent être assimilés aux chemins de charroi. »

(1) Valenciennes, 12 juin 1878.

Le Comité consultatif des chemins de fer et le Ministre des travaux publics, consultés à cet égard, ont été d'avis que la Société d'Azincourt, étant propriétaire des terrains nécessaires à l'assiette du chemin de St-Roch à St-Auguste, n'avait dès lors « qu'usé du droit incontestable, pour toute société industrielle, d'établir sans acte de concession, sur les terrains lui appartenant, un chemin de fer privé, destiné à assurer le transport de ses produits. » (15 mai 1880).

C'est après cet examen attentif de la question, que sont intervenus deux arrêtés du Préfet du département du Nord. Le premier, du 7 juillet 1880, autorise la Compagnie des mines d'Azincourt à établir un chemin de fer avec traction de locomotives, sur la traversée du chemin de grande communication n° 47, à Auberchicourt, de la route n° 43 à Aniche et des autres voies recoupées. L'arrêté contient ensuite toute une série de prescriptions à observer à l'égard du croisement des routes et chemins publics, des passages à niveau, des frais d'établissement et d'entretien de ces passages, de l'arrêt des trains ou wagons isolés dans la traversée de ces chemins, de la vitesse des trains, du nombre des wagons qui les composent, du permis de circulation des locomotives, enfin, de la faculté de révoquer l'autorisation et de la réserve des droits des tiers.

Le second arrêté du Préfet du Nord, du 16 juillet 1880, autorise la Compagnie d'Azincourt à faire usage sur son embranchement d'une machine locomotive portant n° 1. Le même arrêté contient des prescriptions spéciales sur le maximum de pression de la chaudière, les appareils de sureté, l'écriteau qui devra être fixé à la locomotive, etc., etc.

Nous avons rapporté en détail les différentes phases de cette affaire, pour montrer que dans le dernier état de la jurisprudence administrative, les principes du droit en matière d'occupation avaient paru suffisants pour autoriser l'établissement de véritables chemins de fer d'embranchement destinés au service des mines.

La législation nouvelle, telle qu'elle résulte des modifications apportées aux anciens art. 43 et 44 de la loi de 1840, par les

dispositions récentes du 27 juillet 1880, ne permettra plus d'ambiguité, et les concessionnaires de mines jouiront désormais, sans
contestation, de facilités spéciales pour l'établissement de leurs
chemins de fer d'embranchement, destinés à relier les mines aux
grandes voies ferrées qui sillonnent le territoire.

CHAPITRE VI.

Chemins de fer construits par les concessionnaires de mines depuis la loi du 27 juillet 1880.

Si nous jetons un coup d'œil rapide sur les actes du pouvoir royal qui avaient fondé en France la législation des mines et surtout si nous parcourons les lois modernes des États de l'Europe en cette matière, nous observerons qu'une importance spéciale a toujours été donnée aux voies de communication destinées au service des mines. Aussi loin que nous remontons dans l'histoire de notre droit, nous voyons que toujours il a été jugé indispensable de donner aux exploitants de mines des facilités toutes spéciales pour l'établissement des chemins qui leur sont nécessaires.

Charles VI, par ses lettres patentes du 30 mai 1413, accordait déjà un privilège particulier de cette nature aux propriétaires de mines :

« Voulons et ordonnons, disait-il, que les hauts justiciers, moyens et bas, sous quelques juridictions et seigneuries que lesdites mines soient situées et assises, baillent et délivrent auxdits ouvriers, marchands et maîtres desdites mines, moyennant, et par payant juste et raisonnable prix, chemins et voies, entrées, issues, par leurs terres et pays, bois, rivières et autres choses nécessaires aux dits fesant faire l'œuvre...... » [1]

Louis XV par son édit de septembre 1739, confirmait à nouveau ces mêmes avantages : « Notre intention étant, disait-il, de protéger tous ceux qui sont intéressés ou employés au travail et à l'exploitation des mines de notre royaume, nous voulons que les concessionnaires puissent ouvrir et faire fouiller librement, dans l'étendue de leurs concessions, ensemble prendre les terrains et emplacements nécessaires pour la facilité de leur exploitation, en dédommageant préalablement les propriétaires de gré à gré ou à dire d'experts. »

La loi du 28 juillet 1791, énumérait tout spécialement les chemins au nombre des travaux indispensables de l'exploitation des mines :

« Art. 21. — L'indemnité (accordée aux propriétaires de la surface) s'entend seulement des non-jouissances et dégâts occasionnés dans les propriétés par l'exploitation des mines, tant à raison des chemins que des lavoirs, fuite des eaux et tout autre établissement, de quelque nature qu'il soit, dépendant de l'exploitation, sans cependant que ladite indemnité puisse avoir lieu lorsque les eaux seront parvenues aux ruisseaux, fleuves et rivières.

« Art. 22.— Cette indemnité aura pour base le double de la valeur intrinsèque de la surface du sol, qui sera l'objet desdits dégâts et non-jouissances. L'estimation en sera faite de gré à gré ou à dire d'experts, si mieux n'aiment les propriétaires recevoir en entier le prix de leur propriété, dans le cas où elle n'excéderait pas dix arpents, mesure de Paris, et ce, sur l'estimation qui en sera faite à l'amiable ou à dire d'experts.

« Art. 23.— Les concessionnaires ne pourront ouvrir leurs fouilles dans les enclos murés, ni dans les cours, jardins, prés, vergers et vignes attenant aux habitations dans la distance de deux cents

(1) Ordonnances des rois de France de la 3ᵉ race, t. 10, p. 144. — Code des mines, p. 5. — Recueil général des anciennes lois françaises. t. 7, p. 386.— Ed. Grar. t. 3, pièces justificatives, p. 6.

toises, que du consentement des propriétaires de ces fonds, qui ne pourront, dans aucun cas, être forcés à le donner. »

Le droit d'occupation était consacré par les anciens édits et concordats, qui au Pays de Liége régissaient la matière des : *Fosses aux hoüilles*.

L'art. V de la paix de St-Jacques de l'an 1487 s'exprimait ainsi :

« Usage est que tous ouvriers puissent prendre aisemence raisonable sur l'héritage d'autruy, pour faire burre (puits), paires, (magasins), voyes, pour charier et autres aisemences nécessaires aux ouvrages afferantes, parmy (moyennant) double domage rendant, par l'estimation de bonnes gens à ce cognoissans, et bien asseguerer l'hurtier (propriétaire) pour relivrer sondit héritage à son premier gason, et si c'est vigne, la rendre jusqu'à la quarte feüille : Voire si tels cognoisseürs n'en pouvoient estre d'accord, en deveront avoir droiture pardevant Messieurs les Eschevins de Liége comme Cheffs et non autrement. »

Ce que Louvrex résume en ces mots : « Maîtres des fosses peuvent se servir du terrain d'autrui, soit pour faire chemin, soit pour y placer leurs hoüilles ou pour leurs autres besoins, en païant double dommage au propriétaire du fond, et en donnant caution de remettre le fond en bon état.

«Les vignes doivent être rétablies jusqu'à la quatrième année aux fraix des maîtres. »

Remarquons bien qu'il ne s'agit pas ici d'un besoin absolu pour les exploitants de prendre possession de l'héritage d'autrui ; la paix de St-Jacques autorise en effet les maîtres mineurs à prendre aisemence, c'est-à-dire aisance, ou facilités ; nous sommes donc bien loin d'une nécessité absolue et inévitable d'occuper un terrain pour le service de l'exploitation.[1] Ainsi déjà dans ces temps reculés, on avait donc jugé indispensable d'accorder aux exploitants de

_____

[1] Cour de Bruxelles, 26 février 1862. Pas. 62, 2, 163.

mines des facilités spéciales , au point de vue de l'occupation des terrains qui leur étaient nécessaires pour l'établissement de leurs chemins et de leurs travaux.

La mise en vigueur en Belgique de la loi du 21 avril 1810, montra bien vite l'insuffisance des art. 43 et 44 de cette loi, qui pêchaient assurément tout au moins, par trop de concision. Bientôt la nécessité d'établir des chemins de fer pour le service des mines se fit sentir ; on coupa court à toute difficulté d'interprétation de la législation ancienne sur ce point, par la publication de la loi du 2 mai 1837, dont l'art. 12 est ainsi conçu : « Le gouvernement, sur la proposition du Conseil des mines, pourra déclarer qu'il y a utilité publique à établir des communications dans l'intérêt d'une exploitation de mines. La déclaration d'utilité publique sera précédée d'une enquête. Les dispositions de la loi du 17 avril 1835 sur l'expropriation pour cause d'utilité publique et autres lois sur la matière seront observées. L'indemnité due au propriétaire sera fixée au double. Lorsque les biens ou leurs dépendances seront occupés par leurs propriétaires, les tribunaux pourront prendre cette circonstance en considération pour la fixation des indemnités. »

Nous donnerons plus loin un commentaire détaillé de cette importante disposition.

Les autres nations d'Europe, en publiant des lois spéciales sur la matière des mines, ont aussi formulé sur ce point des règles de faveur pour les exploitants.

En Autriche, la loi du 23 mai 1854 donne au concessionnaire d'une mine, le droit d'ouvrir des routes et d'établir des chemins de fer, moyennant le consentement de l'autorité publique et après avoir averti l'administration des mines de l'exécution des travaux.

En Angleterre, dit M. de Ruolz , « c'est toujours par voie amiable et sans aucune intervention de l'administration publique, que se règlent les difficultés entre l'exploitant de la mine et le propriétaire dont les chemins d'exploitation demandés doivent traverser les terrains. Il est vrai qu'au cas où le propriétaire refuse de s'entendre, l'exploitant des mines a le droit de solliciter un acte du Parlement, l'autorisant à ouvrir le passage dont il a besoin pour le transport de ses produits ; mais il est presque sans exemple qu'on ait eu recours à ce moyen dont l'emploi entraîne des frais trop considérables. Par une sorte d'usage, on a établi dans chaque district houiller, un taux habituel pour cette redevance spéciale, qui se paye sous forme soit d'un droit de passage de tant par tonne (généralement 10 à 15 cent.). soit d'un droit proportionnel à la surface des terrains occupés (généralement 275 fr. par hectare). » (Rapport de M de Marcère).

La loi Espagnole du 6 juillet 1859, contient les dispositions sui vantes sur le point qui nous occupe :

« Art. 56. — Les exploitants pourront obtenir la libre et pleine jouissance de tout ou partie de la surface de leurs concessions, pour des magasins, ateliers, lavoirs, usines, dépôts de décombres ou de scories, chemins et autres usages analogues, le tout dans les limites de ce qui est strictement nécessaire à leur industrie. S'ils ne se mettent pas d'accord avec les propriétaires des terrains sur l'étendue des parties à occuper et sur le prix, ils demanderont au gouverneur de la province l'application immédiate de la loi sur l'expropriation forcée, applicable à ces cas, et qui aura effet dans le terme de deux mois, moyennant les indemnités spécifiées à l'art. 5.

« Si les chemins doivent s'étendre ou être ouverts au-delà des concessions, ils se soumettront aux dispositions générales sur la matière.

« Art. 5. — Le tiers qui aura obtenu l'autorisation du gouvernement d'exploiter une des substances énumérées aux deux articles précédents, indemnisera le propriétaire pour la valeur du terrain qu'il occupera, en y ajoutant un cinquième en plus ; il paiera, le cas échéant, la moins value ou dépréciation que la propriété subit ; il fournira caution pour répondre des dommages et préjudices ultérieurs qu'il pourrait occasionner par la suite ; jusqu'à ce qu'il ait rempli ces conditions, il ne pourra commencer ses travaux. L'autorisation sera caduque , si le concessionnaire laisse passer une année sans exploiter ces substances. »

La loi Italienne du 20 novembre 1859, édicte les règles suivantes en ce qui concerne les travaux des mines :

« Art. 78. — Les concessionnaires de mines doivent réparer tout dommage causé par leurs travaux.

« Art. 79. — Si ces travaux ne sont que de courte durée, et si le terrain où ils sont faits peut être, dans le délai d'une année, rendu à la culture comme auparavant, l'indemnité sera réglée au double du produit net qu'aurait donné le terrain endommagé et occupé provisoirement.

« Lorsque l'occupation du terrain prive le propriétaire du sol de ses produits pendant plus d'une année, ou lorsque, par l'effet des travaux entrepris, les terrains ne sont plus susceptibles de culture, il peut exiger que les concessionnaires les achètent.

« Art. 80. — Le propriétaire de la surface pourra aussi obliger le concessionnaire à acheter entièrement la pièce de terre endommagée en grande partie par les travaux d'exploitation de la mine.

« Art 83. — Les ouvrages qui, même en dehors des limites du terrain concédé, doivent être entrepris pour l'aérage ou pour l'écoulement des eaux des mines, peuvent donner lieu à la déclaration d'utilité publique en vertu des lois sur la matière. »

La loi Prussienne du 24 juin 1865 a consacré les dispositions suivantes au règlement des rapports de droit entre les exploitants de mines et les propriétaires du sol, sous ce titre : *De la cession des terrains*.

« Art. 135. — Le propriétaire du sol ou usufruitier, doit céder son terrain au concessionnaire de la mine , lorsque l'occupation de ce terrain est nécessaire au service de l'exploitation. Cette obligation s'applique aux travaux de la mine elle-même , aux emplacements des halles de déchargement, des dépôts ; aux routes , chemins de fer et canaux, aux installations de machines d'écoulement des eaux, de réservoirs, d'ouvrages de secours ; aux bâtiments de la mine et autres constructions indispensables à l'exploitation ; aux ateliers de préparation indiqués à l'article 58 et enfin aux conduites et réservoirs pour les eaux des sources minérales.

« Art. 136. — La cession ne peut être refusée que pour des raisons majeures d'intérêt public.

« Le propriétaire du sol ne peut jamais être tenu de céder, contre sa volonté, le terrain sur lequel sont érigés des bâtiments d'habitation, d'exploitation agricole ou industrielle, ni les enclos y attenants.

« Art. 137. — Le concessionnaire est tenu de payer au propriétaire du sol, annuellement et par anticipation, une indemnité pleine et entière de la privation d'usage, et de restituer le terrain dès qu'il ne lui est plus nécessaire.

« Si le terrain a perdu de sa valeur par l'occupation, le concessionnaire doit en tenir compte lors de la restitution. A l'effet d'assurer cette clause, le propriétaire du sol peut réclamer du concessionnaire, dès l'occupation, le dépôt d'un cautionnement suffisant. Le propriétaire peut aussi, en cas de moins-value, exiger l'acquisition du terrain au lieu d'une indemnité.

« Art. 138. — Quand l'occupation se prolonge au-delà de trois annees, le propriétaire est en droit d'exiger l'acquisition du terrain.

« Art. 139. — Lorsqu'un terrain a été morcelé par l'occupation, de telle sorte que les parties restantes ne puissent plus être convenablement utilisées, l'indemnité annuelle (Art. 137) est également due pour ces dernières.

« Art. 140. — Lors de l'occupation ou de la cession forcée d'un terrain, pour l'établissement d'une exploitation de mine, la plus-value acquise par ce terrain, à raison de cet établissement, n'est pas admise en ligne de compte dans le règlement de l'indemnité.

« Art. 141. — Lorsque le terrain est devenu inutile à l'exploitation de la mine, le propriétaire qui en a été dépossédé a, par préférence, le droit de le racheter, en se conformant aux dispositions légales qui concernent, en pareille matière, les sociétés de chemin de fer.

« Art. 142.— Lorsque, dans les cas prévus aux articles 135 à 139, les parties ne peuvent s'entendre à l'amiable ; l'Administration supérieure des mines et la régence réunies décident s'il y a lieu, soit à l'occupation temporaire, soit à la cession du terrain ; dans l'affirmative, ils en règlent l'étendue et les conditions.

« Art. 143. — Avant toute décision, les parties doivent être entendues et la question examinée sur les lieux, par des commissaires des deux autorités auxquelles incombe la décision.

« L'évaluation de l'indemnité ou du prix de cession, ainsi que le montant du cautionnement mentionné à l'article 137 sont, à défaut d'entente amiable, déterminés également par les commissaires.

« Les experts doivent être consultés sur ces évaluations. Chaque partie a le droit de désigner un expert. Si ce droit n'a pas été exercé dans le délai assigné par les commissaires, ceux-ci nomment les experts. En tous cas, les commissaires peuvent recourir à un troisième expert.

« Art. 144.— La décision qui prononce l'occupation forcée ou la cession d'un terrain, doit indiquer exactement ce terrain, fixer le montant de l'indemnité et du cautionnement, et déterminer les autres conditions de l'occupation ou de la cession.

« Art. 145. —Chacune des deux parties peut réclamer, auprès du ministère compétent, contre la décision de l'Administration supérieure des mines et de la régence. Cette réclamation est introduite par l'intermédiaire de l'Administration supérieure des mines, conformément aux articles 192 et 193. Elle n'est pas admissible en ce qui concerne le taux de l'indemnite et de la caution.

« Le recours à la voie judiciaire, en ce qui concerne l'obligation de céder un terrain, ne peut être exercé que dans le cas où le droit de se soustraire à cette obligation serait fondé sur le deuxième paragraphe de l'article 136 , ou sur un titre spécial.

« Art. 146. — La prise de possession du terrain n'est pas arrêtée par un recours à la voie judiciaire , s'il ne s'agit que de la fixation de l'indemnité ou du cautionnement , pourvu que l'indemnité ait été payée, ou judiciairement consignée, ainsi que le cautionnement.

« Art. 147. — Les frais d'expropriation doivent être supportés , savoir : ceux de la première instance , par le concessionnaire ; ceux de l'instance en recours d'appel, par la partie qui succombe. »

En France , ainsi que nous l'avons montré plus haut, la loi du 21 avril 1810 avait manqué de précision, lorsqu'elle édictait cette règle : Les concessionnaires de mines seront tenus de payer les indemnités dues au propriétaire de la surface, sur le terrain duquel ils établiront leurs travaux. (Art. 43).

Depuis longtemps, cette disposition de la loi de 1810 était l'objet des critiques les mieux fondées. Les besoins nouveaux de l'industrie s'imposaient , en effet, de plus en plus aux exploitants et les mettaient dans la nécessité de relier leurs puits d'extraction aux grandes voies ferrées et aux canaux, dans le but de faciliter le transport de leurs produits et d'en abaiser le prix L'intérêt personnel de l'exploitant n'était pas seulement en jeu, l'intérêt général demandait que les produits des mines, ces aliments indispensables de tant d'industries, fussent répandus abondamment, aux conditions les plus favorables, dans tous les lieux où l'industrie les réclamait. L'exploitation des mines privées de voies de communication rapides et faciles était entravée dans son développement et arrêtée dans son essor.

Le moyen le plus incontestable de favoriser ces exploitations était assurément de leur accorder des débouchés nouveaux, en leur facilitant l'ouverture de nouvelles voies de communication, leur permettant à la fois de s'approvisionner des choses qui leur sont indispensables et d'écouler leurs produits. La nouvelle disposition des articles 43 et 44 de la loi du 27 juillet 1880 a été conçue dans cet esprit, elle est ainsi libellée :

« Art. 43. — Le concessionnaire peut être autorisé par arrêté préfectoral, pris après que les propriétaires auront été mis à même de présenter leurs observations, à occuper dans le périmètre de sa concession, les terrains nécessaires à l'exploitation de sa mine, à la préparation mécanique des minerais et au lavage des combustibles, à l'établissement des routes ou à celui des chemins de fer ne modifiant pas le relief du sol. Si les travaux entrepris par le concessionnaire ou par un explorateur, muni du permis de recherches mentionné à l'article 10, ne sont que passagers, et si le sol où ils ont eu lieu peut être mis en culture au bout d'un an, comme il l'était auparavant, l'indemnité sera réglée à une somme double du produit net du terrain endommagé.

« Lorsque l'occupation ainsi faite prive le propriétaire de la jouissance du sol pendant plus d'une année, ou lorsqu'après l'exécution des travaux, les terrains occupés ne sont plus propres à la culture, les propriétaires peuvent exiger du concessionnaire ou de l'explorateur l'acquisition du sol.

« La pièce de terre trop endommagée ou dégradée sur une trop grande partie de sa surface doit être achetée en totalité, si le propriétaire l'exige. Le terrain à acquérir ainsi sera toujours estimé au double de la valeur qu'il avait avant l'occupation. Les contestations relatives aux indemnités réclamées par les propriétaires du sol aux concessionnaires de mines, en vertu du présent article, seront soumises aux tribunaux civils. Les dispositions des paragraphes 2 et 3, relatives au mode de calcul de l'indemnité due au cas d'occupation ou d'acquisition des terrains, ne sont pas applicables aux autres dommages causés à la propriété par les travaux de recherche ou d'exploitation : la réparation de ces dommages reste soumise au droit commun.

« Art. 44. — Un décret rendu en Conseil d'État peut déclarer d'utilité publique, les canaux et les chemins de fer, modifiant le relief du sol, à exécuter dans l'intérieur du périmètre, ainsi que les canaux, les chemins de fer, les routes nécessaires à la mine et les travaux de secours, tels que puits ou galeries destinés à faciliter l'aérage et l'écoulement des eaux, à exécuter en dehors du péri-mètre. Les voies de communication créées en dehors du périmètre pourront être affectées à l'usage du public, dans les conditions établies par le cahier des charges.

« Dans le cas prévu par le présent article, les dispositions de la loi du 3 mai 1844, relatives à la dépossession des terrains et au règlement des indemnités, seront appliquées. »

En résumé, si nous analysons le système des nouveaux articles 43 et 44, nous y trouvons les règles suivantes :

Dans l'intérieur du périmètre de la concession, un arrêté préfectoral est nécessaire, mais suffit, pour l'établissement des chemins de fer ne modifiant pas le relief du sol. Un décret rendu en Conseil d'État est, au contraire, indispensable pour déclarer d'utilité publique un chemin de fer qui modifie le relief du sol ou qui s'étend en dehors du périmètre de la concession. Ces distinctions sont de beaucoup préférables à celles de l'ancienne jurisprudence administrative qui, dans ses tatonnements, s'attachait tantôt à la largeur de la voie, tantôt au mode de traction employé. On a pensé que le chemin de fer, qui ne modifiait pas le relief du sol, ne grevait pas de servitudes trop considérables les propriétés riveraines, et laissait subsister les communications entre les parcelles traversées.

Au contraire, des déblais ou des remblais sont-ils nécessaires, les propriétés sont alors privées de communications et isolées les unes des autres ; de là des inconvénients nombreux et une gêne considérable pour l'exploitation du sol, on a cru qu'il était nécessaire, dans ce cas, d'exiger une déclaration d'utilité publique.

Cependant, tout en accordant des avantages considérables aux exploitants des mines, la loi de 1880 donne aux propriétaires de la surface des garanties nouvelles.

Tout d'abord, en effet, l'arrêté du Préfet pris avant l'occupation des terrains de la surface et la mise en demeure des propriétaires de fournir leurs observations, est de nature à écarter toute occupation injuste ou non commandée par la nécessité.

De plus, la déclaration d'utilité publique fait cesser les difficultés qui naissaient des anciennes dispositions de la loi de 1810, dont on contestait l'application aux chemins de fer des mines. Ainsi succombe cette objection que la mine étant une propriété privée, l'intérêt particulier du concessionnaire est seul en jeu dans l'exploitation. Si, en effet, la loi crée et organise la propriété de la mine distincte et indépendante des propriétés de la surface, c'est guidée par des motifs d'intérêt général, afin d'établir le mode d'exploitation le plus utile à l'intérêt de tous. La loi, après avoir créé cette propriété, ne pouvait la laisser stérile entre les mains du concessionnaire, et c'est ainsi qu'elle est amenée fatalement, à lui conférer d'autres avantages indispensables à son existence et à permettre la déclaration d'utilité publique, pour les ouvrages et les travaux dont la nécessité la plus impérieuse s'impose aux exploitants.

Dès lors, pour l'avenir, la déclaration d'utilité publique intervenant légalement, les actes de concessions pourront être débarrassés des clauses et conditions gênantes, qui y étaient insérées pour les faire rentrer dans le cadre ordinaire des chemins de fer d'intérêt général.

Ainsi, cette partie de la loi de 1810 sera désormais mise en harmonie avec la situation nouvelle et l'immense développement de l'industrie des mines. Ce n'est plus seulement, en effet, la construction de chemins de charroi, de simples voies de terre dans l'intérieur du périmètre de la concession dont l'établissement sera possible ; désormais, les concessionnaires de mines pourront, à la faveur d'une disposition légale, précise dans ses termes, établir tout un ensemble de voies perfectionnées et profiter des progrès de l'industrie, qui ont changé les conditions des transports et créé pour l'exploitation des mines des exigences nouvelles.

CHAPITRE VII.

Les chemins de fer des mines en Belgique
avant la loi du 2 mai 1837.

Si nous recherchons en Belgique l'origine des premiers chemins à ornières de fer créés pour desservir l'industrie des mines, nous retrouverons un second exemple de la situation que nous avons précédemment signalée ; dans ce pays, en effet, nous voyons aussi que les plus anciens chemins de fer établis dans l'intérêt des exploitations des mines, ont constitué les premiers essais de cette grande industrie, et là aussi ils ont précédé l'établissement des voies ferrées créées dans un intérêt général.

Le 22 mai 1830, avant toute disposition législative sur la matière, un arrêté de la députation des États de la province de Liége autorisait la société de l'Espérance, dont les travaux étaient situés sur le territoire de Scraing, à établir un chemin ferré, destiné à mettre en communication entre eux deux sièges d'exploitation, qui avaient du reste déjà l'un et l'autre accès à la voie publique. Un propriétaire sur le terrain duquel ce chemin devait passer, protesta contre l'occupation de son fonds. Il demanda au tribunal de Liége d'ordonner qu'il fut sursis aux travaux de l'établissement de la route par la société assignée, jusqu'à ce que le pouvoir administratif ait été organisé et qu'on ait statué sur le remplacement du Conseil d'État, par l'établissement d'une autorité devant laquelle on pût se pourvoir contre les arrêtés de la députation des Etats provinciaux.

L'arrêt de la Cour de Liége du 17 décembre 1835, examinant cette difficulté, décide « qu'il résulte de l'ensemble des lois sur les mines, et notamment des dispositions combinées des art. 25 de la loi des 12-28 juillet 1791 ; 10, 44, 49 et 80 de la loi du 21 avril 1810, que l'autorité administrative était compétente pour autoriser les travaux nécessaires pour l'exploitation des mines ou reconnus nécessaires pour atteindre le but de la concession ; d'où il suit que l'administration était compétente pour autoriser le chemin dont il s'agit [1]. »

Bientôt cependant, la loi du 19 juillet 1832 avait conféré au gouvernement le droit de concéder des péages, dont le terme n'excèderait pas 90 ans, pour l'exécution de grands travaux d'utilité publique. Cette loi s'étendait à presque tous les travaux susceptibles d'être ainsi concédés: routes, canaux, chemins de fer, etc. Les canalisations de fleuves et de rivières étaient seules réservées et les entreprises de cette nature restaient subordonnées à une autorisation législative.

La loi du 19 juillet 1832 n'était obligatoire que jusqu'au 1er juillet 1833 ; mais elle a été successivement prorogée dans ses principales dispositions et les principes qu'elle avait posés étaient restés en vigueur, lorsque des modifications, d'une certaine importance, y ont été apportées par deux lois de prorogation des 15 avril 1843 et 16 mai 1845.

Le 26 avril 1833, un arrêté Royal rendu en exécution de la loi du 19 juillet 1832, ordonne la construction du chemin de fer des charbonnages des haut et bas Flenu. Il sera construit, dit l'art. 1 de cet arrêté, des chemins à ornières de fer entre les rivages du canal de Mons à Condé et le centre des houillères du haut et bas Flenu, au couchant de Mons. Suit la description des chemins à construire

---

[1] Cour de Liège, 17 déc. 1835. Arrêts notables de la Cour de Liège, 14, 1, 388.

et la disposition générale du tracé ; « les propriétés qui seront nécessaires pour l'établissement et la construction des chemins de fer et de leurs dépendances, seront emprises et occupées conformément aux lois en matière d'expropriation pour cause d'utilité publique » (art. 10).

Le 31 juillet 1833, le Ministre de l'Intérieur arrête, en ces termes, les clauses et conditions générales de l'adjudication des chemins de fer du Flenu : « Pendant toute la durée de la concession, l'adjudicataire transportera jusqu'aux rivages du canal, les houilles, cokes, marnes, chaux, pierres, etc., déposés contre les chemins du haut et du bas Flenu, en quelque point que ce soit de l ur développement. Ce transport sera effectué au moyen de machines locomotives ou de chevaux lui appartenant. Le chargement et le déchargement devront se faire par les exploitants et les propriétaires de rivages.

« Les chariots et paniers appartenant aux exploitants seront construits d'après les modèles à convenir entre eux et le concessionnaire (art. 22).

« Il sera payé au concessionnaire pour le transport d'un chargement de 600 kilogrammes (poids du muid de charbon dit des fosses) y compris le retour des chariots et paniers à vide, un droit qui ne pourra s'élever au-dessus de 40 centimes, ni rester au-dessous de 34 centimes, sauf le rabais éventuel de l'ajudication.

« A défaut d'arrangement à l'amiable, la quotité du droit sera réglée entre ces limites par voie d'arbitrage eu égard, dans chaque cas particulier, à la distance du point de départ au point d'arrivée et aux difficultés d'entretien, d'exploitation et de transport (art. 25.)

« Lorsque les propriétaires des houillères en feront la demande, le concessionnaire sera tenu de diriger à ses frais vers les bures d'extraction ou les dépôts de charbon, des branches accessoires ayant au plus 500 mètres de longueur et deux centimètres d'inclinaison par mètre ; sous la condition toutefois, que les demandeurs mettront à sa disposition tout le terrain nécessaire, et que leurs fosses fourniront au moins annuellement 40,000 muids de charbon. Dans le cas où la hauteur des déblais et remblais s'élèverait au-dessus d'un mètre 50 centimètres, le concessionnaire aurait droit à une indemnité à régler à l'amiable ou par voie d'arbitrage. Il en serait de même s'il devait exécuter d'autres ouvrages d'art, que des aqueducs de 80 centimètres au plus d'ouverture.

« Le concessionnaire percevra sur les branches accessoires un supplément de droit fixé à un, deux, trois, quatre et cinq centimes selon que la distance à parcourir ne dépassera point 100, 200, 300, 400 et 500 mètres. » (Art. 26).

« Il ne sera établi sur les chemins du haut et du bas Flenu pendant la durée de la concession, aucun nouveau péage à percevoir au profit du gouvernement, de la province de Hainaut et des communes ou particuliers (art. 28.)

« La concession sera adjugée publiquement et par voie de soumissions, pour un terme de 90 ans, prenant cours à la date du procès-verbal de l'Ingénieur des Ponts et Chaussées constatant l'achèvement complet des travaux.

« Les soumissions indiqueront le rabais de 1, 2, 3, 4, etc. pour cent que l'on consent à faire, à la fois sur les prix maximum et minimum de 40 et 34 centimes stipulés à l'art. 25. Le Ministre de l'Intérieur déclarera adjudicataire celui des concurrents qui, ayant souscrit au plus fort rabais, fournira dans le mois de l'adjudication, le cautionnement exigé par l'art. 31 et paiera dans le même délai 1° au sieur Alexandre Vifquain, auteur du projet, la somme de 30,000 francs, 2° dans les bureaux du gouvernement provincial la somme de 1000 francs pour frais de l'adjudication (art. 29).

« La police de la grande voirie et des constructions ou plantations riveraines sera exercée sur les nouvelles communications, d'après les lois existantes et les règlements spéciaux qui pourraient être ultérieurement mis en vigueur par l'administration sur la demande du concessionnaire » (art. 36).

C'est en vertu de cet article que le Ministre des Travaux publics a publié des règlements sur la police des chemins de fer du haut et du bas Flenu.

Le premier porte la date du 18 mai 1837, les autres arrêtés des 18 avril 1838, 17 mai 1839 et 24 mai 1842 ont successivement maintenu en vigueur le règlement provisoire de 1837. Le règlement du 5 juillet 1846 a ajouté quelques dispositions nouvelles.

Aux termes de ces documents, les chemins de fer du haut et du bas Flenu sont soumis aux règlements généraux d'ordre public et de police en matière de grande voirie, qui sont ou pourront être mis en vigueur dans la province. (Art. 3).

Les transports sont effectués par le concessionnaire, à son choix, au moyen de machines locomotives, de machines fixes ou de chevaux lui appartenant ; le chargement et le déchargement devront se faire par les exploitants de mines et les propriétaires des rivages. (Art. 4.)

Les chariots ou wagons appartenant aux exploitants de mines doivent être construits suivant les règles de l'art et d'après les modèles à convenir entre les exploitants et la société concessionnaire, cependant des conditions générales sont prescrites pour l'établissement de ces wagons.

Chaque wagon chargé pesera au maximum 4,500 kilog., le poids du wagon vide ne pourra excéder 1,500 kilog.

Chaque wagon portera un numéro d'ordre, la marque du propriétaire et l'indication de son poids à vide. (Art. 5).

Tous les jours, chaque exploitant de mines qui aura des transports à faire effectuer le jour suivant, devra faire connaître par écrit, à l'administration de la société concessionnaire, le nombre de muids de houille qui devra être transporté et le nombre de chariots qu'il mettra à cet effet, à la disposition de la société. (Art. 10).

Ces documents sont intéressants en ce qu'ils nous montrent les exploitants de mines, propriétaires des wagons servant à la circulation des houilles et le concessionnaire du chemin de fer, obligé seulement d'en effectuer le transport.

Pendant cette première période de la législation, nous devons citer encore : L'arrêté du 11 septembre 1833, qui ordonne la construction de deux embranchements entre le canal de Charleroi à Bruxelles et la route charbonnière de Rœulx à la Chapelle-lez-Herlaimont, en vertu des lois des 19 juillet 1832 et 10 juillet 1833, sur les concessions de péages ; enfin, l'arrêté du 19 mai 1836, qui ordonne dans les mêmes termes, la construction par voie de péages d'un chemin de fer rattachant une partie des houillères du couchant de Mons aux rivages du canal de Mons à Condé, à St-Ghislain. Les propriétés nécessaires à l'établissement de ces chemins et de leurs dépendances, devaient être emprises et occupées conformément aux lois en matière d'expropriation pour cause d'utilité publique.

Quel est le sens et la portée de l'art. 4, de la loi du 19 juillet 1832 disposant ; « qu'aucune concession ne peut avoir lieu que par voie d'adjudication publique et après enquête sur l'utilité des travaux, la hauteur du péage et sa durée ? » Comment déterminer la valeur exacte de cette règle ? Faut-il l'entendre en ce sens, qu'une concession ne peut être accordée contrairement à l'avis de la commission d'enquête, ou bien seulement que l'enquête était une sauvegarde pour la propriété soumise à l'expropriation, un moyen d'éclairer l'autorité qui restait ensuite maîtresse absolue de sa décision.

La question avait une importance capitale avant la loi de 1837 ; pendant cette période, en effet, les seules concessions de chemins de fer accordées pour le service des mines, furent instituées en vertu de la loi du 19 juillet 1832 ou des lois postérieures de prorogation, lesquelles imposaient, comme nous l'avons vu, la condition d'une enquête préalable. Depuis la loi de 1837, dont l'art. 12 prescrit aussi une enquête, la difficulté que nous allons examiner a conservé son intérêt.

A mon sens, les termes de la loi de 1832, aussi bien que la disposition de 1837, imposaient seulement la nécessité de l'enquête. « Aucune concession ne peut avoir lieu qu'après enquête. » « La déclaration d'utilité publique sera précédée d'une enquête, » disait le législateur ; si au lieu et place de ces expressions, il avait exigé cette condition que l'enquête fût favorable à la concession demandée, c'eût été là une condition nouvelle, qui assurément aurait pu être ajoutée à la loi, mais dont le texte ne fait aucune mention. On serait donc amené fatalement, en exigeant ainsi une forme nouvelle de l'autorisation gouvernementale, à considérer comme nulle une concession faite contrairement aux conclusions de la commission d'enquête ; l'utilité publique n'était plus valablement prononcée et les propriétaires avaient le droit de résister à l'expropriation de leurs fonds, si elle était poursuivie en vertu d'une telle concession. Des conséquences si graves ne sauraient résulter que d'une violation d'un texte formel de la loi.

C'est ce qu'a décidé un jugement du tribunal de Mons, du 16 mars 1837, confirmé par arrêt de la Cour de Bruxelles, le 8 août 1838.[1]

Le tribunal estime, en effet, que dès « qu'il y a eu enquête sur les travaux décrétés par le gouvernement, comme étant d'utilité publique, peu importe que cette enquête ait été oui ou non favorable à l'exécution de ces travaux ; qu'en effet, la loi du 19 juillet 1832, qui prescrit une enquête sur l'utilité des travaux, ne dit pas que l'enquête doit être favorable, pour que le gouvernement puisse ordonner l'exécution du projet ; que si, aux termes de l'arrêté du 19 juillet 1832, le gouvernement est tenu d'instituer une Commission d'enquête, et de requérir d'elle des conclusions motivées, spécialement sur l'utilité publique du projet, la hauteur des droits à percevoir, s'il y a lieu, et la durée de leur perception, c'est uniquement dans la vue de s'éclairer sur ces différents points ; que c'est évidemment dans le même esprit que l'art. 8 de cet arrêté veut que les Chambres de commerce des villes intéressées à l'exécution des travaux, soient consultées sur les avantages ou les inconvenients de l'entreprise projetée, et que l'art. 9 porte que, si la décision du gou-

[1] Pas. 1838, p. 223.

vernement n'était point arrêtée à l'époque de la réunion des conseils provinciaux, le conseil pourra également être consulté ;

« Que les termes de ce dernier art., « si la décision du gouvernement n'était point arrêtée, etc. » impliquent même contradiction, avec l'idée que cette décision doit nécessairement être modelée sur l'avis de la Commission d'enquête ;

« Que d'ailleurs, règle générale, un avis ne lie pas celui à qui il est donné ; qu'il est d'autant plus rationnel de le penser ainsi dans l'espèce, que le gouvernement doit prendre non seulement l'avis de la Commission d'enquête, mais encore celui des Chambres de commerce des villes intéressées à l'exécution de l'entreprise projetée et même, s'il est possible, celui du Conseil provincial, et qu'il peut arriver que ces différents avis se trouvent en discordance ;

« Que si la loi du 2 mai 1837, sur les mines, porte qu'aucune concession, extension ou maintenue de concession, ne peut être accordée contre l'avis du Conseil, c'est là une disposition toute exceptionnelle et qui ne fait que confirmer la règle pour les autres cas ;

« Que la Commission d'enquête n'est point appelée à émettre son avis sur les détails d'exécution des travaux projetés, mais bien sur le caractère d'utilité publique de ces travaux, sur les avantages ou inconvénients qu'ils présentent, sur la hauteur du péage et sa durée ;

« Qu'il se voit du procès-verbal de la Commission, que l'enquête a porté sur l'utilité de cette communication nouvelle ; qu'ainsi le vœu de la loi a été rempli ; que si le gouvernement en décrétant l'exécution du projet, a cru devoir apporter quelques modifications au tracé proposé, ces modifications, qui ne changent point la nature de la communication projetée, et ne tiennent qu'à l'exécution du tracé, ne se rattachent point essentiellement à la question d'utilité publique et ne pouvaient dès lors astreindre le gouvernement à la nécessité d'ouvrir une nouvelle enquête. »

La Cour de Bruxelles confirma, comme nous l'avons dit, cette importante décision.

Le 1er mai 1834, à une époque où il n'existait sur le continent aucun chemin de fer important, organisé pour le transport des personnes et des marchandises, une loi décrète l'établissement d'un réseau de chemins de fer qui sera construit par l'État ; il aura pour point central Malines, et rayonnera au Nord par Anvers, à l'Ouest sur Ostendepar Termonde, Gand et Bruges, à l'Est vers la frontière de Prusse par Louvain, Liége et Verviers, au Midi sur Bruxelles et vers la France par le Hainaut.

Bientôt, la loi du 17 avril 1835 sur l'expropriation pour cause d'utilité publique, vient faciliter l'exécution des grands travaux ainsi entrepris, et concilier le principe de la dépossession du propriétaire du sol, dans un but d'utilité publique, avec le règlement de l'indemnité préalable due à l'exproprié.

En même temps que se créaient ces grands travaux d'utilité publique, naissait pour les sociétés houillères, la nécessité de raccorder leurs établissements aux grandes voies ferrées qui allaient sillonner le pays. Bien vite, les exploitants des mines comprenant toute l'importance qu'avaient pour eux ces moyens perfectionnés de transport, cherchèrent à s'en assurer les avantages. Cependant, lorsqu'une mine voulait s'ouvrir pour l'écoulement de ses produits et son usage exclusif, une voie ferrée à travers les propriétés voisines, les moyens légaux semblaient insuffisants et ne paraissaient pas pouvoir donner aux concessionnaires un pareil privillège.

Tantôt, en effet, la mine possédait déjà un chemin qui lui permettait d'accéder à la voie publique, et dans cette situation, la jurisprudence des tribunaux belges avait bien fini par comprendre les chemins parmi les travaux nécessaires à l'exploitation, mais elle restreignait singulièrement l'étendue des art. 43 et 44 de la loi de 1810. La Cour de cassation décidait, en effet, que c'était seulement dans le cas d'une nécessité absolument certaine, et non pour le plus ou moins d'avantages des concessionnaires de mines, ou dès propriétaires d'usines métallurgiques, que les art. 43 et 80 de la loi du 21 avril 1810 autorisaient l'établissement de chemins sur la propriété d'autrui [1].

La Cour de Bruxelles semblait limiter encore davantage le droit d'établir des chemins pour le service des mines, puisqu'elle n'accordait cette faculté aux concessionnaires que dans le cas d'enclave, c'est-à-dire dans des circonstances analogues à celle que prévoit l'art 682 du code civ.[2].

Entendu en ces termes, le droit d'occupation ne permettait pas aux concessionnaires de mines, qui avaient une issue quelconque sur la voie publique, d'établir une voie nouvelle destinée à conduire leurs produits jusqu'à un chemin de fer ou un canal. Les consommateurs souffraient de cette situation autant que les exploitants eux-mêmes. Enfin, d'après les termes mêmes de la loi, le droit d'occupation ne pouvait être invoqué que dans les limites de la concession et cependant pour accéder à un chemin de fer ou à une route, il était souvent nécessaire, dans un certain parcours, de tracer la voie nouvelle en dehors du périmètre concédé.

Dans ces circonstances, on reconnut l'insuffisance de la législation en vigueur et la loi du 2 mai 1837, modifiant sur certains points la loi de 1840, permit au gouvernement de déclarer d'utilité publique l'établissement de chemins de fer destinés au service exclusif d'une ou plusieurs exploitations de mines. Bien que l'on se trouve en face d'établissements purement privés, « les mines, disait-on, sont une source de richesses tellement féconde pour le pays, elles sont d'une nécessité si indispensable pour l'industrie et le commerce, qu'il est évidemment, de l'intérêt général, de ne négliger aucun moyen extraordinaire d'en favoriser l'exploitation, lorsque les moyens ordinaires font défaut [3]. »

(1) Cour Cass. B. 19 mars 1834, Pas. 1834, p. 229.

(2) Cour Bruxelles, 14 janvier 1833, Pas. 1833, p. 14.

(3) Rapport de M. Fallon. V. : Discussions de la loi du 2 mai 1837, par M. Chicora, p. 439.

C'est sur ce motif que fut fondée la disposition de l'art. 12, de la loi du 2 mai 1837 ainsi conçue :

« Le gouvernement, sur la proposition du Conseil des mines, pourra déclarer qu'il y a utilité publique à établir des communications dans l'intérêt d'une exploitation de mines. La déclaration d'utilité publique sera précédée d'une enquête. Les dispositions de la loi du 17 avril 1835 sur l'expropriation pour cause d'utilité publique et autres lois sur la matière seront observées ; l'indemnité due au propriétaire sera fixée au double.

« Lorsque les biens ou leurs dépendances seront occupés par leurs propriétaires, les tribunaux pourront prendre cette circonstance en considération pour la fixation des indemnités. »

CHAPITRE VIII.

Commentaire des dispositions de la loi du 2 mai 1837.

———

I. — Le principe fondamental de la législation nouvelle des chemins de fer des mines est ainsi libellé par l'article 12 de la loi du 2 mai 1837 : *Le gouvernement peut déclarer qu'il y a utilité publique à établir des communications dans l'intérêt d'une exploitation de mines.*

Le gouvernement, nous l'avons vu, avait déjà concédé des chemins de fer, dans le but de desservir quelques centres d'exploitations. Cette faveur les mettait ainsi à même de conduire directement leurs charbons par voies de fer, et d'en recueillir les avantages les plus considérables ; mais c'étaient là des exceptions bien peu nombreuses. La plus grande partie des houillères, privée de ces moyens de transport, se trouvait ainsi dans une situation défavorable, la concurrence devenait impossible, la lutte était inégale et l'équilibre rompu. Cependant, la nécessité de se procurer les produits des mines grandissait chaque jour ; il fallait en même temps, dans l'intérêt de la consommation et de l'industrie menacées, donner aux exploitants de mines toutes facilités pour faire parvenir leurs produits dans les centres de consommation. Mais les moyens légaux d'établir des voies ferrées dans l'intérêt d'une seule exploitation faisaient défaut dans bien des cas.

Les articles 43 et 44 de la loi de 1810, en permettant d'occuper les terrains nécessaires aux travaux de l'exploitation, dans le périmètre de la concession, s'étendaient bien, suivant l'opinion générale, à la création de voies de terre et de chemins de charroi ; mais pouvait-on, par voie d'extension, les appliquer dans le cas d'établissement d'une véritable voie ferrée avec traction mécanique ? Des doutes sérieux s'élevaient sur ce point.

D'autre part, la loi du 19 juillet 1832, qui organisait les concessions de péages, ne visait que les travaux d'intérêt général, et de très bons esprits pensaient qu'une entreprise d'exploitation de mines, conduite quelquefois par un groupe peu nombreux d'individus et en tous les cas dans leur intérêt exclusif, ne pouvait, dans l'état de la législation, réclamer une déclaration d'utilité publique pour l'établissement d'une voie ferrée destinée à son service exclusif.

La loi de 1837 est venue trancher cette difficulté. L'exploitation des mines est, en effet, liée d'une façon indissoluble à l'intérêt général et à la prospérité d'une nation ; or cette exploitation elle-même ne saurait avoir lieu d'une façon véritablement large et profitable, qu'aidée de la faculté de créer des voies de communication rapides et économiques, dans le but de relier les mines aux grandes voies ferrées, qui portent ainsi ses produits sur tous les points du territoire où la consommation les réclame. Le gouvernement reçoit donc de la loi nouvelle la faculté de déclarer qu'il y a utilité publique à établir un chemin de fer dans l'intérêt d'une exploitation de mines, et sa déclaration permet alors d'appliquer aux concessionnaires les règles prévues et spécifiées dans les lois, pour tous les cas où une semblable utilité a été régulièrement constatée.

Si nous recherchons quelle est l'étendue de la disposition légale de 1837, l'étude de la discussion de la loi nous éclairera puissamment à cet égard.

Il ne s'agit pas seulement pour le concessionnaire de sortir d'une enclave, de se frayer un chemin ferré jusqu'à une autre voie de communication la plus prochaine ou à un canal, de telle sorte qu'une fois un pareil chemin établi, il ne puisse plus en être réclamé d'autre, si l'intérêt de l'exploitation l'exigeait ; la loi de 1837 a une portée beaucoup plus étendue. En effet, cette loi qui accorde aux exploitations de mines le droit d'établir des voies ferrées, a pour but de leur faciliter les moyens de livrer à l'industrie les richesses enfouies dans le sol, aux conditions les plus économiques et les plus favorables, et de soutenir ainsi une concurrence entre des entreprises de même nature ; c'est pour ces motifs qu'on a déclaré applicables aux concessions de mines, les modes d'expropriation pour cause d'utilité publique consacrés par les lois [1].

Le Ministre de l'intérieur précisait bien ainsi le sens de la loi nouvelle, dans les termes suivants : « A quoi servirait d'obtenir une concession de mines, de faire de grands travaux, s'il n'est pas possible à l'exploitant de soutenir la concurrence avec les autres propriétaires de mines ? et c'est cependant ce qui va arriver très fréquemment. L'on a déjà établi plusieurs chemins de fer, ceux qui se trouvent à proximité de ces chemins peuvent livrer les produits de leurs mines à un prix beaucoup plus bas que les propriétaires dont les mines en sont éloignées.

« Eh bien, si vous voulez que ces derniers puissent *soutenir la concurrence* avec les autres exploitants, il faut bien que le gouvernement, après avoir constaté les faits, puisse permettre aux premiers d'ouvrir un passage sur les propriétés de leurs voisins, c'est là une conséquence directe en matière d'expropriation pour cause d'utilité publique. »

Ces déclarations posent nettement le sens et la portée de l'article 12. Ce n'est donc pas une voie d'accès unique, qui est accordée à la mine, c'est l'ensemble de toutes les voies perfectionnées que son importance et sa situation réclameront, afin que ses produits puissent être livrées aux consommateurs dans les conditions les plus avantageuses de prix et de rapidité.

---

[1] Discours de M. Fallon, président de la Commission, lors de la discussion de la loi du 2 mai 1837. V. Chicora, I, V, p. 223.

Si de ces principes nous descendons à leur application, nous trouvons les règles suivantes :

Des concessionnaires de mines ont une voie pour parvenir à un canal, à une route, à une rivière, mais elle est détournée et indirecte ; on peut reconnaître qu'ils ne seront en état de soutenir la concurrence avec les autres mines plus favorisées par leur situation, que s'ils obtiennent la faculté d'établir une voie directe amenant ainsi leurs produits avec plus d'économie à ce canal ou à cette route, en évitant un détour plus ou moins considérable.

Cette régle a été nettement formulée dans un avis du Conseil des mines du 28 juillet 1838.

Le Conseil énonce, en effet, « que le principe de la disposition de l'article 12 a été posé dans le projet de loi présenté par le gouvernement, qui, en rendant compte des motifs de cette disposition dans l'exposé des motifs qui accompagnait ce projet de loi , fit observer « qu'une exploitation de mines pouvait n'être que très peu éloignée « d'un chemin, d'une chaussée ou d'un canal, et que, cependant, « pour y arriver, il faille faire un détour considérable à défaut de « communication directe ; que, dans ce cas, il importait, dans « l'intérêt public, que l'exploitant pût établir, sur la propriété « d'autrui, une communication directe, afin d'être à même de four- « nir ses produits à meilleur compte, et de soutenir la concurrence « avec les exploitations qui, sous le rapport des moyens de trans- « port, se trouveraient dans une position plus favorable ; »

« Que c'est dans ce sens que cette disposition fut adoptée par la commission spéciale, à l'examen de laquelle le projet avait été envoyé, que c'est également dans ce sens qu'après l'épreuve d'une première discussion dans les deux Chambres, elle fut adoptée de nouveau par la même commission ; et qu'enfin, c'est bien dans ce sens que, sauf la modification du mode de règlement de l'indemnité et de la formalité de l'enquête préalable, elle fut définitivement votée, ce qui est d'ailleurs plus amplement démontré dans le rapport de M. Fallon, du 8 décembre 1836 ;

« Que dès lors, il y a lieu de faire application de l'article 12 de ladite loi, c'est à dire de faire profiter l'intérêt général des avantages de la concurrence, dans le cas où, à défaut de communication directe, une exploitation de mines plus ou moins éloignée d'un chemin, d'une chaussée, d'un canal ou d'une rivière, ne pourrait y transporter ses produits qu'en faisant un détour plus ou moins considérable; circonstances qui sont abandonnées à l'appréciation ainsi qu'à la discrétion du gouvernement, suivant l'importance de l'exploitation, des terrains à exproprier et des avantages que la cause de l'utilité publique peut en espérer [1]. »

Ainsi, en résumé, l'utilité publique peut être prononcée, dès que le chemin réclamé par les concessionnaires de mines, leur ouvre de nouveaux débouchés pour l'écoulement de leurs produits ou leur rend plus faciles leurs voies de transport, en y substituant des moyens plus rapides et plus économiques, ou enfin donne, pour une raison quelconque, un développement plus considérable à leur exploitation [2].

Remarquons encore que la déclaration d'utilité publique ne s'appliquera pas seulement à l'expropriation du sol strictement indispensable pour l'assiette de la voie; d'autres terrains seront encore nécessaires aux concessionnaires de mines pour l'établissement des travaux accessoires de la voie elle-même, parmi lesquels figurent les voies d'évitement, les ponts de chargement et tous autres ouvrages analogues destinés à rendre plus facile et plus économique l'usage de la voie ferrée [3].

Le Conseil des mines a en outre décidé que la loi de 1837 était même applicable à une voie de communication, destinée à relier à la

[1] Chicora, Jurisprudence du Conseil des Mines. Vol. 1850, p. 50.

[2] Avis du Conseil des Mines du 12 mars 1873. Chicora, V. 1880, p. 81; id. du 22 octobre 1873, ibid, V. 1880, p. 7; id., 8 août 1873, ibid, V. 1880, p. 5; id., 22 octobre 1878, ibid, 1880, p. 82; id., 1er février 1879, ibid, 1880, p. 61.

[3] Avis du Conseil des Mines du 4 juin 1875. Chicora, vol. 1880. p. 25.

ligne d'un chemin de fer un dépôt ou un magasin de houille dépendant d'une exploitation charbonnière.

Le Conseil a fondé sa décision sur ce que « la loi autorise le gouvernement à déclarer qu'il y a utilité publique à établir des communications dans l'intérêt d'une exploitation de mines, qu'en conséquence, la question posée se réduit à savoir si un dépôt ou un magasin de charbon extrait de la mine fait, oui ou non, partie intégrante du champ d'exploitation de ladite mine ;

« Que l'affirmative ressort clairement de cette simple considération que l'exploitation ne pourrait avoir lieu sans l'établissement du dépôt de la matière extraite, pour être de là livrée à la consommation, ce qui implique que ce dépôt doit être considéré comme faisant partie intégrante de l'exploitation de la mine [1]. »

Ce privilège si considérable établi par le législateur, reçoit une restriction importante dans la disposition même que nous étudions ; la loi l'accorde, en effet, d'une façon spéciale et limitative aux mines seules. Or, l'existence de la mine elle-même est constatée légalement par l'acte qui en accorde la concession, après des formalités et des procédures rigoureusement prévues.

Dès ce moment, le concessionnaire peut réclamer le bénéfice de l'article 12 de la loi de 1837. Vainement on objecterait qu'il poursuit seulement des travaux de recherches et de sondages, et que les produits de la mine ne sont pas encore extraits en quantité suffisante pour être livrés à la consommation ; car nous nous trouvons véritablement dans les termes prévus par la loi et un concessionnaire peut avoir intérêt à faire marcher de front les travaux nécessaires au creusement des puits d'extraction, en même temps qu'aux voies de communication, dont il profitera alors immédiatement dès que les produits de la mine seront amenés au jour [2].

La disposition favorable que nous étudions s'étend-elle aux carrières et aux minières ?

<hr>

[1] Avis du Conseil, 30 mai 1879, Chicora, Vol. 1880, p. 65.
[2] Avis du Conseil des Mines du 17 juin 1874: Chicora, V. 1880, p. 11.

A cet égard , les travaux préparatoires de la loi de 1837 ont mis en lumière ce principe, que la disposition de la loi nouvelle était sans application aux usines ou aux autres établissements industriels, puisque le siége de ces entreprises pouvait être fixé d'une façon arbitraire et, par conséquent, à proximité des voies de communication. Les mines, au contraire , disait-on, ont un siége d'exploitation fixé par la nature même du gîte minéral , et il ne dépend pas de la volonté des concessionnaires de déterminer à leur gré l'endroit précis où ils établiront leurs travaux.

Il semble bien, *a priori* , qu'un pareil motif pourrait être invoqué par les exploitants des minières et des carrières.

Cependant , il convient de remarquer que l'expropriation pour cause d'utilité publique , accordée dans l'intérêt de l'exploitation des mines , est de sa nature un droit rigoureux, dont l'application doit par là même être restreinte dans les limites strictement déterminées par le législateur. Or, la loi n'a parlé que des mines, c'est en leur faveur seulement qu'elle permet la déclaration d'utilité publique ; il en résulte cette règle que l'exploitation des minières et des carrières ne saurait réclamer un pareil avantage.

Les discussions auxquelles la loi de 1837 a donné lieu devant les Chambres, démontrent surabondamment que l'article 12 de cette loi a été édicté dans le but de compléter les dispositions des articles 43 et 44 de la loi du 21 avril 1810. Or, ces articles, tant par leur contexte, que par leur position au milieu des règles de la loi relatives aux mines, montrent clairement que les dispositions favorables qu'ils édictent. ne sauraient être invoquées par les exploitants des minières ou des carrières. Du reste, les divers orateurs qui se sont succédés à la tribune pendant les discussions de la loi de 1837, n'ont jamais parlé que des mines et spécialement de l'exploitation de la houille , dont la pénurie était grande à cette époque et le prix très élevé. Enfin , s'il est certain que le siège de l'exploitation des minières et des carrières est déterminé par la nature même des choses, il importe toutefois de remarquer que , si à cet égard, les mines peuvent leur être comparées ; cependant, en thèse générale, l'exploitation d'une mine présente le plus souvent des caractères particuliers. L'importance des siéges d'exploitation, en effet, les capitaux considérables qui y sont engagés, les travaux immenses et les ouvrages d'art, qui y sont indispensables, enfin, et tout particulièrement, l'impérieuse nécessité de procurer à l'industrie les produits des mines dans les conditions les plus favorables, tout concourt pour donner aux entreprises de cette nature une situation exceptionnelle, qui légitime les faveurs que la loi nouvelle leur accorde [1].

Spécialement en ce qui concerne les exploitations de minerais de fer, aucune difficulté ne saurait se produire. Les unes, en effet, rentrent dans la classe des minières et ne sauraient bénéficier de la faveur de l'article 12 ; les autres, considérées comme mines concessibles aux termes de l'article 69 de la loi du 21 avril 1810, lorsqu'elles ne peuvent être exploitées qu'avec galeries et travaux d'art, invoqueront le bénéfice de l'article 12 au même titre que les autres mines. L'article 1er de la loi du 2 mai 1837 laisse, il est vrai, en suspens l'examen du régime à appliquer aux exploitations de minerais de fer et excepte formellement des attributions du Conseil des mines les demandes en concession ou en extraction qui leur sont relatives, mais cet article ne porte pas atteinte à la situation et aux droits des concessions anciennes régulièrement instituées [2].

Du reste, étendre le bénéfice de l'article 12 aux minières de fer qui s'exploitent sans concession ce serait s'aventurer dans la voie la plus dangereuse.

Si. en effet, les concessions de mines comprennent une étendue de terrain rigoureusement délimitée, et fixée de manière à permettre l'établissement d'un centre important de travaux : au contraire,

(1) En ce sens : avis du Conseil des Mines du 8 février 1861. Chicora, vol. 1863, p. 39.

(2) Avis du Conseil des Mines du 10 octobre 1862. Chicora, vol. 1863, p. 39 ; idem, du 20 novembre 1863. Chicora, vol. 1874, p. 14.

les exploitations de minerais de fer que chaque propriétaire entreprend dans les fonds qui lui appartiennent, sont aussi divisées que le sol lui-même ; dans quelques provinces on les compte même par centaines, et il arrive enfin fréquemment qu'elles n'ont qu'une durée tout à fait limitée. Comment, dans une pareille situation, déterminer par des règles précises les exploitations qui, eu égard à leur importance, devraient bénéficier de la disposition favorable de l'article 12 pour établir des voies ferrées destinées à leur usage exclusif.

Remarquons enfin que les propriétaires des terrains traversés, usant de leur droit de faire entendre leurs réclamations dans l'enquête dont nous parlerons bientôt, s'opposent souvent à la déclaration d'utilité publique, et fondent, à cet égard, leur prétention, sur le préjudice que leur causera l'étatablissement de la voie ferrée.

Dans ce cas, il est bien certain que, grâce à l'appréciation qui lui est laissée pour la déclaration d'utilité publique, le gouvernement tiendra compte de l'importance de l'exploitation comparée à l'étendue des terrains requis pour l'établissement de la voie ferrée et du trouble qui sera ainsi apporté à l'exploitation des propriétés superficiaires. Mais un pareil préjudice n'est pas en lui-même une raison de droit pouvant empêcher la déclaration d'utilité publique ; c'est en effet aux tribunaux ordinaires qu'appartient la connaissance et l'appréciation des dommages éventuels, que les propriétaires du sol pourront subir par suite de la construction de la voie ferrée.[1]

II. — *Sur la proposition du Conseil des Mines.* — La déclaration d'utilité publique faite en conformité de la loi de 1840 sur l'expropriation pour cause d'utilité publique, n'était précédée d'aucune formalité rigoureusement imposée au gouvernement. Celui-ci éclairait sa religion sur l'opportunité d'une pareille mesure

(1) *Sic* : Avis du Conseil des mines. Chicora, 1880, p. 7 ; — 17 juin 1874. Chicora, 1880, p. 11 ; — 4 juin 1875. Chicora, 1880, p. 25 ; — 1ᵉʳ février 1879, Chicora, 1880, p. 61.

à l'aide des moyens d'instruction qu'il lui plaisait de choisir. L'art. 12 de la loi de 1837 fait au contraire précéder la déclaration d'utilité publique, de deux procédures ayant pour but d'accorder des garanties nouvelles aux droits des propriétaires. Ces formalités consistent dans une enquête et dans un avis du Conseil des mines.

Remarquons bien ces mots de la loi : Le gouvernement sur la *proposition* du Conseil de mines peut déclarer qu'il y a utilité publique. Le Conseil des mines jouit donc en cette matière d'un véritable droit d'initiative, et le gouvernement ne peut déclarer l'utilité publique d'une voie de communication de la nature de celles que nous étudions, si le Conseil des mines ne lui propose pas cette mesure.

« Les lois sur l'expropriation pour cause d'utilité publique, disait le rapporteur devant la Chambre des Représentants, abandonnent au gouvernement la déclaration d'utilité publique ; ici le gouvernement ne peut déclarer l'utilité publique que sur la proposition du Conseil des mines. » C'est là une garantie de la plus haute importance accordée aux propriétaires de la surface contre tout abus du droit d'expropriation.

Nous avons vu plus haut dans quelles conditions l'intérêt public pouvait être invoqué en pareille matière : il importe au plus haut degré que les produits des mines soient livrés à la consommation dans des conditions de célérité et d'économie les plus favorables ; la concurrence doit pouvoir être établie entre toutes les exploitations de même nature, aussi bien entre celles, qu'une circonstance favorable de la nature a placées près des grandes voies de communication, que celles qui, moins favorisées à cet égard, sont forcées d'ouvrir une voie nouvelle, pour aboutir à un canal ou à un chemin de fer. Ainsi les consommateurs et l'industrie recevront en abondance les produits des mines qui leur sont indispensables.

Tels sont les principes qui guideront le Conseil des mines dans la résolution si importante qu'il sera appelé à prendre, lorsqu'un concessionnaire de mines demandera à ouvrir une voie de communication nouvelle dans l'intérêt de son entreprise.

Le Conseil des mines a décidé qu'il ne devait être appelé à donner son avis et à proposer la déclaration d'utilité publique, qu'après l'accomplissement des formalités de l'enquête dont nous parlerons bientôt.

Cette décision du Conseil, rendue le 28 juillet 1838, est basée sur cette considération, « qu'il est dans la nature des choses et dans l'ordre logique des idées, que le Conseil des mines ne soit appelé à examiner le mérite d'une demande en application de l'art. 12 de la loi du 2 mai 1837, qu'après que tous les éléments prescrits par la loi pour constater l'utilité publique ont été recueillis, et, par conséquent, qu'après que les formalités de l'enquête préalable ont été remplies. Il résulte encore suffisamment de la discussion de cette loi, que c'est dans ce sens qu'il faut comprendre le texte de l'art. 12, bien que, dans sa redaction, il soit parlé de la proposition du Conseil des mines avant la mention de l'enquête préalable ; qu'en effet dans la séance du 30 avril 1836, le Ministre de l'intérieur auteur de l'amendement qui introduisit l'enquête préalable dans la disposition de l'art. 12, s'exprima en ces termes :

« Quand il s'agira d'exproprier quelqu'un dans l'intérêt de l'ex-
« ploitation d'une mine, on établira d'abord une enquête où les
« parties seront entendues ; on prendra en considération, l'impor-
« tance de l'exploitation et l'importance de l'expropriation ; et après
« avoir bien mûrement, tout pesé et avoir pris l'avis du Conseil des
« mines, le gouvernement prononcera. » Ce qu'il confirma ensuite dans le sénat à la séance du 13 juin de la même année, dans les termes suivants : « Par les dispositions du projet , l'enquête
« préalable et les autres formalités prescrites par les lois d'expro-
« priation seront suivies, afin de donner toute garantie aux pro-
« priétaires. Le Conseil sera encore appelé à émettre son avis
« pour qu'il ne puisse rester aucune doute sur le caractère d'utilité
« publique. »

« Qu'il résulte du prémis que le Conseil des mines ne doit être appelé à examiner s'il y a lieu de proposer l'application de l'art. 12 de ladite loi, qu'après que les formalités de l'enquête préalable ont été remplies et que le procès-verbal de cette enquête ainsi que les autres pièces et documents de l'instruction ont été soumis à son examen. » [1]

Quels sont les caractères de ces décisions du Conseil des mines, rendues dans les termes prévus par la loi de 1837?

A cet égard, il convient de remarquer que la création du Conseil des mines a eu pour but de remplacer, dans certaines de ses attributions, le Conseil d'État qui n'existait pas en Belgique. Aussi, lorsque ses avis sont rendus en vertu des articles 7, 11 et 12 de la loi du 1837, le Conseil des mines exerce une véritable juridiction. Dans certains cas, en effet, les résolutions qui en émanent sont sans appel et, dans les autres hypothèses, si l'autorité supérieure peut s'abstenir de les sanctionner, tout au moins le gouvernement ne peut-il prendre une décision contraire au sentiment qu'il a exprimé.

Ainsi que l'énonce le Conseil lui-même, ses « résolutions participent de la nature des jugements et doivent être régies par les principes généraux admis en cette matière ;

« L'un de ces principes les plus élémentaires, c'est que le juge, lorsqu'il a prononcé, ne peut ni reformer, ni modifier son jugement ;

« Si la loi et la jurisprudence admettent à ce principe salutaire quelques exceptions, dont le Conseil a déjà fait et ferait sans doute encore, le cas échéant, l'application ; aucun de ces cas exceptionnels ne se présente lorsqu'il ne résulte des pièces nouvellement produites aucun fait, aucun moyen qui n'aient été mûrement examinés par le Conseil, que, par conséquent, les réclamations préqualifiées se trouvent formellement repoussées par l'exception de la chose jugée, dont la définition, tracée par l'art. 1351 du Code civ., est, par analogie, applicable dans l'espèce ;

« Que l'instruction et l'examen des affaires déférées au Conseil sont entourés de toutes les garanties propres à en assurer, autant que pos-

(1) Chicora, vol. 1850, p. 59.

sible, l'appréciation la plus complète et la plus équitable, que les intéressés peuvent suivre toutes les phases de cette instruction et produire, à chaque degré, leurs moyens et observations ;

« Que si enfin, le Conseil pouvait être appelé à délibérer de nouveau sur des faits et moyens déjà approuvés par lui, les affaires deviendraient interminables , parce qu'il se présenterait presque toujours des motifs plus ou moins spécieux, pour provoquer un nouvel examen. » (1)

La loi n'ayant pas prévu ces difficultés, il appartenait au Conseil des mines d'en donner lui-même la solution , suivant les principes généraux du droit.

III. — *La déclaration d'utilité publique sera précédée d'une enquête.* — La loi n'a pas dit comment il serait procédé à l'enquête qui était ainsi ordonnée par l'art. 12.

Cependant, lors de la discussion de la loi du 2 mai 1837, il existait déjà une loi du 19 juillet 1832 permettant au gouvernement de concéder des grands travaux d'utilité publique, tels que routes, canaux et chemins de fer, ces concessions ainsi faites avec faculté de percevoir des péages, ne pouvaient être autorisées que pour une durée n'excédant pas 90 ans.

Or, cette loi du 19 juillet 1832, ordonnait de procéder avant la déclaration d'utilité publique à une enquête dont le mode avait été organisé plus tard par un arrêté royal du 29 novembre 1836.

Les discussions auxquelles a donné lieu l'art. 12 de la loi du 2 mai 1837 montrent clairement que, si le texte même est muet à l'égard des formalités à observer dans l'enquête , la pensée des auteurs de la loi ne saurait être douteuse ; l'étude des travaux préparatoires de la loi démontre en effet, jusqu'à l'évidence , que l'on s'en est toujours référé à la loi du 19 juillet 1832, sur les concessions de péages , pour tout ce qui concernait les formalités de l'enquête qui doit précéder la déclaration d'utilité publique.

(1) Avis du 10 décembre 1858, Chicora, vol. 1863, p. 24.

Si nous nous reportons, par exemple, à la séance de la Chambre des Représentants du 30 avril 1836, nous y voyons que le Ministre de l'Intérieur demande quelle loi devra être suivie relativement à l'enquête, car dans des circonstances semblables, il n'y a selon lui, aucune loi prescrivant une enquête, sauf cependant la loi sur les concessions de péages, pour l'établissement des chemins, ponts et autres travaux de même nature. Et M. Fallon, président de la commission, répond que dans la pensée de la commission on doit suivre pour les déclarations d'utilité publique, les règles qui ont été édictées et les formalités prescrites pour le cas où il s'agit de déclarer d'utilité publique une voie nouvelle de communication, dont la concession est accordée à un particulier ou à une société.

M. Gendebien ajoute que l'intention de la commission a été de donner aux propriétaires de la surface, une garantie surabondante contre l'abus du droit d'expropriation, en soumettant les demandes des concessionnaires de mines, tendant à l'établissement de voies nouvelles, aux enquêtes prescrites pour les concessions de péage.

Dans la séance du 10 mai suivant, le Ministre de l'Intérieur expliqua de nouveau qu'en outre des règles prescrites en matière d'expropriation, il faudrait encore observer le mode d'enquête institué pour les travaux d'utilité publique qui sont autorisés par le gouvernement.[1]

La même déclaration fut enfin réitérée devant le Sénat dans la séance du 13 juin de la même année.

De ce qui précède, il résulte à l'évidence que les concessionnaires de mines, lorsqu'ils invoquent le bénéfice de la loi de 1837, doivent observer toutes les formalités de l'enquête prescrite par l'art. 4 de la loi du 19 juillet 1832 et organisée par le paragraphe 2 de l'arrêté royal du 29 novembre 1836, en se référant toutefois aux seules dispositions de ce paragraphe, qui sont exclusivement relatives aux formalités mêmes de l'enquête.[2]

---

(1) Chicora : Discussions de la loi du 2 mai 1537, p. 304.
(2) Avis du Conseil des mines du 28 juillet 1838. Chicora, vol. de 1850, p. 59.

Aux termes de ces dispositions, les formalités de l'enquête consistaient en substance : 1° Dans la tenue d'un registre destiné à recevoir, pendant un délai d'un à trois mois , les observations des intéressés ; 2° Dans l'avis d'une commission spéciale qui donnait ses conclusions motivées sur l'utilité du projet ; 3° Dans un autre avis émanant de la députation permanente du conseil provincial. L'ouverture du registre d'enquête et le dépôt des pièces à l'inspection du public n'avaient lieu qu'après les formalités de publications et d'affiches, prescrites par l'article 8 § 3 de l'arrêté royal du 29 novembre 1836. Ces formalités étaient essentielles. (1)

L'avis de la commission spéciale dont il est parlé ci-dessus, de même que celui de la députation permanente , ne liaient pas le gouvernement qui restait maître de sa décision. (2)

Sous l'empire de ces dispositions, le conseil des mines s'était encore prononcé sur les questions suivantes :

Il n'était pas nécessaire, avait-il dit, pour la validité de l'instruction qui doit précéder la déclaration d'utilité publique, que tous les membres de la commission d'enquête aient assisté et pris part aux séances , il suffisait que la majorité de la commission ait été présente aux délibérations.

La comparution des ingénieurs des mines devant la commission d'enquête était purement facultative.

La députation permanente de la province motivait suffisamment son avis, lorsqu'elle s'en référait à celui qu'avait donné déjà la commission d'enquête. (3)

Le mode d'enquête prévu par la loi du 19 juillet 1832 et organisé ainsi par l'arrêté royal du 29 novembre 1836, était depuis longtemps l'objet de graves critiques.

La longueur de l'instruction notamment, la difficulté de composer

(1) Avis du Conseil des mines du 17 janvier 1851. Chicora 1856, p. 8.

(2) Cour de Bruxelles, 8 août 1858.

(3) Avis du 7 mars 1856. Chicora, 1863, p. 4.

la commission d'enquête et de réunir, à des jours déterminés, les membres dont elle était formée, avaient créé souvent des difficultés sérieuses. Une loi nouvelle du 27 mai 1870 est venue apporter remède à cette situation, en traçant les règles du nouveau mode d'enquête qui doit précéder l'arrêté royal, prononçant une expropriation pour cause d'utilité publique.

La loi nouvelle règle en ces termes les formalités de cette procédure :

« Art. 1er. L'enquête s'ouvrira sur un projet comprenant le tracé des travaux et le plan parcellaire. Ce plan contiendra d'après les indications cadastrales, les noms de chaque propriétaire.

« Art. 2. Dans les communes sur le territoire desquelles s'étendent les travaux, le projet sera déposé pendant quinze jours, à la maison communale.

« Les propriétaires des immeubles compris dans le périmètre des terrains à exproprier, seront avertis par écrit, individuellement et à domicile, du dépôt du projet. L'annonce de ce dépôt sera en outre affichée et publiée dans la forme usitée pour les publications officielles.

« Il sera justifié de l'accomplissement de ces formalités par un certificat du collège des bourgmestres et échevins. Les formalités qui précèdent sont prescrites à peine de nullité. Toutefois le défaut d'avertissement n'entraînera la nullité qu'à l'égard des propriétaires non avertis.

« Art. 3. Le délai de 15 jours fixé à l'article précédent, prendra cours à dater de l'avertissement donné aux intéressés et au public comme il est dit ci-dessus.

« Art. 4. Les réclamations ou observations auxquelles le projet pourra donner lieu, seront recueillies par le collège des bourgmestre et échevins. Le procès-verbal ouvert à cet effet, contiendra les déclarations verbales signées par les comparants et mentionnera les déclarations écrites, annexées au procès-verbal qui sera clos par le bourgmestre ou l'échevin délégué à l'expiration du délai fixé par l'art. 3.

« Art. 5. S'il s'agit de travaux d'utilité communale ou provinciale, les réclamations auxquelles le projet aurait donné lieu seront, suivant les cas, soumises à l'appréciation soit du conseil communal, soit de la députation provinciale, qui donneront leur avis par une délibération motivée, destinée à être jointe, ainsi que le procès-verbal d'enquête aux pièces qui doivent être communiquées à l'autorité supérieure. »

Depuis cette loi nouvelle, doit-on considérer les formalités qu'elle a édictées comme applicables à l'enquête prévue et ordonnée par la loi du 2 mai 1837?

Cette question ne semble pas devoir présenter de difficultés sérieuses. L'art. 12 de la loi de 1837 soumet, en effet, les concessionnaires qui invoquent le bénéfice de ses dispositions à l'observation des lois qui régissent l'expropriation pour cause d'utilité publique, les concessionnaires sont dès lors tenus de se soumettre aux formalités de la loi nouvelle de 1870, et comme l'art. 12 de la loi de 1837, exigeant une enquête, n'en précise pas les formes, son but sera atteint par l'observation des règles édictées par cette même loi de 1870. C'est pourquoi le Conseil des mines a émis cet avis qu'il y avait lieu d'instruire désormais les demandes en déclaration d'utilité publique, tombant sous l'application de l'art. 12 de la loi du 2 mai 1837, conformément à la loi du 27 mai 1870, par ces motifs « qu'en l'absence d'une disposition expresse de la loi du 2 mai 1837, sur le mode de l'enquête qui doit précéder la déclaration d'utilité publique, le gouvernement, sur l'avis conforme du Conseil des mines et par induction de certaines paroles prononcées par quelques orateurs dans la discussion de la loi, a soumis les demandes en déclaration d'utilité publique aux formalités de l'enquête organisée par le § 2 de l'arrêté royal du 29 novembre 1836 sur les concessions de péage ;

« Que ce mode de procéder a été virtuellement remplacé par le nouveau mode d'enquête institué, d'une manière générale, par la loi du 27 mai 1870, portant simplification des formalités adminis-nistratives en matière d'expropriation pour cause d'utilité publique , sans préjudice des dispositions des lois des 1er juillet 1858 et du 15 novembre 1867 , spécialement applicables à l'expropriation par zones ;

« Que, l'applicabilité de la loi du 27 mai 1870 aux demandes en déclaration d'utilité publique, autorisée par la loi du 2 mai 1837, est d'autant moins douteuse, que cette déclaration constitue une véri-table expropriation pour cause d'utilité publique , et que l'art. 12 prescrit, pour les affaires de cette espèce, l'observation des lois qui régissent les expropriations pour cause d'utilité publique ;

« Qu'il importe d'autant plus de substituer, à l'enquête déterminée par l'arrêté royal du 29 novembre 1836, l'enquête instituée par la loi du 27 mai 1870, que, d'une part, les tribunaux , au cas de con-testations pour le règlement de l'indemnité, sont appelés aux termes de l'art. 5 de la loi du 17 avril 1835, à examiner si les formalités légales ont été remplies et à déclarer qu'il n'y a pas lieu de procéder ultérieurement , lorsque ces formalités n'ont pas été régulièrement observées, et que, d'autre part, le paragraphe final de l'art. 3 de la loi du 27 mai 1870 prescrit expressément, à peine de nullité , l'accomplissement des formalités ordonnées par les art. 2 et 3 de cette même loi ;

« Que, toutefois, il convient que le gouvernement, afin de mieux s'éclairer et de recueillir toutes les informations désirables avant de statuer, soumette , au moyen d'une instruction ministérielle, le pro-cès-verbal de l'enquête prescrite par la loi du 27 mai 1870, à l'avis des ingénieurs des ponts et chaussées et des mines, des chambres de commerce et des députations permanentes des provinces. » [1]

L'accomplissement des formalités de la loi de 1870 a paru à ce point indispensable au Conseil des mines , saisi de l'examen d'une demande de cette nature, formée depuis la loi du 27 mai 1870, mais

[1] Avis du 10 mars 1873. Chicora, vol. 1874, p. 139 ;— 9 et 26 avril 1873. Chicora, vol. 1874, p. 142, et Bury, N° 596.

instruite suivant les formalités établies par l'arrêté royal du 27 novembre 1836, qu'il a pensé ne pouvoir délibérer sur cette demande,
avant qu'elle ait été soumise au nouveau mode d'enquête déterminé par la loi de 1870. [1]

Du reste, il n'y a qu'avantage réel pour toutes les parties, à suivre
le mode d'enquête tracé par la loi de 1870. Les concessionnaires de
mines auront à supporter des frais moins considérables et les délais
à observer se trouveront réduits dans de notables proportions ; de
leur côté, les propriétaires du sol, avertis individuellement, à domicile
et par écrit, seront mieux à même de formuler leur contredit, tandis
que sous l'empire de l'arrêté de 1836, leur attention n'était éveillée
que par des publications, qui pouvaient ne pas parvenir à leur connaissance.

C'est en s'inspirant de ces principes qu'un avis du Conseil des
mines, du 14 juin 1873, considère, comme insuffisante, l'instruction
d'une demande en déclaration d'utilité publique, formée en vertu de
l'article 12 de la loi du 2 mai 1837, lorsqu'il n'est pas constaté
par le certificat des bourgmestre et échevins, que tous les propriétaires des immeubles désignés comme devant êtres expropriés ont
été avertis individuellement et à domicile du dépôt du projet.

Il déclare en conséquence insuffisante pour justifier de l'accomplissement de cette formalité, l'énonciation inscrite dans le procès-
verbal, portant que « les propriétaires et locataires des maisons situées dans le périmètre des terrains à exproprier, ont été prévenus
par écrit ». [2]

Chacune des formalités de l'enquête organisée par la loi de 1870
est prescrite à peine de nullité.

Cette procédure est donc nulle, lorsque le plan parcellaire ne contient pas les noms des propriétaires des immeubles compris dans le
périmètre des terrains à exproprier, et lorsque le certificat délivré
par le collège des bourgmestre et échevins, ne constate pas que ces

(1) **Avis du 9 juillet 1873, Chicora, 1874, p. 142 ; id. 26 avril 1873, loc. cit.**
(2) **Chicora, vol. 1880, p. 3.**

propriétaires ont été avertis par écrit du dépôt du projet, et que l'annonce de ce dépôt a été faite dans la forme usitée pour les publications officielles.

La nullité de la procédure peut encore être invoquée, lorsqu'il résulte du procès-verbal d'enquête que les réclamations et observations suscitées par le projet, ont été recueillies par le bourgmestre seul, au lieu de l'être par le collège des bourgmestre et échevins, ainsi que l'ordonne expressément l'art. 5 de la loi de 1870.[1]

L'art. 6 de la loi de 1870 soumet à l'appréciation soit du conseil communal, soit de la députation permanente les travaux d'utilité communale ou provinciale. Ni l'un ni l'autre de ces caractères ne saurait être attribué à une voie de communication créée en faveur d'une exploitation de mine, dès lors, l'art. 6 n'est pas applicable en principe aux chemins de fer créés par les concessionnaires de mines. Au cas cependant ou ces chemins, soit en traversant, soit en longeant des voies de communications communales ou provinciales, intéresseraient une commune ou une province, les autorités compétentes seraient alors appelées à donner leur avis, mais cette formalité n'a rien de substentiel, car même en cette hypothèse, l'art. 5 n'est pas rigoureusement applicable.[2]

IV. — *Les dispositions de la loi du 17 avril 1835, sur l'expropriation pour cause d'utilité publique et autres lois sur la matière, seront observées.* — La loi du 17 avril 1835 a pour titre unique : Du règlement de l'indemnité et de l'envoi en possession ; or, avant la loi du 17 avril 1835, aux dispositions de laquelle se réfère l'article 12, la matière de l'expropriation pour cause d'utilité publique était restée régie en Belgique par la loi du 8 mars 1810. Aux termes de cette loi, les tribunaux prononçaient l'expropriation

---

(1) Avis du Conseil des mines du 14 juin 1873. Chicora, 1880, p. 1. — V. encore le rapport de la section centrale de la Chambre des Représentants, lors de la discussion de la loi du 29 mai 1870.

(2) Bury, N° 596.

après que l'utilité en avait été constatée dans des formes qu'elle prescrivait. Ces formes consistaient : 1° Dans le décret impérial qui seul pouvait ordonner des travaux publics et achats de terrains ou édifices destinés à des objets d'utilité publique ; 2° Dans l'acte du Préfet qui désignait les localités ou territoires sur lesquels les travaux devaient avoir lieu , lorsque cette désignation ne résultait pas du décret lui-même , et dans l'arrêté ultérieur par lequel le Préfet déterminait les propriétés particulières auxquelles l'expropriation était applicable.

Cependant le décret impérial qui, aux termes de la loi de 1810, prononçait ainsi la déclaration d'utilité publique des grands travaux à entreprendre, n'était soumis à aucune formalité préalable, au point de vue de l'utilité ou des inconvénients de la déclaration si grave qu'il avait le droit de porter.

La loi du 2 mai 1837, en conservant ce privilège du pouvoir royal, ordonna, à titre de garantie, que la déclaration d'utilité publique serait précédée d'une enquête et d'un avis du Conseil des mines.

La loi du 17 avril 1835, dont les dispositions sont déclarées applicables par l'article 12 de la loi du 2 mai 1837, aux expropriations pour cause d'utilité publique poursuivies par les concessionnaires de mines pour l'établissement de leurs voies ferrées, est uniquement relative, comme nous venons de le dire, au règlement de l'indemnité et à l'envoi en possession.

En ce qui concerne les modifications apportées dans le régime de l'expropriation pour cause d'utilité publique, nous renvoyons à ce que nous avons dit dans le paragraphe précédent au sujet de la nouvelle loi du 27 mai 1870.

Nous rechercherons plus loin si, dans le cas prévu par l'article 12 de la loi du 27 juillet 1837, une transmission définitive de la propriété doit toujours s'opérer au profit des concessionnaires de la mine ; ou si, au contraire, l'on peut voir se réaliser telle hypothèse dans laquelle le propriétaire ne serait pas privé de son terrain pour toujours, mais bien seulement durant un laps de temps plus ou moins long et tant que la nécessité de l'exploitation en exigerait le sacrifice.

V. — *L'indemnité due au propriétaire sera fixée au double.* — Non contente d'accorder au propriétaire de la surface ces deux garanties déjà si considérables de l'enquête précédant la déclaration d'utilité publique et d'un avis favorable du Conseil des mines, la loi a encore voulu prévenir tout abus des droits conférés aux concessionnaires de mines par l'article 12, en édictant cette règle si importante : L'indemnité due au propriétaire de la surface sera fixée au double du préjudice par lui éprouvé.

On a fait valoir, pour justifier cette disposition, que dans l'expropriation dont il s'agit, l'intérêt public se mêle à un intérêt particulier, que l'exploitant, en effet, si son entreprise est utile à l'intérêt général, n'en poursuit pas moins un bénéfice personnel et agit ainsi en vue de ses propres intérêts ; dans ces conditions, on a pensé, qu'il était sage de donner, une compensation au propriétaire du sol, qui fait le sacrifice de son droit devant un intérêt privé.

La double indemnité, a-t-on dit encore, sera de plus une barrière contre les demandes peu sérieuses des concessionnaires de mines, qui ne réclameront dès lors la déclaration d'utilité publique, que si la nécessité s'en impose à eux de la façon la plus absolue.

De nombreuses critiques ont été formulées contre le principe de la double indemnité, et, il convient de le reconnaître, elles ne sont pas sans fondement. Le droit commun, en effet, d'accord avec le droit naturel, proportionne l'indemnité au préjudice souffert, quelle raison sérieuse peut-on invoquer pour déroger à cette règle ? L'intérêt de simples particuliers, a-t-on dit, se trouve mêlé à l'intérêt général. Mais, peut-on répondre, vous déclarez qu'il y a utilité publique à établir telle voie de communication, et il est de règle qu'en face de l'utilité publique, je dois faire le sacrifice de mon droit de propriété ; or, en pareille circonstance, que m'est-il-dû ?

Une juste et préalable indemnité. Mais un intérêt particulier, dit-on, va peut-être profiter de la déclaration d'utilité publique. C'est là un point douteux et incertain, toutes les sociétés de mines qui jouissent de voies de communication perfectionnées pour le service de leur exploitation, ne sont pas assurées du succès de leur entreprise ; l'intérêt du public, au contraire, en pareille circonstance, est certain, car il va profiter de la voie nouvelle qui est ainsi ouverte, en recevant les produits de la mine dans des conditions plus favorables d'économie et de célérité. Que si le concessionnaire de la mine va peut-être tirer, lui aussi, un avantage de la voie ainsi créée, ne peut-on pas comparer sa situation à celle du concessionnaire d'un chemin de fer d'intérêt général, d'une route ou d'un canal, car il serait facile d'objecter que dans ces hypothèses, l'intérêt d'un particulier se trouve aussi mêlé à l'intérêt général? Le concessionnaire de pareilles entreprises ne va-t-il pas, en effet, tirer profit des expropriations qui seront prononcées, et cependant, une juste et préalable indemnité sera seule accordée au propriétaire dépossédé.

L'absence de réciprocité avait déterminé les auteurs de la loi de 1810 à prescrire la réparation sur le pied du double du dommage ; dans la pensée de la loi nouvelle, au contraire, il y a tout au moins une réciprocité d'avantages entre la mine et les consommateurs, qui en reçoivent les produits dans des conditions plus favorables.

Quoi qu'il en soit, le principe posé dans la loi est certain, et nous devons en étudier les règles d'application.

Tout d'abord, nous écarterons la règle de la double indemnité, dès que nous nous trouverons en dehors des conditions strictement prévues par l'article 12, c'est-à-dire, d'un chemin établi par un concessionnaire de mines, dans l'intérêt spécial et exclusif de son exploitation.

Ainsi, par exemple, dès que le chemin à tracer est destiné à desservir un groupe d'entreprises et de concessions de mines, nous ne nous trouvons plus dans l'hypothèse prévue par l'article 12, l'intérêt d'*une* exploitation spéciale n'est plus seul en jeu, et l'obligation si

rigoureuse de payer les terrains expropriés au double de leur valeur
fait dès lors défaut.

Contre ce système, on a prétendu tirer argument de ce mot : *communications* ; la loi, a-t-on dit, a employé le pluriel avec intention,
voulant ainsi désigner un système de routes, de canaux ou de chemins de fer, destiné à desservir un ensemble d'extractions minérales
réunies sur un même point, un de ces groupes de fosses appartenant
à des sociétés différentes, tels qu'il s'en forme dans les pays miniers
et tels que les bassins houillers de la Belgique en présentent de
nombreux exemples.

C'est là une grave erreur ; la loi, en autorisant la déclaration
d'utilité publique des communications à établir dans l'intérêt d'une
exploitation de mines, précise bien, au contraire, qu'elle ne prévoit qu'une demande formée par une seule exploitation pour son
usage exclusif et que, bien plus, le droit du concessionnaire ne se
trouve pas épuisé après la première demande et que c'est au contraire l'ensemble des *communications* indispensables à son exploitation, qu'il lui est permis de créer.

On a cru pouvoir tirer un autre argument de la déclaration d'utilité publique, qui est, dit-on, incompatible avec un intérêt particulier. Quand, disait-on, peut-on véritablement dire qu'il y a utilité
publique ? c'est en face d'une communication réclamée par la réunion d'un certain nombre d'entreprises, en face d'un groupe de charbonnages, par exemple, assez nombreux et assez importants pour que
l'utilité publique soit véritablement engagée dans la question et profite indirectement des facilités qui leur seront accordées. Mais ces
objections sont plutôt des critiques de la loi elle-mème, car son
texte permet assurément la déclaration d'utilité publique en faveur
des voies de communication établies pour le service d'une seule
exploitation.

Un jugement du tribunal de Mons, du 16 mars 1838, a sainement interprété le texte de la loi, en repoussant les prétentions des
propriétaires qui réclamaient l'application du principe de la double

indemnité, contre le concessionnaire d'un chemin de fer destiné à desservir un groupe d'exploitations houillères.

Le tribunal décide « que la loi du 21 avril 1810 attribue à tout extracteur des mines le droit d'occuper et d'acquérir les terrains nécessaires à ses travaux de recherches ou d'exploitation, à la charge d'en payer la double valeur ;

« Que si, en ce point, cette loi a dérogé au principe que nul ne peut être dépouillé de sa propriété que pour cause d'utilité publique, c'est parce que, dans ce cas, elle a pensé que l'intérêt général se liait plus ou moins intimement à l'intérêt privé ;

« Mais que par cela même que cet intérêt privé est le principe de l'expropriation, elle a voulu que l'exploitant payât la double valeur des terrains à acquérir, comme une juste compensation, pour l'exproprié, de l'atteinte portée à son droit de propriété ;

« Que c'est dans cette pensée d'équité et d'intérêt public, tout à la fois, et pour compléter les dispositions de la loi du 21 avril 1810, que celle du 2 mai 1837, a autorisé tout exploitant de mines à exproprier, moyennant payement d'une double indemnité, les terrains nécessaires à l'établissement de communications dans l'intérêt de son exploitation, à la condition toutefois qu'il y ait utilité publique d'établir ces communications et que le gouvernement déclare cette utilité publique sur la proposition du Conseil des mines ; parce que dans ce cas aussi les communications à établir, bien qu'elles puissent être considérées comme étant d'utilité publique, en ce qu'elles sont de nature à favoriser le développement et les progrès d'une des sources les plus fécondes de la richesse nationale, n'en ont pas moins pour objet primitif et direct l'intérêt personnel de l'exploitant ; que cela est si vrai que lui seul devient et demeure propriétaire des terrains expropriés, et que seul il est en droit de faire usage des communications y établies ;

« Que la disposition de l'article 12 de la loi du 2 mai 1837 est donc une disposition exceptionnelle et exorbitante du droit commun laquelle ne peut conséquemment être étendue au delà des limites tracées par ledit art;

« Que c'est erronément, par suite, que les défendeurs soutiennent l'applicabilité de cette disposition au cas où il s'agit, comme dans l'espèce, d'un système de communication dont l'objet essentiel ou pour mieux dire exclusif, est l'utilité publique, la nécessité de procurer à une partie des charbonnages du couchant de Mons des moyens de transport plus faciles et moins coûteux, et par suite la possibilité de soutenir la concurrence les autres exploitations, qui jouissent de semblables avantages et de livrer leurs produits à la consommation à un prix moins élevé ;

« Que c'est ce résultat probable et prévu qui imprime à la création des communications décrétées le caractère d'utilité publique ;

« Qu'il ne faut pas d'ailleurs perdre de vue, qu'à la différence des communications à établir dans l'intérêt et à l'usage exclusif d'une exploitation, les communications de l'espèce appartiennent à la nation et sont à l'usage de tous ;

« Qu'enfin, il est aussi à remarquer que si la destination principale des chemins de fer concédés au sieur Dessigny est de servir au transport de la houille, cette destination pourtant n'est pas exclusive, puisqu'aux termes des articles 28 et 29 du cahier des charges, le concessionnaire est obligé d'opérer, non seulement le transport des houilles, mais encore celui des marnes, chaux, pierres et autres matières pondéreuses ;

« De tout quoi il résulte, que la prétention des défendeurs à l'obtention d'une double indemnité est dénuée de fondement. »

La cour de Bruxelles, par arrêt du 8 août 1838, confirma cette importante décision.[1]

Ces arguments répondent ainsi victorieusement aux prétentions des propriétaires de la surface qui disaient : Peu importe qui de-

____

[1] Pas, 1838, p. 223.

mande à son profit la dépossession des terrains, un particulier ou un concessionnaire de mine, la double indemnité est due lorsque les communications sont réclamées pour le service des mines : les tribunaux n'ont que ce point à vérifier, et, une fois cette constatation faite, ils doivent attribuer la double indemnité en vertu des principes posés dans la loi de 1837.

Cette argumentation a le défaut, que nous avons déjà signalé, de vouloir appliquer les principes de l'article 12 en dehors de l'hypothèse limitativement prévue par le législateur de 1837, c'est-à-dire d'une communication réclamée dans l'intérêt d'une seule exploitation.

Sauf cette règle que le montant de l'indemnité est porté au double, nous restons dans les termes du droit commun en matière d'expropriation. On suivra donc les dispositions des lois sur la matière auxquelles l'article 12 se réfère expressément, pour tout ce qui est relatif à l'évaluation et au paiement des sommes dues aux propriétaires et à la prise de possession des terrains soumis à l'expropriation.

De même encore l'indemnité fixée par l'article 12, n'en reste pas moins soumise à la condition d'un paiement préalable. Si, en effet, le droit d'occupation accordé au concessionnaire de la mine pour les travaux de son exploitation, lui permet de prendre possession des terrains qui lui sont nécessaires, dans l'étendue du périmètre de la concession, et s'il n'est pas dans cette hypothèse soumis à cette règle que l'indemnité qu'il aura à payer, devra précéder la prise de possession, c'est que, en pareille circonstance, il n'y a pas véritablement cession du droit de propriété, mais seulement une occupation qui doit se prolonger pendant un temps d'une durée indéterminée. Au contraire, dans l'hypothèse prévue par l'article 12 de la loi de 1837, nous nous trouvons en face d'une véritable expropriation à laquelle la loi du 17 avril 1835 est déclarée applicable ; or cette loi pose d'une façon formelle le principe du paiement de l'indemnité, préalablement à la prise de possession des terrains expropriés.

Mais quelle est la somme qui devra être portée au double? est-ce seulement la valeur du sol lui-même qui doit être ainsi représentée par une sorte de règlement à forfait et pour indemniser le propriétaire du dommage qu'il éprouve du fait de la dépréciation de sa propriété ainsi morcelée et dont l'agrément pourra être diminué ou l'exploitation rendue plus onéreuse; ou bien l'article 12 accorde-t-il au propriétaire tout à la fois le double de la valeur du sol lui-même et le double de l'indemnité représentative du préjudice souffert par suite de la dépréciation du surplus de la propriété qui reste entre les mains de celui qui subit l'expropriation.

A cet égard, il ne saurait y avoir de doute sur la pensée des auteurs de la loi de 1837; leur intention maintes fois exprimée a été de consacrer dans la loi ce dernier système.

Dans la séance du 10 mai 1836, le Ministre de l'Intérieur s'exprimait ainsi devant la Chambre des représentants : « Je n'ai jamais dit qu'il suffisait de donner au propriétaire le double de la valeur du terrain occupé, quel que grand que soit le préjudice qu'il ait éprouvé. J'ai dit : l'indemnité atribuée au propriétaire sera fixée au double. De quoi se compose cette indemnité? Du prix de la propriété dont il est privé et du dommage qu'il éprouve ; c'est si évident que je ne comprends pas que cela ait pu donner lieu à une si longue discussion. »

Dans la séance du Sénat du 13 juin 1836, le même ministre répétait : « Il est évident que d'après les expressions de la loi, l'indemnité à allouer au propriétaire exproprié est fixée au double; non seulement pour la valeur du sol occupé, mais aussi pour toute perte résultant de l'occupation du sol. »[1]

Ainsi, il faudra porter au double tous les éléments dont se compose l'indemnité qui pour une cause quelconque est attribuée au propriétaire du sol.[2]

[1] V. Chicora : Discussions de la loi de 1837, vol. 2, p. 417.

[2] *Sic.* : Bury, n° 603. — Tribunal de Charleroi, 11 déc. 1858, Bel. Jud., 1859, p. 469. — Trib de Mons, 5 août 1839, Jurisp. des Trib., 1859-1860, p. 898. — Cour de Bruxelles, 14 juin 1860, Pas. 1860, 2, 269. — Trib. de Charleroi, 27 avril 1871, Pas. 1872, 3, 312.

Les auteurs de la loi de 1837, en formulant cette règle de la double indemnité avec une pareille rigueur, semblaient se référer aux principes de l'article 44 de la loi de 1810 et à cet égard, les confirmer. Mais il importe de remarquer que la disposition de 1810 était bien moins rigoureuse que ne l'ont supposé les auteurs de la loi de 1837. « Le terrain à acquérir sera toujours estimé au double de la valeur qu'il avait avant l'exploitation de la mine », dit la loi de 1810. C'est donc seulement la valeur du terrain à acquérir qui, aux termes de cette disposition, est portée aux double et bien plus avec cette restriction que la somme à doubler est seulement la valeur du sol avant l'exploitation de la mine.

Si, d'autre part, une indemnité de dépréciation peut être réclamée dans l'hypothèse de l'article 43 de la loi de 1810, ce n'est qu'à l'aide des principes généraux du droit et abstraction faite des règles formulées par cette loi, de telle sorte que ces dommages et intérêts ne doivent être déterminés que suivant les principes du droit commun.

Le réglement de l'indemnité, selon les termes de l'article 12, diffère encore en un point important, du système organisé par les articles 43 et 44 de la loi du 21 avril 1810.

Ce dernier article énonce, en effet, que « si le propriétaire de la surface le requiert, les pièces de terre trop endommagées ou dégradées sur une trop grande partie de leur surface, devront être achetées en totalité par le propriétaire de la mine. »

Une semblable faculté n'appartient pas au propriétaire évincé en vertu de l'art. 12 de la loi de 1837. Cette loi place, en effet, l'expropriation poursuivie dans l'intérêt de la mine sous l'empire des règles générales de la matière. Or, la loi du 16 septembre 1807 rendue applicable dans l'espèce, dispose « que les maisons et les bâtiments dont il serait nécessaire de démolir ou de faire enlever une portion pour cause d'expropriation légalement reconnue seront acquis en entier si le propriétaire l'exige. » Cette disposition exceptionnelle doit être restreinte dans les termes mêmes de la loi et ne saurait s'étendre au simple morcellement du sol. A cet égard, l'article 44 de la loi de

1810 contenait donc une disposition favorable au propriétaire du sol, mais que la loi de 1837 n'a plus reproduite.[1]

Cette observation fut formulée dans la séance du Sénat du 12 avril 1837, et M. Dubus la précisait ainsi : « La loi de 1810 accorde, disait-il, le choix au propriétaire, non pas seulement pour exiger qu'on lui achète la portion de terrain strictement nécessaire à l'exploitation, mais encore qu'on lui achète le terrain tout entier, si l'occupation de ce terrain devait amener une dégradation trop grande, par suite, une diminution de valeur trop grande de la propriété. » L'article 12 n'accorde rien de semblable au propriétaire dépossédé qui pourrait cependant, en certains cas, avoir intérêt à ce qu'on lui achetât son terrain tout entier.[2]

A un autre point de vue enfin, l'article 12 est plus favorable que la loi de 1810, aux concessionnaires de mines. Le droit d'occupation, en effet, reçoit une restriction importante dans l'article 11 de cette dernière loi, modifiée par celle du 8 juin 1865 ; tandis qu'au contraire l'article 12 de la loi de 1837 permet d'exproprier pour l'établissement des voies de communication destinées au service des mines, aussi bien les fonds de terre que les habitations et les terrains qui y sont attenants.

VI. — « *Lorsque les biens ou leurs dépendances seront occupés par leurs propriétaires, les tribunaux pourront prendre cette circonstance en considération pour la fixation des indemnités.* » — Ce n'était pas assez d'accorder aux propriétaires de la surface une indemnité représentant le double du préjudice par eux souffert, la loi nouvelle a cru devoir leur attribuer encore un avantage nouveau.

Elle veut en effet, que l'indemnité allouée à l'exproprié, ne soit pas seulement d'une somme d'argent équivalente au préjudice souffert et portée ensuite au double, mais elle ordonne en outre, qu'il

(1) Del Marmol : *De l'expropriation publique en Belgique*, n° 185.
(2) V. Chicora : Discussions de la loi de 1837, p. 607.

soit tenu compte de la valeur d'affection que le propriétaire avait pour le bien dont il a conservé la jouissance et qu'il reçoive encore une indemnité pour le préjudice, pour ainsi dire moral, qu'il éprouve par suite de la perte de l'immeuble qu'il occupait lui-même et auquel la loi le suppose attaché.

La même idée qui a dicté la règle de la double indemnité, a sans doute inspiré le législateur, lorsqu'il a porté la disposition que nous étudions, c'est cette pensée que l'intérêt privé du concessionnaire est ici en jeu dans une certaine mesure, qui a poussé le législateur à accorder, à titre de compensation, tous les avantages possibles et les garanties les plus larges au propriétaire évincé.

J'ai montré plus haut l'inanité d'un pareil système. Cependant, le dernier paragraphe de l'art. 12 vient aggraver encore la situation du concessionnaire en l'obligeant à tenir compte à l'exproprié, non seulement de tout le dommage souffert, mais encore d'une valeur vague et indéterminée, représentant le prix d'affection que le propriétaire peut avoir pour le bien qu'il occupe.

Quoi qu'il en soit, tel est bien le système de la loi et le Ministre de l'intérieur l'expliquait en ces termes devant le Sénat, dans la séance du 13 juin 1836 : « Une propriété, indépendamment de sa valeur réelle, a quelquefois pour le propriétaire, un prix d'affection, particulièrement, lorsqu'il l'occupe lui-même ou par sa famille. Eh bien, c'est ce prix d'affection que les tribunaux pourront prendre en considération pour la fixation des indemnités. » (1)

Cependant, les critiques que nous avons formulées étaient déjà produites dans les discussions mêmes de la loi et, à cet égard, dans la séance du Sénat, du 13 juin 1836, le comte d'Ansembourg s'exprimait ainsi : « Et cette prise en considération, en cas d'occupation du bien par le propriétaire, que signifie-t-elle? La dépréciation de ma propriété sera-t-elle plus ou moins considérable si je l'habite ou si je ne l'habite pas? Une propriété que je n'habite pas aujourd'hui, que j'ai

____

(1) Chicora : Discussions de la loi de 1837, p. 420.

louée peut être, pour un terme plus ou moins long, je puis y rentrer demain, après l'expiration du bail, et parce que je ne l'habite pas au moment où la demande en concession aura été formée, j'en recevrai une valeur moindre que si je l'avais occupée en ce moment. Il est des propriétaires qui habitent successivement pendant l'année différentes propriétés ; le moment d'occupation devra-t-il coïncider avec celui de la demande en concession, pour faire déclarer le domaine habité ? En vérité de telles dispositions sont inouïes. La Constitution, au reste, ne stipule qu'une juste et préalable indemnité et, c'est aux termes de la Constitution que nous devons nous attacher ; tout est renfermé dans le mot : « juste indemnité, » car une indemnité pour être juste doit être basée non seulement sur la valeur vénale du terrain à exproprier, mais encore sur toutes les considérations qui peuvent déprécier le restant de la propriété, soit par le morcellement, soit par le voisinage d'établissements plus ou moins dangereux, soit par tout autre motif. » [1]

Nous aboutissons ainsi à cette conséquence bizarre, que deux propriétés d'une valeur identique donneront lieu à des indemnités différentes; et le propriétaire qui occupe son bien, tout en ayant peut-être l'intention de l'aliéner, recevra une indemnité supérieure à celui qui, propriétaire d'un fonds de terre ou d'une habitation, n'attend que la cessation du bail, qui expire dans quelques jours, peut-être, pour rentrer en jouissance de son immeuble.

Quoi qu'il en soit, la volonté de la loi est formelle et nous devons nous incliner.

Du reste, remarquons le bien, la disposition que nous étudions n'impose pas une obligation au juge, mais elle lui laisse seulement la faculté, lorsqu'il sera bien démontré que le propriétaire a pour son immeuble une affection spéciale, de l'arbitrer *ex œquo et bono*, à une somme d'argent qui lui sera attribuée pour adoucir les regrets que lui cause la perte de son héritage.

[1] **Chicora, Ibid., p.** 407.

Si maintenant nous jetons un coup d'œil sur l'économie générale de l'art. 12 dont nous venons d'étudier les détails, nous y trouvons les éléments constitutifs suivants.

D'abord, une déclaration du gouvernement portant qu'il y va de l'intérêt général, d'accorder une voie de communication à un concessionnaire de mine, afin de rendre son exploitation possible ou même seulement plus facile et plus avantageuse. De son côté, le propriétaire du sol sur lequel passera cette voie de communication, est sauvegardé dans ses intérêts, parce que cette déclaration d'utilité publique ne peut intervenir qu'après une enquête et sur l'avis favorable du Conseil des mines. En outre, et comme compensation de la perte qu'il subit, la loi lui attribue une indemnité portée au double de tout le préjudice qu'il souffre. Et si au surplus, il est démontré qu'il a pour le sol qu'il occupe et dont il est dépossédé, un véritable intérêt d'affection, le juge pourra trouver dans cette circonstance, une nouvelle cause de dédommagement.

CHAPITRE IX.

Chemins de fer établis par les concessionnaires de mines depuis la loi du 2 mai 1837.

Nous venons de voir qu'une situation exceptionnelle et toute de faveur avait été faite aux concessionnaires de mines par la loi du 2 mai 1837.; cependant, si le législateur a cru devoir leur accorder le bénéfice d'une disposition spéciale, il n'en reste pas moins certain que le droit commun leur est encore applicable, et, à ce titre, les concessionnaires de mines peuvent aussi réclamer du gouvernement le droit d'établir des chemins de fer moyennant des perceptions de péages. Ces concessions, comme nous l'avons vu, ont leur point de départ dans la loi du 19 Juillet 1832, qui a conféré au gouvernement le droit d'accorder, moyennant péages, pour un terme qui n'excède pas 90 ans, l'entreprise des grands travaux d'utilité publique tels que routes, canaux, chemins de fer.

A la loi du 19 juillet 1832, il faut joindre l'arrêté organique du 29 novembre 1836, qui contient les dispositions en conformité desquelles devait être formée et instruite toute demande de cette nature.

Cet arrêté, très développé, est divisé en quatre paragraphes : le premier traite du projet et de l'instruction préalable à l'enquête ; le second de l'enquête ; le troisième des avantages réservés aux demandeurs en concession ; le quatrième contient des dispositions générales.

La loi du 15 avril 1843 a apporté au droit d'accorder des concessions de péages, selon la loi du 19 juillet 1832, une modification importante : Aucune ligne de chemin de fer destinée au transport des voyageurs et des marchandises, et d'une étendue de plus de 10 kilomètres, ne pourra désormais, être concédée qu'en vertu d'une disposition légale.

La règle formulée par le législateur de 1832 ainsi modifiée, a été ensuite prorogée par des lois successives. Si donc le gouvernement a la faculté de décréter l'exécution de chemins publics par voie d'expropriation et d'accorder aux entrepreneurs le droit de percevoir des péages pendant la durée de leur concession, ces principes peuvent recevoir leur application, lorsque les chemins à établir doivent servir aux transports des exploitants de mines.

La loi du 10 mai 1862, qui a remplacé la loi du 19 juillet 1832, mais qui est conçue dans le même esprit, laisse au pouvoir du gouvernement la faculté de concéder des chemins de fer moyennant péages, aussi bien aux exploitants de mines qu'à tous autres entrepreneurs.

Mais, hâtons-nous de le remarquer, une pareille situation sera bien différente de celle qu'a organisée le législateur de 1837, tandis, en effet, que les chemins de fer construits en vertu de cette dernière loi, appartiennent au concessionnaire de la mine qui les a établis et en a la jouissance exclusive ; dans l'autre hypothèse, au contraire, le chemin est la propriété, non plus des exploitants de mines qui en ont seulement la jouissance, mais de l'État. Pendant le temps de la concession, les entrepreneurs auront simplement le droit d'en percevoir les produits sous forme de péages que les exploitants de mines et autres expéditeurs seront tenus de leur payer. Enfin, lorsqu'il s'agit d'un chemin créé en vertu de la loi de 1837, le concessionnaire de la mine ne peut exproprier que moyennant la double indemnité, tandis que dans l'hypothèse d'une concession de péage, l'exproprié ne peut réclamer qu'une simple indemnité équivalente au préjudice souffert.

On a objecté, que le gouvernement pouvait ainsi trouver un moyen d'éluder la régle de la double indemnité posée dans la loi du 2 mai 1837.

Cependant, il convient de remarquer, ainsi que nous l'avons démontré, que ces deux situations sont différentes, car le droit de poursuivre l'expropriation pour l'établissement d'un chemin de fer moyennant péage, ne saurait être comparé à la situation si favorable créée en faveur des concessionnaires de mines par la loi du 2 mai 1837, tant au point de vue du droit de propriété de l'embranchement, que de son mode de jouissance. C'est ce que nous avons montré plus haut. Or la faculté accordée au gouvernement par la loi du 19 juillet 1832 et par les lois postérieures est générale et sans restriction ; les tribunaux ne sauraient donc en limiter l'usage, l'acte du gouvernement, qui accorde le bénéfice d'une concession de péages après l'accomplissement des formalités prescrites, échappe au contrôle des tribunaux ordinaires.

Le gouvernement peut-il insérer d'office, dans les arrêtés qui portent déclaration d'utilité publique, des voies de communication destinées au service des mines, en vertu de la loi de 1837, une clause conférant aux établissements industriels voisins le droit de se servir de ces voies de communication, à des conditions à régler amiablement ou par experts ?

Cette question a surgi à propos d'arrêts royaux dont nous citerons comme exemple celui du 15 avril 1861, ainsi conçu :

«Vu la requête de la société charbonnière de *Courcelles-Nord*, tendante à obtenir une déclaration d'utilité publique pour l'établissement d'une voie ferrée, destinée à mettre ses différents siéges d'exploitation en communication avec le canal de Charleroi à Bruxelles ; — Vu, en triple expédition, le plan indiquant le tracé de la voie projetée ; — Vu les pièces constatant l'accomplissement des formalités prescrites par l'arrêté royal du 29 novembre 1836 ;— Vu les avis favorables de la commission d'enquête, de la chambre de commerce de Charleroi et de la députation permanente du conseil provincial du Hainaut, en date des 10 janvier, 2 et 8 mars 1861 ; — Vu la proposition du Conseil des mines, en date du 29 mars 1861 ; — Vu l'art. 12 de la loi du 2 mai 1837 ; — Considérant que les formalités prescrites ont été remplies et que la demande n'a soulevé aucune opposition ; — Considérant que la voie projetée aura pour effet de réduire les frais de transport des produits du charbonnage de *Courcelles-Nord* et que, par conséquent, elle sera avantageuse aux exploitants et aux consommateurs ;

« Sur la proposition de notre Ministre des travaux publics,

« Nous avons arrêté et arrêtons :

« Art. 1er — Il y a utilité publique à établir, conformément au plan annexé au présent arrêté, une voie ferrée destinée à mettre les différents siéges d'exploitation du charbonnage de *Courcelles-Nord* en communication avec le canal de Charleroi à Bruxelles.

« Art. 2.—Le gouvernement se réserve le droit de permettre aux propriétaires de mines ou d'établissements industriels voisins de se servir de ladite voie, à des conditions à régler à l'amiable ou à dire d'experts......etc. »

Cette dernière clause est-elle valable ?

Un avis du Conseil des mines du 8 juin 1860 a décidé que le gouvernement ne pouvait pas insérer d'office une pareille stipulation dans les arrêtés partant déclaration d'utilité publique des communications établies dans l'intérêt des exploitations de mines.

Le Conseil appuie sa décision sur ce motif : « qu'il résulte, tant du texte que de la discussion de l'art. 12 précité, que la disposition qu'il renferme constitue une disposition spéciale, introduite dans la loi uniquement pour favoriser l'exploitation des mines et le transport économique de leurs produits ;

« Que dès-lors, cette disposition ne peut pas être appliquée à des établissements industriels,qui n'ont pas pour objet l'exploitation des mines ;

« Qu'en stipulant la clause dont il s'agit en faveur d'établissements de cette espèce, le gouvernement donnerait d'une manière indirecte, à l'article 12 précité, une extension que ne comportent ni les termes ni l'esprit de la loi ;

« Que le gouvernement reste dans les termes et dans l'esprit de la disposition spéciale de l'art. 12, lorsqu'en usant de la faculté que lui donne cet article, il stipule que la voie de communication dont il autorise l'établissement, sera mise au service d'exploitations de mines voisines, moyennant une indemnité fixée à l'amiable ou à dire d'experts ; que pareille réserve est de plus commandée par ce motif qu'elle tend à prévenir la multiplicité des voies de cette nature, et, par suite, celle des expropriations forcées, toujours regrettables ;

« Que ces considérations disparaissent, lorsqu'il s'agit d'établissements industriels, en faveur desquels ne peut être invoqué le privilège accordé par l'art. 12 précité ; que l'exploitant qui construit une voie de communication en vertu de ce privilège, doit être laissé libre de débattre le prix auquel il entend livrer la jouissance de cette voie à des tiers autres que des exploitants de mines ; qu'enfin, aucun motif d'intérêt public ne provoque le gouvernement à intervenir dans ce débat. »[1]

Cependant, comme nous l'avons vu par l'arrêté du 15 avril 1861, le gouvernement a continué à insérer dans les déclarations d'utilité publique la clause qui nous occupe. Nous la retrouvons notamment dans les arrêtés royaux des 23 mai 1862. (Charbonnage du Grand-Mambourg-Liége) ; — 15 octobre 1864. (Ch. de Strepy-Bracquegnies) ; — 10 septembre 1866.(Ch. d'Eugies) ; — 31 Décembre 1867. (Ch. de Bonne-Espérance à Montigny-sur-Sambre) ; —

---

[1] **Chicora**, vol. de 1863, p. 39,

5 juin 1865. (Ch. des Chevalières et Midi de Dours); — 30 septembre 1873. (Ch. du Petit-Try) ; — 30 septembre 1873. (Ch. de Masse-Diarbois), — 6 juin 1874 (Charbonnages unis de l'Ouest de Mons) ; — 28 juin 1874. (Ch. du Nord du Flénu) ; — 17 septembre 1875. (Ch. du Grand-Conty-Spinois); — 25 septembre 1875. (Ch. de Strepy-Bracquegnies); — 11 juillet 1876. (Ch. des Viviers); — 29 mai 1877. (Ch. des Produits) ; — 13 octobre 1877. (Ch. de Bray-Maurage, Boussoit), etc.

Tous ces décrets portant déclaration d'utilité publique, ont maintenu la clause par laquelle le gouvernement se réservait le droit de permettre aux propriétaires de mines ou d'établissements industriels voisins, de se servir de la voie nouvelle à des conditions à régler à l'amiable ou à dire d'experts.

Cette clause, en effet, présente des avantages évidents pour les concessionnaires des mines eux-mêmes, auxquels le gouvernement l'impose ; la preuve en est qu'ils se sont de tout temps empressés d'y souscrire.

Quoi de plus conforme, en effet, à l'article 12 de la loi de 1837, que d'abaisser, autant que possible, le prix de transport des produits des mines ; or, la clause qui nous occupe a certainement pour résultat de faire rentrer plus rapidement les concessionnaires dans les frais de premier établissement de leurs embranchements, au plus grand avantage des consommateurs.

Il est bien certain que l'article 12 contient une disposition exceptionnelle et toute de faveur pour les concessionnaires de mines, que les autres industriels ne sauraient invoquer. Mais le consentement des parties vient ici suppléer à ce qui fait défaut dans la loi, et il est difficile de dire quels intérêts d'ordre supérieur peuvent s'en trouver lésés.

En dehors des chemins de fer créés, soit en vertu de la loi de 1837, soit avec concession de péages, un grand nombre d'établissements industriels et spécialement des charbonnages, sont encore reliés aux lignes de l'État belge ou des grandes Compagnies par de simples voies de raccordement.

Mais, remarquons-le bien, ces voies ne comportent pas d'expropriations pour cause d'utilité publique; elles sont établies sur les propriétés des intéressés, et un simple arrêté du Ministre des travaux publics suffit pour en autoriser la construction.

Les cahiers des charges et conditions générales des concessions de chemins de fer en Belgique imposent en ces termes dans leur article 48 l'obligation de subir ces raccordements :

« Le département des travaux publics pourra, après avoir entendu les concessionnaires, autoriser l'établissement de voies de raccordement soit aux stations; soit en pleine voie (gares privées). La construction et l'exploitation de ces voies de raccordement et gares privées aura lieu aux conditions de celles établies sur les lignes de l'État. »

Par un arrêté récent du 25 octobre 1880, M. Sainctelette, Ministre des travaux publics, a réglé les conditions générales de la construction et de l'exploitation des embranchements se reliant aux stations du chemin de fer de l'État.

Chaque demande de raccordement devra faire l'objet d'une instruction administrative préalable. (Art. 2)

Un plan à approuver par le Ministre des travaux publics indiquera le mode de jonction de l'embranchement au railway de l'État, l'emplacement des clôtures et les modifications à apporter aux installations de la station. (Art. 3).

Toutes les dépenses de construction et d'entretien de l'embranchement proprement dit seront supportées, sans exception, par l'établissement à raccorder. (Art. 7).

La construction et l'entretien de l'embranchement et de ses dépendances, depuis l'usine ou le magasin à raccorder, jusques et y compris la porte à pratiquer dans la clôture de la station, se feront par les soins du concessionnaire. (Art. 8).

Le matériel nécessaire à la construction de la partie de l'embranchement située à l'intérieur des clôtures de la station proviendra des dépôts de l'Administration des chemins de fer de l'État et sera placé par ses soins. Le montant des dépenses à taire de ce chef sera acquitté par le concessionnaire de la manière et à l'époque qui lui seront indiquées.

L'entretien et le renouvellement de cette partie du raccordement seront faits par les soins et aux frais de l'Administration des chemins de fer de l'État. (Art. 9).

A défaut de stipulation contraire, les wagons destinés à l'embranchement seront pris dans la station, par les soins du concessionnaire, sur la voie à indiquer par le chef de station ; ils y seront ramenés également par ses soins et classés dans l'ordre des stations de destination, d'après les indications du fonctionnaire précité.

Ces manœuvres se feront aux heures à fixer par le chef de station.

La clef de la porte dont il est question à l'article 7 sera déposée entre les mains de ce fonctionnaire. (Art. 13).

Quand la jonction de l'embranchement aux voies principales ou aux voies assimilées se fait en dehors de la station, il pourra être stipulé par l'État, pour la manœuvre des wagons à amener sur le raccordement ou à emmener, une taxe à déterminer dans chaque cas. Toutefois, cette taxe ne comprendra que les frais supplémentaires à faire éventuellement par l'Administration en dehors du périmètre des stations. (Art. 14).

Les wagons ne sont employés, par le concessionnaire, que pour l'expédition des marchandises dont le transport a été ou doit être confié au chemin de fer de l'État. (Art. 15).

Tout wagon mis à la disposition d'un établissement raccordé sera rendu à l'Administration dans un délai qui pourra être déterminé dans chaque cas ; ce délai ne pourra pas être de moins de quatre heures ni de plus de huit heures.

A défaut de stipulation spéciale, le délai de quatre heures sera appliqué.

Si les wagons ne sont pas rentrés dans les délais prescrits, l'établissement raccordé sera passible de l'amende comminée par les conditions réglementaires en cas de retard dans les chargements et déchargements des wagons effectués dans les stations. (Art. 20).

Les expéditions, soit en provenance, soit en destination d'un embranchement, sont taxées d'après les règles de tarification en vigueur ou toutes autres règles à décréter per le Ministre des travaux publics. (Art. 21).

En conformité de ces dispositions, le Recueil général des tarifs des chemins de fer de l'État belge contient le tableau des établissements reliés aux stations du chemin de fer de l'État, avec indication à titre de renseignement : 1° De la gare dont dépend le raccordement et dont le tarif doit être appliqué ; 2° Du péage supplémentaire dû, le cas échéant, indépendamment des prix du tarif, soit pour manœuvres, soit pour usage du matériel.

Tout raccordement avec les voies des chemins de l'État en dehors des stations prend le nom de gare privée. Les conditions générales réglant la construction et l'exploitation des gares privées reliées aux chemins de fer de l'État ont été déterminées par un arrêté du ministre des travaux publics du 24 juin 1876.

Nous retrouvons ici les principales dispositions de l'arrêté ministériel que nous avons cité plus haut. Cependant, nous remarquons les dispositions suivantes :

La surveillance de la gare est confiée à un agent de l'État, qui dirige le service d'après les ordres de l'Administration. (Art. 10).

L'entretien de la gare est fait par les soins et aux frais de l'État. celui de l'embranchement et de ses dépendances par les soins et aux frais du concessionnaire. (Art. 8).

Les délais pour la remise des wagons sont les mêmes dans les deux arrêtés ministériels. (Art. 19).

Les redevances et taxes sont réglées de la manière suivante :

Le concessionnaire paie pour l'exploitation et l'entretien de la gare, par les soins de l'Administration, une redevance de 0,20 c. par tonne de marchandise amenée à la gare ou expédiée de la gare par le chemin de fer de l'État.

La redevance ne peut pas être inférieure à 2,000 fr. ni supérieure à 5,000 fr. par an. (Art. 20).

Les gares privées sont utilisées au transport, au moyen du matériel de l'État et de ses correspondants, des expéditions effectuées aux conditions des tarifs de la petite vitesse.

On applique aux transports partant de la gare les tarifs de la station qui précède et à ceux en destination de la gare les tarifs de la station qui suit dans la direction des transports ; toutefois, il est perçu une taxe supplémentaire de trois francs pour les expéditions des marchandises pouvant être chargées avec d'autres et comportant un poids inférieur à 2,000 kilogr., à moins que l'établissement raccordé n'ait avantage à payer le prix du tarif correspondant à 2,000 kilogr. (Art. 21).

Le gouvernement se réserve d'ériger la gare privée en station, si son importance le justifie. Dans ce cas, le ou les concessionnaires sont alors exonérés de la redevance fixée par les conditions générales, s'ils consentent à l'abandon à l'État, et sans indemnité, des terrains acquis et des travaux exécutés par eux à la gare. (Art. 27),

Ces explications suffisent pour nous faire connaître le mode d'établissement et les règles principales qui régissent les voies de raccordement, le surplus serait relatif à l'exploitation technique.

De tout ce qui précède, il résulte que les concessionnaires de mines ont à leur disposition, depuis longtemps déjà, des moyens légaux pleinement suffisants pour établir, suivant le mode qui leur semblera préférable, les voies de communication destinées au service de leur exploitation.

CHAPITRE X.

Les articles 43 et 44 de la loi de 1810 ont conservé leur importance.

Les art. 43 et 44 de la loi du 21 avril 1810 n'ont pas été abrogés par la disposition législative de 1837, ils conservent leur utilité et restent applicables dans un grand nombre d'hypothèses qu'il est important de préciser.

Rappelons tout d'abord que la loi du 8 juillet 1865 a ajouté à l'article 43 la disposition suivante : « Les travaux mentionnés dans ces deux paragraphes ne pourront être entrepris qu'avec le consentement du propriétaire ou avec l'autorisation du gouvernement, donnée après avoir consulté le Conseil des mines, le propriétaire entendu. »

De la comparaison de ces art. de la loi de 1810 avec la règle formulée par le législateur de 1837, apparaissent des différences considérables que nous allons examiner.

I. — La loi de 1837 a été publiée, nous l'avons vu, dans le but de permettre l'établissement des voies de communication destinées à rendre l'exploitation des mines plus commode ou plus avantageuse. Mais les art. 43 et 44 de la loi de 1810 n'en conservent pas moins leur application pour tous les travaux nécessaires et indispensables à l'exploitation.

Ainsi, l'occupation d'un terrain destiné à l'établissement d'un magasin nécessaire pour abriter les produits de la mine reste soumis à l'application des art. 43 et 44 de la loi de 1810 [1]

De même encore, en ce qui concerne les chemins à établir pour le service de l'exploitation, le droit d'occupation tel qu'il résulte de la loi du 21 avril 1810 donnant au concessionnaire la faculté d'entreprendre sur le terrain d'autrui les travaux nécessaires à son entreprise, autorise aussi l'établissement de voies de communication jugées indispensables pour l'enlèvement des produits de la mine. La nécessité d'un pareil travail sera démontrée, s'il s'agit, par exemple, de procurer à l'exploitation une issue sur la voie publique.

Dans ces hypothèses, le droit d'occupation pourra être valablement invoqué par le concessionnaire, qui devra acquérir à leur double valeur, les terrains empris et les parcelles trop endommagées ou dégradées. [2]

Les concessionnaires de mines établissant une voie de communication, à la faveur des art. 43 et 44 de la loi de 1810; peuvent choisir le mode de construction qui leur sera préférable, aucune disposition légale ne soumet l'établissement des chemins à ornières de fer à des conditions spéciales, une pareille voie de communication peut donc être établie, soit comme chemin de charroi, soit à titre de chemin de fer. [3]

C'est ce que précisait très bien le jugement du tribunal de Charleroi du 6 juillet 1844. Le Tribunal constate en effet « que le chemin de fer, dont on réclame la destruction, se trouve exclusivement établi sur des parcelles occupées depuis de longues années par la société défenderesse, en vertu des lois sur les mines; qu'il faut reconnaître en principe que le droit résultant de la disposition de l'art. 43 de la loi du 21 avril 1810, s'étend à l'exécution

(1) Conseil des mines, 28 juillet 1838. Chicora, vol. 1850, p. 59.

(2) Cass. B., 21 nov. 1845 Pas. 1849, 8. — Cour de Bruxelles, 4 avril 1847. — Bury, 588.

(3) Cour de Bruxelles, 4 avril 1846, Pas. 1847, p. 16. — Bury, n° 607.

de tous travaux utiles à l'exploitation de la mine et au nombre desquels il faut évidemment comprendre ceux nécessaires à l'enlèvement de ses produits ; que cette faculté, en effet, n'est pas plus onéreuse pour le propriétaire que celle d'enfoncer des bures ou de creuser son terrain pour y établir des fondations ; que si on se rappelle les motifs d'utilité publique et d'intérêt général qui ont imposé à chaque citoyen la dépossession de son héritage pour la recherche et l'extraction des richesses minérales, on doit avouer que le but du législateur ne serait pas atteint, si le terrain destiné au dépôt des charbons extraits ne pouvait servir aussi à faciliter leur écoulement ; d'où il suit, qu'en établissant sa voie ferrée sur des parcelles déjà occupées par elle, parmi payement d'une indemnité convenue, la société de Mambourg n'a point fait un usage illicite de la faculté qui lui était accordée. »[1]

Ainsi, et pour nous résumer, les art. 43 et 44 conservent tout leur empire en cas de prise de possession des terrains nécessaires à l'exploitation, dans l'étendue du périmètre de la concession, la loi de 1810 ne fait aucune distinction entre les différents travaux pour lesquels le droit d'occupation existe, et les comprend tous dans ces mots : les travaux des mines.

La loi de 1837, au contraire, n'a introduit des formes nouvelles que pour les chemins plus faciles et plus directs, afin de mettre les exploitants de mines en état, « de fournir leurs produits à meilleur compte et de soutenir la concurrence avec les exploitations qui, sous le rapport des moyens de transport, se trouvaient dans une position plus favorable. » En dehors de cette situation particulière, pour laquelle la loi est venue accorder des facilités spéciales, dans une hypothèse où les principes de la loi de 1810 ne suffisaient plus, nous rentrons dans les termes généraux de la loi fondamentale sur les mines.[2]

---

[1] Jugement confirmé par la Cour de Bruxelles, le 4 avril 1846, Pas. 1847, p. 18.
[2] Cass. B., 21 nov. 1847. Pas. 1847, p. 8.

II. — A ces deux situations différentes que nous venons d'examiner, s'appliquent des règles bien opposées. D'une part, en effet, il faudra observer les formalités qu'a rigoureusement imposées la loi du 2 mai 1837, et que nous avons examinées plus haut dans leurs détails. Dans les hypothèses au contraire où les art. 43 et 44 de la loi de 1810 reçoivent leur application, nous avons à nous demander comment se fait la mise en possession et si l'intervention de la puissance publique est nécessaire pour permettre au concessionnaire d'exercer son droit d'occupation.

A cet égard de graves difficultés se sont souvent élevées en Belgique, jusqu'à la publication de la loi du 8 juillet 1865.

Une circulaire du Ministre des Travaux publics du 1er mai 1839, relative à l'éxécution des art. 43 et 44 de la loi du 21 avril 1810, avait eu pour but de régler les droits des concessionnaires de mines. « La loi, disait ce document, n'ayant pas tracé les formalités à observer pour parvenir à faire décréter l'emprise, nous ne pouvons mieux agir qu'en procédant par analogie.

« L'instruction ministérielle du 3 août 1810 a prescrit les formalités à suivre pour l'obtention des permissions de recherches dans le terrain d'autrui, conformément à l'art. 10 de la loi du 21 avril. La plupart de ses dispositions sont directement et utilement applicables au cas d'emprise de terrain.

« Ainsi, c'est à l'administration provinciale, après avoir consulté l'Ingénieur en chef des mines, qu'il appartient d'abord de prendre un arrêté sur l'objet de la demande. Cette demande doit contenir d'une manière précise la désignation du terrain, les nom et domicile du propriétaire du terrain, les motifs qui rendent cette emprise nécessaire, l'offre d'une indemnité au double, etc.

« L'Ingénieur en chef des mines fait connaître son avis motivé sur la requête.

« L'arrêté de la députation, qui statue sur la demande, doit énoncer les nom, qualité et domicile du pétitionnaire, la date de la demande, la désignation précise du lieu ou des lieux sur lesquels l'emprise doit porter, la date de la communication faite au proprié-taire du terrain, au besoin l'avis de l'autorité locale, celui de l'Ingénieur en chef des mines, la discussion de l'opposition de la part du propriétaire ou des propriétaires, s'ils en ont fait, enfin l'avis motivé de la députation sur le tout, en conséquence de laquelle cette autorité admet ou rejette la demande.

« L'arrêté doit être ensuite transmis, avec toutes les pièces de l'affaire, au Ministre des Travaux publics, qui statue définitivement sur la demande. »

De son côté, la jurisprudence belge protestait contre la valeur de ces actes administratifs et décidait que les concessionnaires de mines pouvaient prendre possession des terrains nécessaires à l'établissement de leurs travaux, sans le consentement du propriétaire du sol et en l'absence de toute autorisation émanant des pouvoirs publics. Deux arrêts de la Cour de cassation du 21 novembre 1845 et 8 janvier 1848 s'étaient prononcés formellement en ce sens. « Les lois sur l'expropriation pour cause d'utilité publique, disait la Cour suprême, sont sans application aux travaux des mines, puisque le concessionnaire n'est pas autorisé à se faire céder la propriété des terrains nécessaires à son exploitation, mais seulement à les occuper pendant la durée des travaux, moyennant une redevance annuelle double du revenu, dont le propriétaire du sol se trouve privé et que la loi accorde à ce dernier seul, le droit d'exiger l'acquisition du terrain empris, si l'occupation par le propriétaire de la mine, se prolonge au-delà d'une année ou si, après les travaux, le terrain n'est plus susceptible de culture ; que la difficulté doit donc trouver sa solution dans les lois spéciales sur la matière.

« Qu'aux termes de l'art. 7 de la loi du 21 avril 1810, l'acte de concession d'une mine en confère la propriété perpétuelle au concessionnaire ; que comme conséquence de ce principe, et pour mettre le concessionnaire à même d'exploiter sa propriété, les art. 43 et 44 de la même loi, lui reconnaissent le droit d'établir ses travaux à la surface, moyennant une indemnité déterminée ; qu'aucune disposition de la loi ne subordonne l'exercice de ce droit ni à un recours à l'autorité publique, ni au règlement préalable de l'indemnité due ; qu'à la différence de l'art. 682 du code civil qui donne au propriétaire, dont les fonds sont enclavés, le droit de réclamer un passage sur les fonds du voisin, ce qui implique l'obligation de recourir à l'autorité du juge, en cas de non accord avec le propriétaire, les art. 43 et 44 cités, prouvent par leur contexture. non seulement que le eoncessionnaire peut occuper les terrains avant d'avoir fait régler l'indemnité, qui souvent ne pourrait être déterminée d'avance, mais encore qu'il est seul arbitre des travaux à faire , travaux dont l'emplacement, comme l'a dit le rapporteur de la loi au corps législatif, se trouve toujours indiqué d'une manière absolue par le gisement ou l'allure de la mine ; que, par la double indemnité, la loi a donné une garantie suffisante au propriétaire de la surface contre les abus du droit du concessionnaire, abus qui pourraient au surplus, s'ils se réalisaient, être réprimés par la justice, mais qui, tenant essentiellement au fond du droit, ne pourraient faire l'objet d'une action possessoire. »[1]

Comme conséquence de ce qui précède, le pouvoir judiciaire se déclarait compétent pour connaître de la demande du propriétaire de la surface, qui réclamait la suppression avec dommages et intérêts d'une route, d'un chemin de fer ou d'un dépôt de charbons, établis sur son terrain par une société charbonnière, mais sans son consentement. [2]

De son côté au contraire, le Conseil des mines était d'avis que les concessionnaires ne pouvaient en aucun cas, à défaut du consentement du propriétaire de la surface, se mettre en possession des terrains nécessaires à leurs travaux, une permission de la députation du Conseil provincial devait à cet égard intervenir pour autoriser l'occupation. [3]

<hr>

(1) Cass B., 24 novembre 1845. Pas. 1847, 8.
(2) Cour de Liége, 27 juillet 1854. Pas. 1858, p. 392.
(3) 10 avril 1853. Chicora, vol. de 1874, p. 3.

La loi du 8 juillet 1865 a fait cesser ce conflit en décidant que le droit d'occupation, en l'absence du consentement du propriétaire, ne pourrait être exercé que sous le contrôle du gouvernement.

Cette loi a modifié en ces termes, l'art. 43 de la loi du 21 avril 1810, en y ajoutant la disposition suivante :

Art. 2. « Les travaux mentionnés dans ces deux paragraphes ne pourront être entrepris qu'avec le consentement du propriétaire ou avec l'autorisation du gouvernement, donnée après avoir consulté le Conseil des mines, le propriétaire entendu. »

Les conditions auxquelles le droit d'occupation est désormais soumis sont de droit rigoureux.

Ainsi notamment, il ne doit être statué sur une demande en occupation de terrains faite en vertu de la loi du 8 juillet 1865, que s'il est établi par une pièce de l'instruction, que les propriétaires ont été avertis et mis ainsi en mesure de présenter leurs observations, dans un délai déterminé.

Il ne suffit pas qu'il soit attesté, par un certificat du bourgmestre de la localité, qu'il n'est parvenu aucune observation au sujet de la demande. Les formalités, requises par l'article 2 de la loi de 1865, constituent en effet des garanties importantes pour les propriétaires, et dès lors, il est indispensable qu'il soit formellement justifié de leur accomplissement. (1)

III. — Si nous poursuivons notre étude comparative des art. 43 et 44 de la loi de 1810 avec l'art. 12 de la loi de 1837, nous remarquons qu'en principe, le droit d'occupation n'entraîne pas de translation de propriété, la faculté d'exiger l'acquisition de son bien n'appartient, en effet, qu'au propriétaire lui-même, si les travaux doivent durer plus d'une année et lorsqu'il est certain que les terrains ne seront plus propres à la culture comme ils l'étaient auparavant.

Au contraire, l'application de l'art. 12 de la loi de 1837, a pour

(1) Conseil des mines, 30 juin 1873. Chicora, vol. 1880, p. 4.

conséquence naturelle une translation immédiate de la propriété, puisque cette loi s'en réfère aux règles ordinaires de l'expropriation.

Cependant on a demandé, au cours de la discussion de la loi du 2 mai 1837, si la propriété du sol nécessaire à l'établissement du chemin serait toujours transmise au concessionnaire, ou si au contraire, la règle posée dans la loi nouvelle pouvait simplement entraîner l'occupation de la surface, à titre de servitude et tant que dureraient les travaux.

Quelques orateurs ont proclamé ce système, et reconnu qu'une pareille situation était plus avantageuse pour les concessionnaires eux-mêmes.

Voici notamment ce que disait le Ministre de la Justice devant la Chambre des Représentants, le 12 avril 1837 : « Quant à la deuxième question, celle de savoir si, lorsque la communication est établie pour cause d'utilité publique et lorsque ce chemin n'est plus nécessaire, le terrain retourne à l'ancien propriétaire, il me semble que le texte peut être interprété de manière à donner toute satisfaction au préopinant.

« Quant à moi, je ne sais pourquoi on priverait le propriétaire de cette partie de son terrain; lorsque la nécessité de l'exploitation n'en exige pas le sacrifice? Non; la loi dit que le passage est forcé, que ce droit est dans l'intérêt public, et qu'il n'est accordé que pour obtenir la communication forcée, et seulement dans les mêmes formes que pour l'expropriation. Mais la loi ne dit pas qu'il y a expropriation.

« S'il est nécessaire de passer par des constructions, et si l'on ne peut s'entendre avec le propriétaire, alors il faudra bien exproprier, car on ne peut pas détruire une construction pour la rétablir ensuite. Mais s'il s'agit de traverser une campagne, un terrain, on donnera le double, en indemnité, au propriétaire, à raison de la servitude; et lorsque la servitude cessera, la propriété deviendra libre et retournera à son ancien possesseur.

« C'est ainsi que j'interprète la loi. Au reste, les privilèges, les servitudes doivent être restreintes, et toute loi doit être interprétée en faveur de la propriété, de la liberté des héritages. »[1]

Recherchons quelle peut être la portée de ces déclarations, que nous relevons dans les discussions de la loi, et dans quelles circonstances il est exact de dire que l'expropriation du fonds lui-même n'est pas indispensable, et qu'il peut résulter de l'article 12 une simple servitude de passage, ainsi que le répétait aussi le Ministre des Travaux publics, dans la séance du 12 avril 1837.[2]

Et tout d'abord, si les deux parties sont d'accord, pour préférer l'exercice de la servitude de passage à l'expropriation ; leur volonté recevra sa pleine et entière exécution. Souvent, en effet, il sera moins onéreux pour l'exploitant de ne payer qu'une indemnité annuelle à raison du droit de passage, la double indemnité donnant lieu, en cas d'expropriation, à des déboursés considérables. De son côté, le propriétaire peut, dans une hypothèse déterminée, préférer un pareil arrangement, mais qui est réglé par une convention amiable et suivant les termes ordinaires du droit commun. En pareille hypothèse, la loi de 1837 est donc sans application.

Mais supposons qu'il y a désaccord entre les parties. Le concessionnaire voudrait user d'une simple servitude de passage, le propriétaire exige l'acquisition de son terrain. Dans ce cas, l'expropriation doit avoir lieu. Nous nous trouvons, en effet, dans l'hypothèse prévue par l'article 44, car l'occupation doit durer plus d'une année, s'il s'agit, comme nous le supposons, de l'établissement d'une voie importante de communication. Or, en pareille circonstance, le propriétaire exige valablement l'acquisition de sa propriété et le paiement intégral des indemnités qui lui sont attribuées par l'article 12 de la loi de 1837.[3]

Supposons, enfin, que le propriétaire du sol se déclare prêt à

(1) Chicora : Discussions de la loi de 1837, 2e vol., p. 643.

(2) Chicora, ibid. 2, 624.

(3) Circulaire du Ministre des Travaux publics du 1er mai 1839. *Code des mines*, de Chicora, p. 463.

subir la servitude de passage, le concessionnaire est-il tenu de se contenter de cette offre ou peut-il la repousser et poursuivre auprès du gouvernement la déclaration d'utilité publique suivie bientôt de l'expropriation ?

Il a été reconnu dans les discussions de la loi, nous l'avons vu, que l'article 12 était susceptible d'une double application ; la première comportant une simple servitude de passage et la seconde, la transmission même de la propriété ; cependant, comme aucune disposition expresse de la loi n'a imposé au concessionnaire l'obligation de se contenter de la simple servitude de passage, lorsqu'elle lui est offerte, il en résulte que l'accord des deux parties peut seul avoir un pareil résultat. D'une part, en effet, le droit de poursuivre l'expropriation est reconnu par la disposition même de la loi nouvelle au concessionnaire et, d'antre part, à ce droit n'a pas été apportée, dans le texte même, cette restriction que le propriétaire du sol pourrait arrêter l'effet de l'expropriation, en offrant volontairement l'exercice de la servitude de passage sur son terrain. Les travaux préparatoires d'une disposition légale n'ont pas cette autorité de modifier d'une façon aussi grave le texte formel de la loi.

Pareille offre cependant ne sera pas toujours inutile, il se peut, en effet, que le concessionnaire se décide à l'accepter, mais surtout le gouvernement, juge en dernier ressort de l'opportunité d'une déclaration d'utilité publique, pourrait se refuser à prononcer cette déclaration s'il estimait, eu égard aux circonstances de l'affaire, que la servitude de passage offerte par le propriétaire du sol doit être considérée comme suffisante, et qu'elle donne pleine satisfaction aux intérêts de l'exploitation.(1)

IV. — Il nous reste encore à signaler deux différences importantes entre les situations que nous comparons.

Le droit d'occupation est restreint aux limites du périmètre de la concession. La loi de 1837, au contraire, permet à l'exploitant de

______

(1) **Bury**, 606.

mines d'obtenir une voie de communication qui s'étendra au-delà de ces limites étroites, pour aller réjoindre une route, un canal ou un chemin de fer d'intérêt général.

Enfin, le doit d'occupation subit une restriction importante dans l'article 11 de la loi de 1810, modifié par la loi du 8 juillet 1865, qui écarte les travanx des mines, des habitations et des terrains qui y sont attenants. Aucune limite semblable n'est imposée à l'expropriation prévue et réglée par l'article 12 de la loi de 1837.(1)

(2) Chicora : Discussions de la loi, p, 608, 611, 613, 620.

TEXTE DE LA LOI DES 27-28 JUILLET 1880

qui modifie la loi du **21 avril 1810** concernant les mines.

(*Bull. N° 9567.*)

Article unique. — Les art. 11, 23, 26, 42, 43, 44, 50, 70, 81 et 82 de la loi du 21 avril 1810, sont modifiés ainsi qu'il suit :

Art. 11. — Nulle permission de recherches, ni concession de mines ne pourra, sans le consentement du propriétaire de la surface, donner le droit de faire des sondages, d'ouvrir des puits ou galeries, ni d'établir des machines, ateliers ou magasins dans les enclos murés, cours et jardins.

Les puits et galeries ne peuvent être ouverts dans un rayon de 50 mètres des habitations et des terrains compris dans les clôtures murées y attenantes, sans le consentement des propriétaires de ces habitations.

Art. 23. — L'affichage aura lieu pendant deux mois, aux chefs-lieux du département et de l'arrondissement où la mine est située, dans la commune où le demandeur est domicilié et dans toutes les communes sur le territoire desquelles la concession peut s'étendre ; les affiches seront insérées deux fois, à un mois d'intervalle, dans les journaux du département et dans le *Journal officiel.*

Art. 26. — Les oppositions et demandes en concurrence seront admises devant le Préfet jusqu'au dernier jour du second mois à compter de la date de l'affiche. Elles seront notifiées par actes extra-judiciaires , à la Préfecture du département , où elles seront enregistrées sur le registre indiqué à l'art. 22. Elles seront également notifiées aux parties intéressées et le registre sera ouvert à tous ceux qui en demanderont communication.

Art. 42. — Le droit accordé par l'art. 6 de la présente loi au propriétaire de la surface sera réglé sous la forme fixée par l'acte de concession.

Art. 43. — Le concessionnaire peut être autorisé , par arrêté préfectoral pris après que les propriétaires auront été mis à même de présenter leurs observations , à occuper, dans le périmètre de sa concession , les terrains nécessaires à l'exploitation de sa mine , à la préparation mécanique des minerais et au lavage des combustibles , à l'établissement des routes ou à celui des chemins de fer ne modifiant pas le relief du sol.

Si les travaux entrepris par le concessionnaire ou par un explorateur, muni du permis de recherches mentionné à l'art. 10, ne sont que passagers , et si le sol où ils ont eu lieu peut être mis en culture, au bout d'un an , comme il l'était auparavant, l'indemnité sera réglée à une somme double du produit net du terrain endommagé.

Lorsque l'occupation ainsi faite prive le propriétaire de la jouissance du sol pendant plus d'une année , ou lorsque , après l'exécution des travaux , les terrains occupés ne sont plus propres à la culture , les propriétaires peuvent exiger du concessionnaire ou de l'explorateur, l'acquisition du sol.

La pièce de terre trop endommagée ou dégradée sur une trop grande partie de sa surface doit être achetée en totalité , si le propriétaire l'exige.

Le terrain à acquérir ainsi sera toujours estimé au double de la valeur qu'il avait avant l'occupation.

Les contestations relatives aux indemnités réclamées par les propriétaires du sol aux concessionnaires de mines , en vertu du présent article , seront soumises aux tribunaux civils.

Les dispositions des paragraphes 2 et 3, relatives au mode de calcul de l'indemnité due au cas d'occupation ou d'acquisition des terrains, ne sont pas applicables aux autres dommages causés à la propriété par les travaux de recherche ou d'exploitation : la réparation de ces dommages reste soumise au droit commun.

Art. 44. — Un décret rendu en Conseil d'État peut déclarer d'utilité publique les canaux et les chemins de fer, modifiant le relief du sol, à exécuter dans l'intérieur du périmètre, ainsi que les canaux, les chemins de fer, les routes nécessaires à la mine et les travaux de secours, tels que puits ou galeries destinés à faciliter l'aérage et l'écoulement des eaux, à exécuter en dehors du périmètre. Les voies de communication créées en dehors du périmètre pourront être affectées à l'usage du public, dans les conditions établies par le cahier des charges. Dans le cas prévu par le présent article, les dispositions de la loi du 3 mai 1841, relatives à la dépossession des terrains et au règlement des indemnités, seront appliquées.

Art. 50. — Si les travaux de recherche ou d'exploitation d'une mine sont de nature à compromettre la sécurité publique, la conservation de la mine, la sûreté des ouvriers mineurs, la conservation des voies de communication, celle des eaux minérales, la solidité des habitations, l'usage des sources qui alimentent des villes, villages, hameaux et établissements publics, il y sera pourvu par le Préfet.

Art. 70. — Lorsque le Ministre des Travaux publics, après la concession d'une mine de fer, interdit aux propriétaires de minières de continuer une exploitation qui ne pourrait se prolonger sans rendre ensuite impossible l'exploitation avec puits et galeries régulières, le concessionnaire de la mine est tenu d'indemniser les propriétaires des minières dans la proportion du revenu net qu'ils en tiraient.

Un décret rendu en Conseil d'État peut, alors même que les minières sont exploitables à ciel ouvert ou n'ont pas encore été exploitées , autoriser la réunion des minières à une mine , sur la demande du concessionnaire.

Dans ce cas , le concessionnaire de la mine doit indemniser le propriétaire de la minière , par une redevance équivalente au revenu net que ce propriétaire aurait pu tirer de l'exploitation et qui sera fixée par les tribunaux civils.

Art. 81. — L'exploitation des carrières à ciel ouvert a lieu en vertu d'une simple déclaration faite au maire de la commune et transmise au préfet. Elle est soumise à la surveillance de l'administration et à l'observation des lois et règlements.

Les règlements généraux seront remplacés, dans les départements où ils sont en vigueur, par des règlements locaux rendus sous la forme des décrets en Conseil d'État.

Art. 82. — Quand l'exploitation a lieu par galeries souterraines, elle est soumise à la surveillance de l'administration des mines, dans les conditions prévues par les art. 47, 48 et 50.

Dans l'intérieur de Paris , l'exploitation des carrières souterraines de toute nature est interdite.

Sont abrogées les dispositions ayant force de loi des deux décrets des 22 mars et 4 juillet 1843 et du décret portant règlement général du 22 mars 1843, relatifs à l'exploitation des carrières dans les départements de la Seine et de Seine-et-Oise.

TABLE DES MATIÈRES.

COMMENTAIRE DE LA LOI DU 27 JUILLET 1880.

LÉGISLATION DES CHEMINS DE FER D'EMBRANCHEMENT DES MINES EN FRANCE ET EN BELGIQUE,

OUVRAGES DU MÊME AUTEUR :

Traité théorique et pratique de la Législation des SOCIÉTÉS DE MINES et spécialement des SOCIÉTÉS HOUILLÈRES en France et en Belgique :

Législation des mines de houille dans l'ancienne France. — Principales règles des sociétés charbonnières dans le Hainaut et dans le pays de Liége. — Droit moderne : Caractères généraux des sociétés formées pour l'exploitation des mines. — Caractère civil des sociétés de mines. — Des actions ou parts d'intérêt dans les sociétés de mines. — Du droit de retrait. — Des assemblées générales des actionnaires. — Des administrateurs. — Des dettes et des emprunts. — Des différentes manières dont finit une société formée pour l'exploitation d'une mine. — De la liquidation. — De quelques hypothèses particulières.

1 fort vol. in-8°. Paris, Marescq aîné: et Bruxelles, C. Muquardt, libraires-éditeurs. Prix : 9 fr.

Du Contrat de Société en Droit Romain. Lefebvre-Ducrocq, imp., Lille, 1878.

EN PRÉPARATION :

Les Mines de Houille en France et en Belgique.

LILLE. IMP. L. DANEL.

9 782019 934842